브랜드만족
1위
박문각

2025

9·7급 교정·보호직 및 승진 시험대비

박문각
공무원

특 별 판

이준
마법교정학·형사정책
압축암기장

이준 편저

동영상 강의 www.pmg.co.kr

최근 개정 법령 완벽 반영

복습과 마무리 정리에 최적화된 빈칸노트

이 책의
머리말

PREFACE

마법교정학에 끊임없이 관심과 사랑을 베풀어주신 수험생님께 감사드립니다.

2022년도 필수 과목제 도입에 따라 형의 집행 및 수용자의 처우에 관한 법률의 중요성이 더욱더 주목받고 있습니다. 2024년도 9급 출제의 경우 매우 지엽적인 법령 지문을 출제하다 보니 법령 원문을 통해서 정확한 암기를 요하고 있습니다.

마법 교정관계법령을 바탕으로 법령 학습이 이루어졌다면, 암기장을 통해 key-word 중심의 암기가 있어야 고득점을 얻을 수 있기에, 단순히 두문자 암기가 아닌 법령, 시행령, 시행규칙을 keyword 중심으로 암기할 수 있도록 법령을 재구성하였습니다.

마지막으로, 항상 곁에서 조언과 격려를 아끼지 않으시는 이언담 박사님(아담 교정학 대표저자)께 머리 숙여 인사드리며, 항상 힘이 되어 주는 윤희선 님께 감사드립니다.

2024. 8.

이준 드림

이 책의 특징

GUIDE

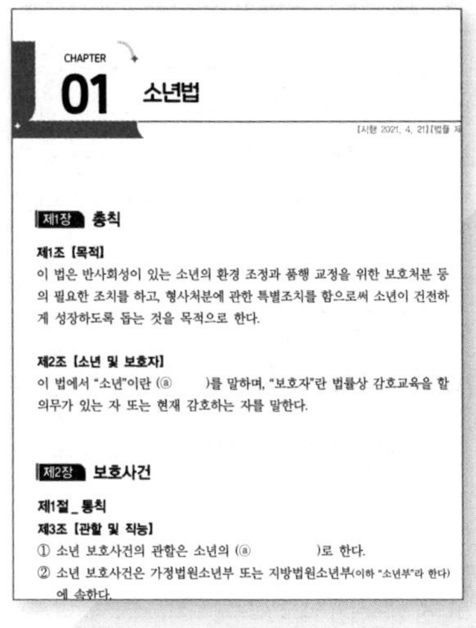

CHAPTER 01 소년법

[시행 2021. 4. 21.] [법률 제

제1장 총칙

제1조 [목적]
이 법은 반사회성이 있는 소년의 환경 조정과 품행 교정을 위한 보호처분 등의 필요한 조치를 하고, 형사처분에 관한 특별조치를 함으로써 소년이 건전하게 성장하도록 돕는 것을 목적으로 한다.

제2조 [소년 및 보호자]
이 법에서 "소년"이란 (ⓐ)를 말하며, "보호자"란 법률상 감호교육을 할 의무가 있는 자 또는 현재 감호하는 자를 말한다.

제2장 보호사건

제1절_통칙

제3조 [관할 및 직능]
① 소년 보호사건의 관할은 소년의 (ⓐ)로 한다.
② 소년 보호사건은 가정법원소년부 또는 지방법원소년부(이하 "소년부"라 한다)에 속한다.

CHAPTER 06 스토킹범죄의 처벌 등에 관한 법률(약

[시행 2024. 1. 12.] [법률 제

제1장 총칙

제1조 [목적]
이 법은 스토킹범죄의 처벌 및 그 절차에 관한 특례와 스토킹범죄 피해자에 대한 보호절차를 규정함으로써 피해자를 보호하고 건강한 사회질서의 확립에 이바지함을 목적으로 한다.

제2조 [정의]
이 법에서 사용하는 용어의 뜻은 다음과 같다.
1. "(ⓐ)"란 상대방의 의사에 반(反)하여 정당한 이유 없이 다음 각 목의 어느 하나에 해당하는 행위를 하여 상대방에게 불안감 또는 공포심을 일으키는 것을 말한다.
   가. (ⓑ)(이하 "상대방등"이라 한다)에게 접근하거나 따라다니거나 (ⓒ)를 막아서는 행위
   나. 상대방등의 주거, 직장, 학교, 그 밖에 일상적으로 생활하는 장소(이하 "주거등"이라 한다) 또는 그 부근에서 기다리거나 (ⓓ) 행위
   다. 상대방등에게 우편·전화·팩스 또는 「정보통신망 이용촉진 및 정보보호 등에 관한 법률」 제2조제1항제1호의 정보통신망(이하 "정보통신망"이라 한다)을 이용하여 물건이나 글·말·부호·음향·그림·영

- 2024년 교재에 구성되어 있지 않은 형사정책 관련 법령까지 추가하였습니다.
- 최근 개정된 법령까지 반영하였습니다.

이준 마법교정학·형사정책

제3조 [적용범위]
이 법은 교정시설의 (ⓐ)와 교도관이 수용자를 (ⓑ)(戒護)하고 있는 그 밖의 장소로서 교도관의 통제가 요구되는 공간에 대하여 적용한다.

정답 ⓐ 구내 ⓑ 계호

제4조 [인권의 존중]
이 법을 집행하는 때에 수용자의 인권은 (ⓐ)으로 존중되어야 한다.

정답 ⓐ 최대한

제5조 [차별금지]
(ⓐ)는 합리적인 이유 없이 성별, 종교, 장애, 나이, 사회적 신분, 출신지역, 출신국가, 출신민족, 용모 등 신체조건, 병력(病歷), 혼인 여부, 정치적 의견 및 성적(性的) 지향 등을 이유로 차별받지 아니한다.

정답 ⓐ 수용자

제5조의2 [기본계획의 수립]
① (ⓐ)은 이 법의 목적을 효율적으로 달성하기 위하여 (ⓑ)마다 형의 집행 및 수용자 처우에 관한 기본계획(이하 "기본계획"이라 한다)을 (ⓒ)하고 추진하여야 한다.
② 기본계획에는 다음 각 호의 사항이 포함되어야 한다.
1. 형의 집행 및 수용자 처우에 관한 (ⓓ) 방향
2. 인구·범죄의 증감 및 수사 또는 형 집행의 동향 등 교정시설의 (ⓔ)에 관한 사항
3. 교정시설의 수용 실태 및 (ⓕ)의 교정시설 유지 방안

정답 ⓐ 법무부장관, ⓑ 5년 ⓒ 수립 ⓓ 기본 ⓔ 수요 증감 ⓕ 적정한 규모 ⓖ 교도관 인력 ⓗ 작업, ⓘ 프로그램 ⓙ 사회적응 ⓚ 인권 ⓛ 교정사고

- 본서의 날개에 바로 정답을 배치하여 빠른 정답 확인이 가능합니다.
- 복습과 마무리정리에 최적화된 빈칸노트로 반복적인 암기학습을 통해 회독을 늘릴 수 있습니다.

이 책의 차례 CONTENTS

Part 2 형사정책

부록

이준 마법교정학·형사정책

압축암기장

Part

01

교정학

Chapter 01 형집행법

형의 집행 및 수용자의 처우에 관한 법률

Chapter 02 민영교도소법

민영교도소 등의 설치·운영에 관한 법률

Chapter 03 교도작업법

교도작업의 운영 및 특별 회계에 관한 법률

Chapter 04 교도관 직무규칙

CHAPTER

01 형의 집행 및 수용자의 처우에 관한 법률(약칭 : 형집행법)

【시행 2022. 12. 27】【법률 제19105호, 2022. 12. 27, 일부개정】

제1편 총칙

제1조【목적】
이 법은 수형자의 (ⓐ   )와 건전한 (ⓑ   )를 도모하고, 수용자의 (ⓒ   ) 및 교정시설의 운영에 관하여 필요한 사항을 규정함을 목적으로 한다.

정답
ⓐ 교정교화
ⓑ 사회복귀
ⓒ 처우와 권리

보호관찰등에 관한 법률(보호관찰법)

제1조【목적】
이 법은 죄를 지은 사람으로서 재범 방지를 위하여 보호관찰, 사회봉사, 수강(受講) 및 갱생보호(更生保護) 등 체계적인 사회 내 처우가 필요하다고 인정되는 사람을 지도하고 보살피며 도움으로써 건전한 사회복귀를 촉진하고, 효율적인 범죄예방 활동을 전개함으로써 개인 및 공공의 복지를 증진함과 아울러 사회를 보호함을 목적으로 한다.

성폭력범죄자의 성충동 약물치료에 관한 법률(성충동약물치료법)

제1조【목적】
이 법은 사람에 대하여 성폭력범죄를 저지른 성도착증 환자로서 성폭력범죄를 다시 범할 위험성이 있다고 인정되는 사람에 대하여 성충동 약물치료를 실시하여 성폭력범죄의 재범을 방지하고 사회복귀를 촉진하는 것을 목적으로 한다.

소년법

제1조【목적】
이 법은 반사회성(反社會性)이 있는 소년의 환경 조정과 품행 교정(矯正)을 위한 보호처분 등의 필요한 조치를 하고, 형사처분에 관한 특별조치를 함으로써 소년이 건전하게 성장하도록 돕는 것을 목적으로 한다.

청소년 보호법

제1조【목적】
이 법은 청소년에게 유해한 매체물과 약물 등이 청소년에게 유통되는 것과 청소년이 유해한 업소에 출입하는 것 등을 규제하고 청소년을 유해한 환경으로부터 보호·구제함으로써 청소년이 건전한 인격체로 성장할 수 있도록 함을 목적으로 한다.

아동 · 청소년의 성보호에 관한 법률(청소년 성보호법)

제1조 【목적】

이 법은 아동 · 청소년대상 성범죄의 처벌과 절차에 관한 특례를 규정하고 피해아동 · 청소년을 위한 구제 및 지원 절차를 마련하며 아동 · 청소년대상 성범죄자를 체계적으로 관리함으로써 아동 · 청소년을 성범죄로부터 보호하고 아동 · 청소년이 건강한 사회구성원으로 성장할 수 있도록 함을 목적으로 한다.

전자장치 부착등에 관한 법률(전자장치 부착법)

제1조 【목적】

이 법은 수사 · 재판 · 집행 등 형사사법 절차에서 전자장치를 효율적으로 활용하여 불구속재판을 확대하고, 범죄인의 사회복귀를 촉진하며, 범죄로부터 국민을 보호함을 목적으로 한다.

치료감호 등에 관한 법률(치료감호법)

제1조 【목적】

이 법은 심신장애 상태, 마약류 · 알코올이나 그 밖의 약물중독 상태, 정신성적(精神性的) 장애가 있는 상태 등에서 범죄행위를 한 자로서 재범(再犯)의 위험성이 있고 특수한 교육 · 개선 및 치료가 필요하다고 인정되는 자에 대하여 적절한 보호와 치료를 함으로써 재범을 방지하고 사회복귀를 촉진하는 것을 목적으로 한다.

제2조 【정의】

이 법에서 사용하는 용어의 뜻은 다음과 같다.

1. "(ⓐ   )"란 수형자 · 미결수용자 · 사형확정자 등 법률과 적법한 절차에 따라 교도소 · 구치소 및 그 지소(이하 "교정시설"이라 한다)에 수용된 사람을 말한다.
2. "(ⓑ   )"란 징역형 · 금고형 또는 구류형의 선고를 받아 그 형이 확정되어 교정시설에 수용된 사람과 벌금 또는 과료를 완납하지 아니하여 노역장 유치명령을 받아 교정시설에 수용된 사람을 말한다.
3. "(ⓒ   )"란 형사피의자 또는 형사피고인으로서 체포되거나 구속영장의 집행을 받아 교정시설에 수용된 사람을 말한다.
4. "(ⓓ   )"란 사형의 선고를 받아 그 형이 확정되어 교정시설에 수용된 사람을 말한다.

정답
ⓐ 수용자
ⓑ 수형자
ⓒ 미결수용자
ⓓ 사형확정자

제3조 【적용범위】
이 법은 교정시설의 (ⓐ)와 교도관이 수용자를 (ⓑ)(戒護)하고 있는 그 밖의 장소로서 교도관의 통제가 요구되는 공간에 대하여 적용한다.

제4조 【인권의 존중】
이 법을 집행하는 때에 수용자의 인권은 (ⓐ)으로 존중되어야 한다.

제5조 【차별금지】
(ⓐ)는 합리적인 이유 없이 성별, 종교, 장애, 나이, 사회적 신분, 출신지역, 출신국가, 출신민족, 용모 등 신체조건, 병력(病歷), 혼인 여부, 정치적 의견 및 성적(性的) 지향 등을 이유로 차별받지 아니한다.

제5조의2 【기본계획의 수립】
① (ⓐ)은 이 법의 목적을 효율적으로 달성하기 위하여 (ⓑ)마다 형의 집행 및 수용자 처우에 관한 기본계획(이하 "기본계획"이라 한다)을 (ⓒ)하고 추진하여야 한다.
② 기본계획에는 다음 각 호의 사항이 포함되어야 한다.
1. 형의 집행 및 수용자 처우에 관한 (ⓓ) 방향
2. 인구 · 범죄의 증감 및 수사 또는 형 집행의 동향 등 교정시설의 (ⓔ)에 관한 사항
3. 교정시설의 수용 실태 및 (ⓕ)의 교정시설 유지 방안
4. 수용자에 대한 처우 및 교정시설의 유지 · 관리를 위한 적정한 (ⓖ) 확충 방안
5. 교도작업과 직업훈련의 현황, 수형자의 건전한 사회복귀를 위한 (ⓗ)설비 및 (ⓘ)의 확충 방안
6. 수형자의 교육 · 교화 및 (ⓙ)에 필요한 프로그램의 추진방향
7. 수용자 (ⓚ) 실태와 인권 증진 방안
8. (ⓛ)의 발생 유형 및 방지에 필요한 사항
9. 형의 집행 및 수용자 처우와 관련하여 (ⓜ)과의 협력에 관한 사항
10. 그 밖에 (ⓝ)이 필요하다고 인정하는 사항

③ 법무부장관은 기본계획을 수립 또는 변경하려는 때에는 (ⓞ), (ⓟ) 및 (ⓠ) 등 관계 기관과 협의하여야 한다.
④ 법무부장관은 기본계획을 수립하기 위하여 (ⓡ)조사와 (ⓢ) 예측 조사를 실시할 수 있다.
⑤ (ⓣ)은 기본계획을 수립하기 위하여 필요하다고 인정하는 경우에는 (ⓤ) 기관의 장에게 필요한 자료를 요청할 수 있다. 이 경우 자료를 요청받은 관계 기관의 장은 특별한 사정이 없으면 요청에 따라야 한다.

정답
ⓐ 구내
ⓑ 계호

정답
ⓐ 최대한

정답
ⓐ 수용자

정답
ⓐ 법무부장관, ⓑ 5년
ⓒ 수립
ⓓ 기본
ⓔ 수요 증감
ⓕ 적정한 규모
ⓖ 교도관 인력
ⓗ 작업, ⓘ 프로그램
ⓙ 사회적응
ⓚ 인권
ⓛ 교정사고
ⓜ 관계 기관
ⓝ 법무부장관
ⓞ 법원, ⓟ 검찰, ⓠ 경찰
ⓡ 실태, ⓢ 수요
ⓣ 법무부장관, ⓤ 관계

제5조의3【협의체의 설치 및 운영】

① 법무부장관은 형의 집행 및 수용자 처우에 관한 사항을 협의하기 위하여 법원, 검찰 및 경찰 등 관계 기관과 (ⓐ)를 설치하여 운영할 수 있다.

② 제1항에 따른 협의체의 설치 및 운영 등에 필요한 사항은 (ⓑ)으로 정한다.

정답
ⓐ 협의체
ⓑ 대통령령

제6조【교정시설의 규모 및 설비】

① 신설하는 교정시설은 수용인원이 (ⓐ) 이내의 규모가 되도록 하여야 한다. 다만, 교정시설의 기능·위치나 그 밖의 사정을 고려하여 그 규모를 늘릴 수 있다.

② 교정시설의 거실·작업장·접견실이나 그 밖의 수용생활을 위한 설비는 그 목적과 기능에 맞도록 설치되어야 한다. 특히, 거실은 수용자가 건강하게 생활할 수 있도록 적정한 수준의 (ⓑ)과 (ⓒ)·(ⓓ)·(ⓔ)을 위한 시설이 갖추어져야 한다.

③ (ⓕ)은 수용자에 대한 처우 및 교정시설의 유지·관리를 위한 적정한 인력을 확보하여야 한다.

정답
ⓐ 500명
ⓑ 공간, ⓒ 채광
ⓓ 통풍, ⓔ 난방
ⓕ 법무부장관

제7조【교정시설 설치·운영의 민간위탁】

① 법무부장관은 교정시설의 설치 및 운영에 관한 업무의 일부를 (ⓐ) 또는 (ⓑ)에게 위탁할 수 있다.

② 제1항에 따라 위탁을 받을 수 있는 법인 또는 개인의 자격요건, 교정시설의 시설기준, 수용대상자의 선정기준, 수용자 처우의 기준, 위탁절차, 국가의 감독, 그 밖에 필요한 사항은 따로 (ⓒ)로 정한다.

정답
ⓐ 법인, ⓑ 개인
ⓒ 법률

제8조【교정시설의 순회점검】

법무부장관은 교정시설의 운영, 교도관의 복무, 수용자의 처우 및 인권실태 등을 파악하기 위하여 (ⓐ) 이상 교정시설을 순회점검하거나 소속 공무원으로 하여금 순회점검하게 하여야 한다.

정답
ⓐ 매년 1회

제9조【교정시설의 시찰 및 참관】

① 판사와 검사는 직무상 필요하면 교정시설을 (ⓐ)할 수 있다.

② 제1항의 판사와 검사 외의 사람은 교정시설을 (ⓑ)하려면 학술연구 등 정당한 이유를 명시하여 교정시설의 장(이하 "소장"이라 한다)의 허가를 받아야 한다.

정답
ⓐ 시찰
ⓑ 참관

시행령

제2조 【판사 등의 시찰】

① 판사 또는 검사가 법 제9조 제1항에 따라 교도소 · 구치소 및 그 지소(이하 "교정시설"이라 한다)를 시찰할 경우에는 미리 그 신분을 나타내는 (ⓐ　　　)를 교정시설의 장(이하 "소장"이라 한다)에게 제시해야 한다.

② 소장은 제1항의 경우에 (ⓑ　　　)에게 시찰을 요구받은 장소를 안내하게 해야 한다.

정답
ⓐ 증표
ⓑ 교도관

제3조 【참관】

① 소장은 법 제9조 제2항에 따라 판사와 검사 외의 사람이 교정시설의 참관을 신청하는 경우에는 그 성명 · 직업 · 주소 · 나이 · 성별 및 참관 목적을 확인한 후 허가 여부를 결정하여야 한다.

② 소장은 외국인에게 참관을 허가할 경우에는 미리 (ⓐ　　　　　　　　　)을 받아야 한다.

③ 소장은 제1항 및 제2항에 따라 허가를 받은 사람에게 참관할 때의 주의사항을 알려주어야 한다.

정답
ⓐ 관할 지방교정청장의 승인

제10조 【교도관의 직무】
이 법에 규정된 사항 외에 교도관의 직무에 관하여는 따로 (ⓐ　　　)로 정한다.

정답
ⓐ 법률

제2편 수용자의 처우

제1장 수용

제11조【구분수용】
① 수용자는 다음 각 호에 따라 구분하여 수용한다.
1. 19세 이상 수형자: (ⓐ)
2. 19세 미만 수형자: (ⓑ)
3. 미결수용자: (ⓒ)
4. 사형확정자: 교도소 또는 구치소. 이 경우 구체적인 구분 기준은 법무부령으로 정한다.

② 교도소 및 구치소의 각 지소에는 교도소 또는 구치소에 준하여 수용자를 수용한다.

정답
ⓐ 교도소
ⓑ 소년교도소
ⓒ 구치소

소년법

제63조【징역 · 금고의 집행】
징역 또는 금고를 선고받은 소년에 대하여는 특별히 설치된 교도소 또는 일반 교도소 안에 특별히 (ⓐ)된 장소에서 그 형을 집행한다. 다만, 소년이 형의 집행 중에 (ⓑ)가 되면 일반 교도소에서 집행할 수 있다.

정답
ⓐ 분리
ⓑ 23세

제12조【구분수용의 예외】
① 다음 각 호의 어느 하나에 해당하는 사유가 있으면 교도소에 미결수용자를 수용할 수 있다.
1. 관할 (ⓐ) 소재지에 구치소가 없는 때
2. 구치소의 수용인원이 (ⓑ)하여 정상적인 운영이 곤란한 때
3. 범죄의 (ⓒ)을 방지하기 위하여 필요하거나 그 밖에 특별한 사정이 있는 때

② 취사 등의 작업을 위하여 필요하거나 그 밖에 특별한 사정이 있으면 구치소에 (ⓓ)를 수용할 수 있다.

③ 수형자가 소년교도소에 수용 중에 (ⓔ)가 된 경우에도 교육 · 교화프로그램, 작업, 직업훈련 등을 실시하기 위하여 특히 필요하다고 인정되면 (ⓕ)가 되기 전까지는 계속하여 수용할 수 있다.

④ 소장은 특별한 사정이 있으면 제11조의 구분수용 기준에 따라 다른 교정시설로 이송하여야 할 수형자를 (ⓖ)을 초과하지 아니하는 기간 동안 계속하여 수용할 수 있다.

정답
ⓐ 법원 및 검찰청
ⓑ 정원을 훨씬 초과
ⓒ 증거인멸
ⓓ 수형자
ⓔ 19세, ⓕ 23세
ⓖ 6개월

제13조【분리수용】
① (ⓐ　　　　　)은 분리하여 수용한다.
② 제12조에 따라 (ⓑ　　　　　　　　), (ⓒ　　　　　　　　　　　　)를 같은 교정시설에 수용하는 경우에는 서로 분리하여 수용한다.

정답
ⓐ 남성과 여성
ⓑ 수형자와 미결수용자
ⓒ 19세 이상의 수형자와 19세 미만의 수형자

시행령

제7조【여성수용자에 대한 시찰】
소장은 특히 필요하다고 인정하는 경우가 아니면 남성교도관이 (ⓐ　　)에 수용자거실에 있는 여성수용자를 (ⓑ　　)하게 하여서는 아니 된다.

정답
ⓐ 야간, ⓑ 시찰

제14조【독거수용】
수용자는 독거수용한다. 다만, 다음 각 호의 어느 하나에 해당하는 사유가 있으면 혼거수용할 수 있다.
1. (ⓐ　　　　　) 등 시설여건이 충분하지 아니한 때
2. 수용자의 생명 또는 신체의 (ⓑ　　　), 정서적 (ⓒ　　　)을 위하여 필요한 때
3. 수형자의 (ⓓ　　　) 또는 건전한 (ⓔ　　　　　)를 위하여 필요한 때

정답
ⓐ 독거실 부족
ⓑ 보호, ⓒ 안정
ⓓ 교화, ⓔ 사회복귀

시행령

제5조【독거수용의 구분】
독거수용은 다음 각 호와 같이 구분한다.
1. (ⓐ　　　) 독거수용: 주간에는 교육·작업 등의 처우를 위하여 일과(日課)에 따른 (ⓑ　　　　)을 하게 하고 (ⓒ　　　　　　)에만 독거수용하는 것을 말한다.
2. (ⓓ　　　) 독거수용: 사람의 생명·신체의 보호 또는 교정시설의 안전과 질서유지를 위하여 (ⓔ　　　) 독거수용하고 다른 수용자와의 접촉을 금지하는 것을 말한다. 다만, 수사·재판·실외운동·목욕·접견·진료 등을 위하여 필요한 경우에는 그러하지 아니하다.

정답
ⓐ 처우상
ⓑ 공동생활
ⓒ 휴업일과 야간
ⓓ 계호상
ⓔ 항상

제6조 【계호상 독거수용자의 시찰】

① 교도관은 제5조 제2호에 따라 독거수용된 사람(이하 "계호상 독거수용자"라 한다)을 (ⓐ)로 시찰하여 건강상 또는 교화상 이상이 없는지 살펴야 한다.

② (ⓑ)은 제1항의 시찰 결과, 계호상 독거수용자가 건강상 이상이 있는 것으로 보이는 경우에는 교정시설에 근무하는 (ⓒ)(공중보건의사를 포함한다. 이하 "의무관"이라 한다)에게 즉시 알려야 하고, 교화상 문제가 있다고 인정하는 경우에는 (ⓓ)에게 지체 없이 보고하여야 한다.

③ (ⓔ)은 제2항의 통보를 받은 즉시 해당 수용자를 상담·진찰하는 등 적절한 의료조치를 하여야 하며, 계호상 독거수용자를 계속하여 독거수용하는 것이 건강상 해롭다고 인정하는 경우에는 그 의견을 (ⓕ)에게 즉시 보고하여야 한다.

④ 소장은 계호상 독거수용자를 (ⓖ)하여 독거수용하는 것이 건강상 또는 교화상 해롭다고 인정하는 경우에는 이를 (ⓗ) 중단하여야 한다.

정답
ⓐ 수시
ⓑ 교도관, ⓒ 의사
ⓓ 소장
ⓔ 의무관, ⓕ 소장
ⓖ 계속, ⓗ 즉시

제9조 【혼거수용의 제한】

소장은 (ⓐ)을 받은 수형자와 (ⓑ)을 선고받아 형이 확정된 수형자를 혼거수용해서는 아니 된다. 다만, 징역형·금고형 또는 구류형의 집행을 마친 다음에 계속해서 노역장 유치명령을 집행하거나 그 밖에 부득이한 사정이 있는 경우에는 그러하지 아니하다.

정답
ⓐ 노역장 유치명령
ⓑ 징역형·금고형 또는 구류형

제15조 【수용거실 지정】

소장은 수용자의 거실을 지정하는 경우에는 죄명·형기·죄질·성격·범죄전력·나이·경력 및 수용생활 태도, 그 밖에 수용자의 (ⓐ)을 고려하여야 한다.

정답
ⓐ 개인적 특성

제16조 【신입자의 수용 등】

① 소장은 법원·검찰청·경찰관서 등으로부터 처음으로 교정시설에 수용되는 사람(이하 "신입자"라 한다)에 대하여는 (ⓐ)를 조사한 후 수용한다.

② 소장은 신입자에 대하여는 (ⓑ) 신체·의류 및 휴대품을 검사하고 건강진단을 하여야 한다.

③ (ⓒ)는 제2항에 따라 소장이 실시하는 검사 및 건강진단을 받아야 한다.

정답
ⓐ 집행지휘서, 재판서, 그 밖에 수용에 필요한 서류
ⓑ 지체 없이
ⓒ 신입자

제16조의2 【간이입소절차】
다음 각 호의 어느 하나에 해당하는 신입자의 경우에는 (ⓐ)이 정하는 바에 따라 간이입소절차를 실시한다.
1. 「형사소송법」 제200조의2<영장에 의한 체포>, 제200조의3<긴급체포> 또는 제212조<현행범인의 체포>에 따라 (ⓑ)되어 교정시설에 유치된 피의자
2. 「형사소송법」 제201조의2<구속영장 청구와 피의자 심문> 제10항 및 제71조의2<구인 후의 유치>에 따른 (ⓒ) 청구에 따라 피의자 (ⓓ)을 위하여 교정시설에 유치된 피의자

정답
ⓐ 법무부장관
ⓑ 체포
ⓒ 구속영장
ⓓ 심문

시행령

제13조 【신입자의 인수】
① 소장은 법원 · 검찰청 · 경찰관서 등으로부터 처음으로 교정시설에 수용되는 사람(이하 “신입자”라 한다)을 인수한 경우에는 호송인(護送人)에게 (ⓐ)를 써 주어야 한다. 이 경우 신입자에게 부상 · 질병, 그 밖에 건강에 이상(이하 이 조에서 “부상등”이라 한다)이 있을 때에는 호송인으로부터 그 사실에 대한 (ⓑ)를 받아야 한다.

정답
ⓐ 인수서, ⓑ 확인서

제14조 【신입자의 신체 등 검사】
소장은 신입자를 인수한 경우에는 교도관에게 신입자의 신체 · 의류 및 휴대품을 (ⓐ) 검사(ⓑ).

정답
ⓐ 지체 없이
ⓑ 하게 하여야 한다

제15조 【신입자의 건강진단】
법 제16조 제2항에 따른 신입자의 건강진단은 수용된 날부터 (ⓐ) 이내에 하여야 한다. 다만, (ⓑ)이 연속되는 등 부득이한 사정이 있는 경우에는 예외로 한다.

정답
ⓐ 3일
ⓑ 휴무일

제16조 【신입자의 목욕】
소장은 신입자에게 질병이나 그 밖의 부득이한 사정이 있는 경우가 아니면 (ⓐ) 목욕을 하게 하여야 한다.

정답
ⓐ 지체 없이

제18조 【신입자거실 수용 등】
① 소장은 신입자가 환자이거나 부득이한 사정이 있는 경우가 아니면 수용된 날부터 (ⓐ) 동안 신입자거실에 수용하여야 한다.
② 소장은 제1항에 따라 신입자거실에 수용된 사람에게는 (ⓑ)을 부과해서는 아니 된다.
③ 소장은 19세 미만의 신입자 그 밖에 특히 필요하다고 인정하는 수용자에 대하여는 제1항의 기간을 (ⓒ)까지 연장할 수 있다.

정답
ⓐ 3일
ⓑ 작업
ⓒ 30일

제17조 【고지사항】

신입자 및 다른 교정시설로부터 이송되어 온 사람에게는 (ⓐ)이나 (ⓑ)으로 다음 각 호의 사항을 알려 주어야 한다.

1. 형기의 (ⓒ)
2. 접견·편지, 그 밖의 수용자의 (ⓓ)에 관한 사항
3. 청원, 「국가인권위원회법」에 따른 진정, 그 밖의 (ⓔ)에 관한 사항
4. 징벌·규율, 그 밖의 수용자의 (ⓕ)에 관한 사항
5. 일과(日課) 그 밖의 (ⓖ)에 필요한 기본적인 사항

정답
ⓐ 말
ⓑ 서면
ⓒ 기산일 및 종료일
ⓓ 권리
ⓔ 권리구제
ⓕ 의무
ⓖ 수용생활

제18조 【수용의 거절】

① 소장은 다른 사람의 건강에 위해를 끼칠 우려가 있는 (ⓐ)에 걸린 사람의 수용을 거절(ⓑ).

② 소장은 제1항에 따라 수용을 거절하였으면 그 사유를 지체 없이 수용지휘기관과 관할 (ⓒ)에게 통보하고 (ⓓ)에게 보고하여야 한다.

정답
ⓐ 감염병
ⓑ 할 수 있다
ⓒ 보건소장
ⓓ 법무부장관

제19조 【사진촬영 등】

① 소장은 신입자 및 다른 교정시설로부터 이송되어 온 사람에 대하여 다른 사람과의 식별을 위하여 필요한 한도에서 사진촬영, 지문채취, 수용자 번호지정, 그 밖에 (ⓐ)으로 정하는 조치를 하여야 한다.

② 소장은 수용목적상 필요하면 수용 중인 사람에 대하여도 제1항의 조치를 할 수 있다.

정답
ⓐ 대통령령

제20조 【수용자의 이송】

① 소장은 수용자의 수용·작업·교화·의료, 그 밖의 처우를 위하여 필요하거나 시설의 안전과 질서유지를 위하여 필요하다고 인정하면 (ⓐ)의 승인을 받아 수용자를 다른 교정시설로 (ⓑ)할 수 있다.

② 법무부장관은 제1항의 이송승인에 관한 권한을 대통령령으로 정하는 바에 따라 (ⓒ)에게 위임할 수 있다.

정답
ⓐ 법무부장관, ⓑ 이송
ⓒ 지방교정청장

시행령

제22조【지방교정청장의 이송승인권】

① 지방교정청장은 법 제20조 제2항에 따라 다음 각 호의 어느 하나에 해당하는 경우에는 수용자의 이송을 승인할 수 있다.

1. 수용시설의 공사 등으로 수용거실이 (ⓐ)한 때
2. 교정시설 간 수용인원의 뚜렷한 (ⓑ)을 조정하기 위하여 특히 필요하다고 인정되는 때
3. 교정시설의 안전과 질서유지를 위하여 (ⓒ)하게 이송할 필요가 있다고 인정되는 때

② 제1항에 따른 지방교정청장의 이송승인은 (ⓓ) 이송으로 한정한다.

정답
ⓐ 일시적으로 부족
ⓑ 불균형
ⓒ 긴급
ⓓ 관할 내

제23조【이송 중지】

소장은 수용자를 다른 교정시설에 이송하는 경우에 (ⓐ)으로부터 수용자가 건강상 감당하기 어렵다는 보고를 받으면 이송을 중지하고 그 사실을 이송받을 (ⓑ)에게 알려야 한다.

정답
ⓐ 의무관, ⓑ 소장

제24조【호송 시 분리】

수용자를 이송이나 출정, 그 밖의 사유로 호송하는 경우에는 수형자는 미결수용자와, 여성수용자는 남성수용자와, 19세 미만의 수용자는 19세 이상의 수용자와 각각 호송 차량의 (ⓐ)을 분리하는 등의 방법으로 서로 접촉하지 못하게 하여야 한다.

정답
ⓐ 좌석

제21조【수용사실의 알림】
소장은 신입자 또는 다른 교정시설로부터 이송되어 온 사람이 있으면 그 사실을 수용자의 가족(배우자, 직계 존속 · 비속 또는 형제자매를 말한다. 이하 같다)에게 (ⓐ). 다만, 수용자가 알리는 것을 원하지 아니하면 그러하지 아니하다.

정답
ⓐ 지체 없이 알려야 한다

제2장 물품지급

제22조 【의류 및 침구 등의 지급】

① 소장은 수용자에게 건강유지에 적합한 의류·침구, 그 밖의 (ⓐ)을 지급한다.

② 의류·침구, 그 밖의 생활용품의 지급기준 등에 관하여 필요한 사항은 (ⓑ)으로 정한다.

정답
ⓐ 생활용품
ⓑ 법무부령

제23조 【음식물의 지급】

① 소장은 수용자에게 (ⓐ), 나이, 부과된 작업의 종류, 그 밖의 개인적 특성을 고려하여 건강 및 체력을 유지하는 데에 필요한 (ⓑ)을 지급한다.

② 음식물의 지급기준 등에 관하여 필요한 사항은 (ⓒ)으로 정한다.

정답
ⓐ 건강상태
ⓑ 음식물
ⓒ 법무부령

시행령

제27조 【음식물의 지급】

법 제23조에 따라 수용자에게 지급하는 음식물은 주식·부식·음료, 그 밖의 (ⓐ)로 한다.

정답
ⓐ 영양물

제28조 【주식의 지급】

① 수용자에게 지급하는 주식은 쌀로 한다.

② 소장은 쌀 수급이 곤란하거나 그 밖에 필요하다고 인정하면 주식을 쌀과 보리 등 잡곡의 혼합곡으로 하거나 (ⓐ)을 지급할 수 있다.

정답
ⓐ 대용식

제29조 【특식의 지급】

소장은 (ⓐ)이나 그 밖에 이에 준하는 날에는 특별한 음식물을 지급할 수 있다.

정답
ⓐ 국경일

제30조 【환자의 음식물】

소장은 (ⓐ)의 의견을 고려하여 환자에게 지급하는 음식물의 종류 또는 정도를 달리 정할 수 있다.

정답
ⓐ 의무관

제24조 【물품의 자비구매】

① 수용자는 (ⓐ)를 받아 자신의 비용으로 음식물·의류·침구, 그 밖에 수용생활에 필요한 물품을 구매할 수 있다.

② 물품의 자비구매 허가범위 등에 관하여 필요한 사항은 (ⓑ)으로 정한다.

정답
ⓐ 소장의 허가
ⓑ 법무부령

제3장 금품관리

제25조 【휴대금품의 보관 등】

① 소장은 수용자의 휴대금품을 교정시설에 (ⓐ)한다. 다만, 휴대품이 다음 각 호의 어느 하나에 해당하는 것이면 수용자로 하여금 자신이 지정하는 사람에게 (ⓑ) 하거나 그 밖에 적당한 방법으로 (ⓒ) 하게 할 수 있다.

1. (ⓓ) 없어질 우려가 있는 것
2. 물품의 종류 · 크기 등을 고려할 때 (ⓔ)하기에 적당하지 아니한 것
3. 사람의 생명 또는 신체에 (ⓕ)을 초래할 우려가 있는 것
4. 시설의 (ⓖ) 또는 (ⓗ)를 해칠 우려가 있는 것
5. 그 밖에 보관할 가치가 없는 것

② 소장은 수용자가 제1항 단서에 따라 처분하여야 할 휴대품을 상당한 기간 내에 처분하지 아니하면 (ⓘ)할 수 있다.

정답
ⓐ 보관, ⓑ 보내게
ⓒ 처분
ⓓ 썩거나
ⓔ 보관
ⓕ 위험
ⓖ 안전, ⓗ 질서
ⓘ 폐기

제26조 【수용자가 지니는 물품 등】

① 수용자는 편지 · 도서, 그 밖에 수용생활에 필요한 물품을 (ⓐ) 이 정하는 범위에서 지닐 수 있다.

② 소장은 제1항에 따라 법무부장관이 정하는 범위를 벗어난 물품으로서 교정시설에 특히 보관할 필요가 있다고 인정하지 아니하는 물품은 (ⓑ)로 하여금 자신이 지정하는 사람에게 보내게 하거나 그 밖에 적당한 방법으로 (ⓒ)하게 할 수 있다.

③ 소장은 수용자가 제2항에 따라 처분하여야 할 물품을 상당한 기간 내에 처분하지 아니하면 (ⓓ)할 수 있다.

정답
ⓐ 법무부장관
ⓑ 수용자, ⓒ 처분
ⓓ 폐기

제27조 【수용자에 대한 금품 전달】

① 수용자 (ⓐ)의 사람이 수용자에게 금품을 건네줄 것을 신청하는 때에는 소장은 다음 각 호의 어느 하나에 해당하지 아니하면 (ⓑ) 하여야 한다.

1. 수형자의 (ⓒ) 또는 건전한 (ⓓ)를 해칠 우려가 있는 때
2. 시설의 (ⓔ) 또는 (ⓕ)를 해칠 우려가 있는 때

② 소장은 수용자 외의 사람이 수용자에게 주려는 금품이 제1항 각 호의 어느 하나에 해당하거나 수용자가 금품을 받지 아니하려는 경우에는 해당 금품을 (ⓖ)에게 되돌려 보내야 한다.

③ 소장은 제2항의 경우에 금품을 보낸 사람을 알 수 없거나 보낸 사람의 (ⓗ)가 불분명한 경우에는 금품을 다시 가지고 갈 것을 (ⓘ) 하여야 하며, 공고한 후 (ⓙ)이 지나도 금품을 돌려달라고 청구하는 사람이 없으면 그 금품은 (ⓚ)에 귀속된다.

④ 소장은 제2항 또는 제3항에 따른 조치를 하였으면 그 사실을 수용자에게 (ⓛ).

정답
ⓐ 외, ⓑ 허가
ⓒ 교화, ⓓ 사회복귀
ⓔ 안전, ⓕ 질서
ⓖ 보낸 사람
ⓗ 주소, ⓘ 공고
ⓙ 6개월, ⓚ 국고
ⓛ 알려주어야 한다

시행령

제43조 【전달 허가물품의 검사】

소장은 법 제27조 제1항 <수용자에 대한 금품 전달 신청에 대한 허가>에 따라 건네줄 것을 허가한 물품은 검사할 필요가 없다고 인정되는 경우가 아니면 교도관으로 하여금 (ⓐ)하게 해야 한다. 이 경우 그 물품이 의약품인 경우에는 (ⓑ)으로 하여금 검사하게 해야 한다.

정답
ⓐ 검사, ⓑ 의무관

제28조 【유류금품의 처리】

① 소장은 사망자 또는 도주자가 남겨두고 간 금품이 있으면 사망자의 경우에는 그 (ⓐ)에게, 도주자의 경우에는 그 (ⓑ)에게 그 내용 및 청구절차 등을 (ⓒ). 다만, 썩거나 없어질 우려가 있는 것은 (ⓓ).

② 소장은 상속인 또는 가족이 제1항의 금품을 내어달라고 청구하면 (ⓔ) 내어주어야 한다. 다만, 제1항에 따른 알림을 받은 날(알려줄 수가 없는 경우에는 청구사유가 발생한 날)부터 (ⓕ)이 지나도 청구하지 아니하면 그 금품은 (ⓖ)에 귀속된다.

정답
ⓐ 상속인, ⓑ 가족
ⓒ 알려주어야 한다
ⓓ 폐기할 수 있다
ⓔ 지체 없이, ⓕ 1년
ⓖ 국고

제29조 【보관금품의 반환 등】

① 소장은 수용자가 석방될 때 제25조에 따라 보관하고 있던 수용자의 휴대금품을 (ⓐ)에게 돌려주어야 한다. 다만, 보관품을 한꺼번에 가져가기 어려운 경우 등 특별한 사정이 있어 수용자가 석방 시 소장에게 일정 기간 동안 (ⓑ) 이내의 범위로 한정한다. 보관품을 보관하여 줄 것을 신청하는 경우에는 그러하지 아니하다.

② 제1항 단서에 따른 보관 기간이 지난 보관품에 관하여는 제28조를 준용한다. 이 경우 "사망자" 및 "도주자"는 "피석방자"로, "금품"은 "보관품"으로, "상속인" 및 "가족"은 "피석방자 본인 또는 가족"으로 본다

정답
ⓐ 본인, ⓑ 1개월

시행령

제45조 【유류금품의 처리】

① 소장은 사망자의 유류품을 건네받을 사람이 (ⓐ)에 있는 등 특별한 사정이 있는 경우에는 유류품을 받을 사람의 청구에 따라 유류품을 (ⓑ) 그 대금을 보낼 수 있다.

② 법 제28조에 따라 사망자의 유류금품을 보내거나 제1항에 따라 유류품을 팔아 대금을 보내는 경우에 드는 비용은 유류금품의 (ⓒ)이 부담한다.

정답
ⓐ 원거리, ⓑ 팔아
ⓒ 청구인

제4장 위생과 의료

제30조 【위생 · 의료 조치의무】
소장은 수용자가 건강한 생활을 하는 데에 필요한 위생 및 의료상의 (ⓐ) 조치를 하여야 한다.

정답
ⓐ 적절한

제31조 【청결유지】
소장은 수용자가 사용하는 모든 설비와 기구가 항상 (ⓐ)하게 유지되도록 하여야 한다.

정답
ⓐ 청결

제32조 【청결의무】
① 수용자는 자신의 신체 및 의류를 청결히 하여야 하며, 자신이 사용하는 거실 · 작업장, 그 밖의 수용시설의 청결유지에 (ⓐ)하여야 한다.
② 수용자는 위생을 위하여 (ⓑ)을 단정하게 유지하여야 한다.

정답
ⓐ 협력
ⓑ 머리카락과 수염

시행령

제47조 【시설의 청소 · 소독】
① 소장은 거실 · 작업장 · 목욕탕, 그 밖에 수용자가 공동으로 사용하는 시설과 취사장, 주식 · 부식 저장고, 그 밖에 음식물 공급과 관련된 시설을 (ⓐ)로 청소 · 소독하여야 한다.
② 소장은 저수조 등 급수시설을 (ⓑ) 청소 · 소독하여야 한다.

정답
ⓐ 수시
ⓑ 6개월에 1회 이상

제33조 【운동 및 목욕】
① 소장은 수용자가 건강유지에 필요한 운동 및 목욕을 (ⓐ)으로 할 수 있도록 하여야 한다.
② 운동시간 · 목욕횟수 등에 관하여 필요한 사항은 (ⓑ)으로 정한다.

정답
ⓐ 정기적
ⓑ 대통령령

시행령

제49조 【실외운동】

소장은 수용자가 (ⓐ　　)(공휴일 및 법무부장관이 정하는 날은 제외한다) 「국가공무원 복무규정」 제9조에 따른 근무시간 내에서 (ⓑ　　　)의 실외운동을 할 수 있도록 하여야 한다. 다만, 다음 각 호의 어느 하나에 해당하면 실외운동을 실시하지 아니할 수 있다.

1. (ⓒ　　　　)상 실외운동이 필요 없다고 인정되는 때
2. (ⓓ　　) 등으로 실외운동이 수용자의 건강에 해롭다고 인정되는 때
3. (ⓔ　　　　) 그 밖의 부득이한 사정으로 실외운동을 하기 어려운 때

정답
ⓐ 매일, ⓑ 1시간 이내
ⓒ 작업의 특성
ⓓ 질병
ⓔ 우천, 수사, 재판

제50조 【목욕횟수】

소장은 작업의 특성, 계절, 그 밖의 사정을 고려하여 수용자의 목욕횟수를 정하되 부득이한 사정이 없으면 (ⓐ　　　　) 이상이 되도록 한다.

정답
ⓐ 매주 1회

제34조 【건강검진】

① 소장은 수용자에 대하여 건강검진을 (ⓐ　　)으로 하여야 한다.
② 건강검진의 횟수 등에 관하여 필요한 사항은 (ⓑ　　)으로 정한다.

정답
ⓐ 정기적
ⓑ 대통령령

시행령

제51조 【건강검진횟수】

① 소장은 수용자에 대하여 (ⓐ　　　　) 이상 건강검진을 하여야 한다. 다만, 19세 미만의 수용자와 계호상 독거수용자에 대하여는 (ⓑ　　　　) 이상 하여야 한다.
② 제1항의 건강검진은 「건강검진기본법」 제14조에 따라 지정된 건강검진기관에 의뢰하여 할 수 있다.

정답
ⓐ 1년에 1회
ⓑ 6개월에 1회

제35조 【감염병 등에 관한 조치】

소장은 감염병이나 그 밖에 감염의 우려가 있는 질병의 발생과 확산을 방지하기 위하여 필요한 경우 수용자에 대하여 (ⓐ　　　　　) 그 밖에 필요한 조치를 하여야 한다.

정답
ⓐ 예방접종 · 격리수용 · 이송

시행령

제53조 【감염병에 관한 조치】

① 소장은 수용자가 감염병에 걸렸다고 의심되는 경우에는 (ⓐ) 격리수용하고 그 수용자의 (ⓑ)을 소독하여야 한다.
② 소장은 감염병이 유행하는 경우에는 수용자가 자비로 구매하는 음식물의 (ⓒ).
③ 소장은 수용자가 감염병에 걸린 경우에는 (ⓓ) 격리수용하고 그 수용자가 사용한 (ⓔ)를 철저히 소독하여야 한다.
④ 소장은 제3항의 사실을 지체 없이 (ⓕ)에게 보고하고 관할 (ⓖ)에게 알려야 한다.

정답
ⓐ 1주 이상, ⓑ 휴대품
ⓒ 공급을 중지할 수 있다
ⓓ 즉시, ⓔ 물품과 설비
ⓕ 법무부장관
ⓖ 보건기관의 장

제36조 【부상자 등 치료】

① 소장은 수용자가 부상을 당하거나 질병에 걸리면 (ⓐ) 치료를 받도록 하여야 한다.
② 제1항의 치료를 위하여 교정시설에 근무하는 간호사는 (ⓑ) 등에 「의료법」 제27조<무면허 의료행위 등 금지>에도 불구하고 대통령령으로 정하는 경미한 의료행위를 할 수 있다.

정답
ⓐ 적절한
ⓑ 야간 또는 공휴일

시행령

제54조의2 【간호사의 의료행위】

법 제36조 제2항에서 "대통령령으로 정하는 경미한 의료행위"란 다음 각 호의 의료행위를 말한다.

1. 외상 등 흔히 볼 수 있는 (ⓐ)의 치료
2. 응급을 요하는 수용자에 대한 (ⓑ)
3. 부상과 질병의 (ⓒ)를 위한 처치
4. 환자의 (ⓓ) 및 관리
5. 제1호부터 제4호까지의 의료행위에 따르는 (ⓔ)

정답
ⓐ 상처
ⓑ 응급처치
ⓒ 악화방지
ⓓ 요양지도
ⓔ 의약품의 투여

제37조【외부의료시설 진료 등】

① 소장은 수용자에 대한 적절한 치료를 위하여 필요하다고 인정하면 교정시설 (ⓐ)에 있는 의료시설(이하 "외부의료시설"이라 한다)에서 진료를 받게 할 수 있다.

② 소장은 수용자의 정신질환 치료를 위하여 필요하다고 인정하면 (ⓑ)의 승인을 받아 치료감호시설로 이송(ⓒ).

③ 제2항에 따라 이송된 사람은 수용자에 준하여 처우한다.

④ 소장은 제1항 또는 제2항에 따라 수용자가 외부의료시설에서 진료받거나 치료감호시설로 이송되면 그 사실을 그 가족이 없는 경우에는 수용자가 지정하는 사람에게 (ⓓ) 알려야 한다. 다만, 수용자가 알리는 것을 원하지 아니하면 그러하지 아니하다.

⑤ 소장은 수용자가 자신의 (ⓔ)로 부상 등이 발생하여 외부의료시설에서 진료를 받은 경우에는 그 진료비의 (ⓕ)를 그 수용자에게 부담하게 할 수 있다.

정답
ⓐ 밖
ⓑ 법무부장관
ⓒ 할 수 있다
ⓓ 지체 없이
ⓔ 고의 또는 중대한 과실
ⓕ 전부 또는 일부

제38조【자비치료】

소장은 수용자가 자신의 비용으로 외부의료시설에서 근무하는 의사(이하 "외부의사"라 한다)에게 치료받기를 원하면 교정시설에 근무하는 (ⓐ)(공중보건의사를 포함하며, 이하 "의무관"이라 한다)의 의견을 고려하여 이를 (ⓑ).

정답
ⓐ 의사
ⓑ 허가할 수 있다

제39조【진료환경 등】

① 교정시설에는 수용자의 진료를 위하여 필요한 (ⓐ)를 갖추어야 한다.

② 소장은 정신질환이 있다고 의심되는 수용자가 있으면 (ⓑ) 의사의 진료를 받을 수 있도록 (ⓒ).

③ 외부의사는 수용자를 진료하는 경우에는 (ⓓ)이 정하는 사항을 준수하여야 한다.

④ 교정시설에 갖추어야 할 의료설비의 기준에 관하여 필요한 사항은 (ⓔ)으로 정한다.

정답
ⓐ 의료 인력과 설비
ⓑ 정신건강의학과
ⓒ 하여야 한다
ⓓ 법무부장관
ⓔ 법무부령

제40조【수용자의 의사에 반하는 의료조치】

① 소장은 수용자가 진료 또는 음식물의 섭취를 거부하면 (ⓐ)으로 하여금 관찰·조언 또는 설득을 (ⓑ).

② 소장은 제1항의 조치에도 불구하고 수용자가 진료 또는 음식물의 섭취를 계속 거부하여 그 생명에 위험을 가져올 (ⓒ)한 우려가 있으면 (ⓓ)으로 하여금 적당한 진료 또는 영양보급 등의 조치를 하게 할 수 있다.

정답
ⓐ 의무관
ⓑ 하도록 하여야 한다
ⓒ 급박, ⓓ 의무관

제5장 접견 · 편지수수(便紙授受) 및 전화통화

제41조【접견】

① 수용자는 교정시설의 외부에 있는 사람과 접견할 수 있다. 다만, 다음 각 호의 어느 하나에 해당하는 사유가 있으면 그러하지 아니하다.

1. (ⓐ)에 저촉되는 행위를 할 우려가 있는 때
2. 「형사소송법」이나 그 밖의 법률에 따른 (ⓑ)의 결정이 있는 때
3. 수형자의 (ⓒ) 또는 건전한 (ⓓ)를 해칠 우려가 있는 때
4. 시설의 (ⓔ) 또는 (ⓕ)를 해칠 우려가 있는 때

② 수용자의 접견은 접촉차단시설이 설치된 장소에서 하게 한다. 다만, 다음 각 호의 어느 하나에 해당하는 경우에는 접촉차단시설이 설치되지 아니한 장소에서 접견하게 한다.

1. 미결수용자(형사사건으로 수사 또는 재판을 받고 있는 수형자와 사형확정자를 포함한다)가 (ⓖ)(변호인이 되려는 사람을 포함한다. 이하같다)과 접격하는 경우
2. 수용자가 (ⓗ)인 변호사와 접견하는 경우 등 수용자의 재판청구권 등을 실질적으로 보장하기 위하여 대통령령으로 정하는 경우로서 교정시설의 안전 또는 질서를 해칠 우려가 없는 경우

③ 제2항에도 불구하고 다음 각 호의 어느 하나에 해당하는 경우에는 접촉차단시설이 설치되지 아니한 장소에서 접견하게 할 수 있다.

1. (ⓘ)가 미성년자인 자녀와 접견하는 경우
2. 그 밖에 대통령령으로 정하는 경우

[그 밖에 대통령령으로 정하는 경우(시행령 제59조 제3항)]

1. (ⓙ)의 (ⓚ)이 우수한 경우
2. (ⓛ)의 (ⓜ)를 위하여 특히 필요하다고 인정되는 경우
3. (ⓝ)의 처우를 위하여 소장이 특별히 필요하다고 인정하는 경우
4. (ⓞ)의 교화나 심리적 안정을 위하여 소장이 특별히 필요하다고 인정하는 경우

④ 소장은 다음 각 호의 어느 하나에 해당하는 사유가 있으면 (ⓟ)으로 하여금 수용자의 접견내용을 청취 · 기록 · 녹음 또는 녹화하게 할 수 있다.

1. 범죄의 증거를 (ⓠ)하거나 (ⓡ)에 저촉되는 행위를 할 우려가 있는 때
2. 수형자의 (ⓢ) 또는 건전한 (ⓣ)를 위하여 필요한 때
3. 시설의 (ⓤ)과 (ⓥ)를 위하여 필요한 때

정답

ⓐ 형사 법령
ⓑ 접견금지
ⓒ 교화, ⓓ 사회복귀
ⓔ 안전, ⓕ 질서
ⓖ 변호인
ⓗ 소송사건의 대리인
ⓘ 수용자
ⓙ 수형자
ⓚ 교정성적
ⓛ 수형자
ⓜ 교화 또는 건전한 사회복귀
ⓝ 미결수용자
ⓞ 사형확정자
ⓟ 교도관
ⓠ 인멸, ⓡ 형사법령
ⓢ 교화, ⓣ 사회복귀
ⓤ 안전, ⓥ 질서유지

⑤ 제4항에 따라 녹음·녹화하는 경우에는 사전에 (ⓦ) 및 (ⓧ) 에게 그 사실을 알려 주어야 한다.
⑥ 접견의 횟수·시간·장소·방법 및 접견내용의 청취·기록·녹음·녹화 등에 관하여 필요한 사항은 (ⓨ)으로 정한다.

정답
ⓦ 수용자
ⓧ 상대방
ⓨ 대통령령

시행령

제58조 【접견】

① 수용자의 접견은 매일(공휴일 및 법무부장관이 정한 날은 제외한다) 「국가공무원 복무규정」 제9조에 따른 (ⓐ)에서 한다.
② 변호인(변호인이 되려고 하는 사람을 포함한다. 이하 같다)과 접견하는 미결수용자를 제외한 수용자의 접견시간은 (ⓑ) 이내로 한다.
③ 수형자의 접견 횟수는 (ⓒ)로 한다.
④ 삭제
⑤ 법 및 이 영에 규정된 사항 외에 수형자, 사형확정자 및 미결수용자를 제외한 수용자의 접견 횟수·시간·장소 등에 관하여 필요한 사항은 (ⓓ)이 정한다.

정답
ⓐ 근무시간 내
ⓑ 회당 30분
ⓒ 매월 4회
ⓓ 법무부장관

제59조 【접견의 예외】

① 소장은 제58조 제1항<근무시간 내 접견> 및 제2항<30분 이내의 접견시간>에도 불구하고 수형자의 교화 또는 건전한 사회복귀를 위하여 특히 필요하다고 인정하면 접견 시간대 (ⓐ)에도 접견을 하게 할 수 있고 접견시간을 (ⓑ)할 수 있다.
② 소장은 제58조 제3항<수형자의 접견횟수 매월 4회>에도 불구하고 수형자가 다음 각 호의 어느 하나에 해당하면 접견 횟수를 늘릴 수 있다.
   1. (ⓒ) 미만인 때
   2. (ⓓ)이 우수한 때
   3. (ⓔ) 또는 건전한 (ⓕ)를 위하여 특히 필요하다고 인정되는 때
③ 법 제41조 제3항 제2호<접촉차단시설이 설치되지 아니한 장소에서 접견>에서 "대통령령으로 정하는 경우"란 다음 각 호의 어느 하나에 해당하는 경우를 말한다.
   1. (ⓖ)가 제2항 제2호 또는 제3호에 해당하는 경우
   2. (ⓗ)의 처우를 위하여 소장이 특별히 필요하다고 인정하는 경우
   3. (ⓘ)의 교화나 심리적 안정을 위하여 소장이 특별히 필요하다고 인정하는 경우

정답
ⓐ 외, ⓑ 연장
ⓒ 19세
ⓓ 교정성적
ⓔ 교화, ⓕ 사회복귀
ⓖ 수형자
ⓗ 미결수용자
ⓘ 사형확정자

제59조의2 【변호사와의 접견】

① 제58조 제2항에도 불구하고 수용자가 다음 각 호의 어느 하나에 해당하는 변호사와 접견하는 시간은 회당 (ⓐ)으로 한다.

1. (ⓑ)의 대리인인 변호사
2. 「형사소송법」에 따른 (ⓒ) 또는 (ⓓ)의 대리인이 되려는 변호사

② 수용자가 제1항 각 호의 변호사와 접견하는 횟수는 다음 각 호의 구분에 따르되, 이를 제58조 제3항, 제101조 및 제109조의 접견 횟수에 포함시키지 아니한다.

1. 소송사건의 대리인인 변호사 : (ⓔ)
2. 「형사소송법」에 따른 상소권회복 또는 재심 청구사건의 대리인이 되려는 변호사 : (ⓕ)

③ 소장은 제58조 제1항과 이 조 제1항 및 제2항에도 불구하고 소송사건의 수 또는 소송내용의 복잡성 등을 고려하여 소송의 준비를 위하여 특히 필요하다고 인정하면 접견 시간대 (ⓖ)에도 접견을 하게 할 수 있고, 접견 (ⓗ)를 늘릴 수 있다.

④ 소장은 제1항 및 제2항에도 불구하고 접견 수요 또는 접견실 사정 등을 고려하여 원활한 접견 사무 진행에 현저한 장애가 발생한다고 판단하면 접견 (ⓘ)를 줄일 수 있다. 이 경우 줄어든 시간과 횟수는 다음 접견 시에 (ⓙ)하도록 (ⓚ).

⑤ 수용자가 「형사소송법」에 따른 상소권회복 또는 재심 청구사건의 대리인이 되려는 변호사와 접견하는 경우에는 교정시설의 안전 또는 질서를 해칠 우려가 없는 한 접촉차단시설이 (ⓛ) 장소에서 접견하게 한다.

⑥ 제1항부터 제5항까지에서 규정한 사항 외에 수용자와 제1항 각 호의 변호사의 접견에 관하여 필요한 사항은 (ⓜ)으로 정한다.

정답
ⓐ 60분
ⓑ 소송사건
ⓒ 상소권회복
ⓓ 재심 청구사건
ⓔ 월 4회
ⓕ 사건 당 2회
ⓖ 외
ⓗ 시간 및 횟수
ⓘ 시간 및 횟수
ⓙ 추가
ⓚ 노력하여야 한다
ⓛ 설치되지 않은
ⓜ 법무부령

시행규칙

제87조 【접견】

① 수형자의 경비처우급별 접견의 허용횟수는 다음 각 호와 같다.

1. 개방처우급 : (ⓐ)
2. 완화경비처우급 : (ⓑ)
3. 일반경비처우급 : (ⓒ)
4. 중(重)경비처우급 : (ⓓ)

② 제1항 제2호부터 제4호까지의 경우 접견은 1일 1회만 허용한다. 다만, 처우상 특히 필요한 경우에는 그러하지 아니하다.

③ 소장은 교화 및 처우상 특히 필요한 경우에는 수용자가 다른 교정시설의 수용자와 통신망을 이용하여 (ⓔ)으로 접견하는 것(이하 "화상접견"이라 한다)을 허가할 수 있다. 이 경우 화상접견은 제1항의 접견 허용횟수에 (ⓕ)한다.

정답
ⓐ 1일 1회
ⓑ 월 6회
ⓒ 월 5회
ⓓ 월 4회
ⓔ 화상, ⓕ 포함

제88조 【접견 장소】

소장은 (ⓐ) 수형자에 대하여는 법무부장관이 정하는 바에 따라 접촉차단시설이 설치된 장소 외의 적당한 곳에서 접견을 실시할 수 있다. 다만, 처우상 특히 필요하다고 인정하는 경우에는 (ⓑ)에 대하여도 이를 허용할 수 있다.

정답
ⓐ 개방처우급
ⓑ 그 밖의 수형자

제89조 【가족 만남의 날 행사 등】

① 소장은 (ⓐ) 수형자에 대하여 가족 만남의 날 행사에 참여하게 하거나 가족 만남의 집을 이용하게 할 수 있다. 이 경우 제87조의 접견 허용횟수에는 (ⓑ).

② 제1항의 경우 소장은 가족이 없는 수형자에 대하여는 결연을 맺었거나 그 밖에 가족에 준하는 사람으로 하여금 그 가족을 대신하게 할 수 있다.

③ 소장은 제1항에도 불구하고 교화를 위하여 특히 필요한 경우에는 (ⓒ) 수형자에 대하여도 가족 만남의 날 행사 참여 또는 가족 만남의 집 이용을 허가할 수 있다.

④ 제1항 및 제3항에서 "(ⓓ)"란 수형자와 그 가족이 교정시설의 일정한 장소에서 다과와 음식을 함께 나누면서 대화의 시간을 갖는 행사를 말하며, "(ⓔ)"이란 수형자와 그 가족이 숙식을 함께 할 수 있도록 교정시설에 수용동과 별도로 설치된 일반주택 형태의 건축물을 말한다.

정답
ⓐ 개방처우급·완화경비처우급
ⓑ 포함되지 아니한다
ⓒ 일반경비처우급
ⓓ 가족 만남의 날 행사
ⓔ 가족 만남의 집

제42조 【접견의 중지 등】

교도관은 접견 중인 수용자 또는 그 상대방이 다음 각 호의 어느 하나에 해당하면 접견을 중지할 수 있다.

1. 범죄의 (ⓐ)하거나 (ⓑ)하려고 하는 때
2. 제92조의 (ⓒ)을 주고받거나 주고받으려고 하는 때
3. (ⓓ)에 저촉되는 행위를 하거나 하려고 하는 때
4. 수용자의 처우 또는 교정시설의 운영에 관하여 (ⓔ)을 유포하는 때
5. 수형자의 교화 또는 건전한 사회복귀를 해칠 우려가 있는 행위를 하거나 하려고 하는 때
6. 시설의 안전 또는 질서를 해하는 행위를 하거나 하려고 하는 때

정답
ⓐ 증거를 인멸
ⓑ 인멸
ⓒ 금지물품
ⓓ 형사 법령
ⓔ 거짓사실

PART 01

제43조【편지수수】

① 수용자는 다른 사람과 편지를 주고받을 수 있다. 다만, 다음 각 호의 어느 하나에 해당하는 사유가 있으면 그러하지 아니하다.

1. 「형사소송법」이나 그 밖의 법률에 따른 편지의 (ⓐ) 및 (ⓑ)의 결정이 있는 때
2. 수형자의 교화 또는 건전한 사회복귀를 해칠 우려가 있는 때
3. 시설의 안전 또는 질서를 해칠 우려가 있는 때

② 제1항 각 호 외의 부분 본문에도 불구하고 같은 교정시설의 수용자 간에 편지를 주고받으려면 (ⓒ)의 허가를 받아야 한다.

③ 소장은 수용자가 주고받는 편지에 법령에 따라 (ⓓ) 물품이 들어 있는지 확인할 수 있다.

④ 수용자가 주고받는 편지의 내용은 검열받지 아니한다. 다만, 다음 각 호의 어느 하나에 해당하는 사유가 있으면 그러하지 아니하다.

1. 편지의 (ⓔ)이 누구인지 확인할 수 없는 때
2. 「형사소송법」이나 그 밖의 법률에 따른 (ⓕ)의 결정이 있는 때
3. 제1항 제2호 또는 제3호에 해당하는 내용이나 형사 법령에 저촉되는 내용이 기재되어 있다고 의심할 만한 상당한 이유가 있는 때
4. 대통령령으로 정하는 수용자 간의 편지인 때

⑤ 소장은 제3항 또는 제4항 단서에 따라 확인 또는 검열한 결과 수용자의 편지에 법령으로 금지된 물품이 들어 있거나 편지의 내용이 다음 각 호의 어느 하나에 해당하면 발신 또는 수신을 금지할 수 있다.

1. 암호 · 기호 등 이해할 수 없는 (ⓖ)로 작성되어 있는 때
2. 범죄의 증거를 (ⓗ)할 우려가 있는 때
3. 형사 법령에 저촉되는 (ⓘ)이 기재되어 있는 때
4. 수용자의 처우 또는 교정시설의 운영에 관하여 (ⓙ) 거짓사실을 포함하고 있는 때
5. 사생활의 (ⓚ) 또는 (ⓛ)를 침해할 우려가 있는 때
6. 수형자의 교화 또는 건전한 사회복귀를 해칠 우려가 있는 때
7. 시설의 안전 또는 질서를 해칠 우려가 있는 때

⑥ 소장이 편지를 발송하거나 내어주는 경우에는 신속히 하여야 한다.

⑦ 소장은 제1항 단서 또는 제5항에 따라 발신 또는 수신이 금지된 편지는 그 구체적인 사유를 (ⓜ)으로 작성해 관리하고, 수용자에게 그 사유를 알린 후 교정시설에 (ⓝ)한다. 다만, 수용자가 동의하면 (ⓞ)할 수 있다.

⑧ 편지발송의 횟수, 편지 내용물의 확인방법 및 편지 내용의 검열절차 등에 관하여 필요한 사항은 (ⓟ)으로 정한다.

정답

ⓐ 수수금지
ⓑ 압수
ⓒ 소장
ⓓ 금지된
ⓔ 상대방
ⓕ 편지검열
ⓖ 특수문자
ⓗ 인멸
ⓘ 내용
ⓙ 명백한
ⓚ 비밀, ⓛ 자유
ⓜ 서면, ⓝ 보관, ⓞ 폐기
ⓟ 대통령령

시행령

제65조 【편지 내용물의 확인】

① 수용자는 편지를 보내려는 경우 해당 편지를 (ⓐ　　)하여 (ⓑ　　　)에 제출한다. 다만, 소장은 다음 각 호의 어느 하나에 해당하는 경우로서 법 제43조 제3항에 따른 금지물품의 확인을 위하여 필요한 경우에는 편지를 봉함하지 않은 상태로 제출하게 할 수 있다.

1. 다음 각 목의 어느 하나에 해당하는 수용자가 (ⓒ　　　)의 자에게 편지를 보내려는 경우
   가. 법 제104조 제1항에 따른 (ⓓ　　　　　　　　　　　　)으로 정하는 수용자
   나. 제84조 제2항에 따른 처우등급이 법 제57조 제2항 제4호의 (ⓔ　　) 수용대상인 수형자
2. 수용자가 같은 교정시설에 수용 중인 (ⓕ　　　)에게 편지를 보내려는 경우
3. (ⓖ　　　)으로 조사 중이거나 징벌집행 중인 수용자가 다른 수용자에게 편지를 보내려는 경우

② 소장은 수용자에게 온 편지에 금지물품이 들어 있는지를 (ⓗ　　　)하여 확인할 수 있다.

정답
ⓐ 봉함
ⓑ 교정시설
ⓒ 변호인 외
ⓓ 마약류사범 · 조직폭력사범 등 법무부령
ⓔ 중경비시설
ⓕ 다른 수용자
ⓖ 규율위반
ⓗ 개봉

제66조 【편지 내용의 검열】

① 소장은 법 제43조 제4항 제4호에 따라 다음 각 호의 어느 하나에 해당하는 수용자가 다른 수용자와 편지를 주고받는 때에는 그 내용을 검열할 수 있다.

1. 법 제104조 제1항에 따른 (ⓐ　　　　　　　　　　　)으로 정하는 수용자인 때
2. 편지를 주고받으려는 수용자와 (ⓑ　　　) 교정시설에 수용 중인 때
3. 규율위반으로 조사 중이거나 (ⓒ　　　) 중인 때
4. 범죄의 (ⓓ　　　)할 우려가 있는 때

② 수용자 간에 오가는 편지에 대한 제1항의 검열은 편지를 (ⓔ　　　) 교정시설에서 한다. 다만, 특히 필요하다고 인정되는 경우에는 편지를 (ⓕ　　　) 교정시설에서도 할 수 있다.

③ 소장은 수용자가 주고받는 편지가 법 제43조 제4항 각 호의 어느 하나에 해당하면 이를 (ⓖ　　　) 검열할 수 있다.

④ 소장은 제3항에 따라 검열한 결과 편지의 내용이 법 제43조 제5항의 발신 또는 수신 금지사유에 해당하지 아니하면 발신편지는 (ⓗ　　　)한 후 발송하고, 수신편지는 수용자에게 건네준다.

⑤ 소장은 편지의 내용을 검열했을 때에는 그 사실을 해당 수용자에게 (ⓘ　　　) 알려주어야 한다.

정답
ⓐ 마약류사범 · 조직폭력사범 등 법무부령
ⓑ 같은
ⓒ 징벌집행
ⓓ 증거를 인멸
ⓔ 보내는
ⓕ 받는
ⓖ 개봉한 후
ⓗ 봉함
ⓘ 지체 없이

제44조 【전화통화】

① 수용자는 (ⓐ　　　)의 허가를 받아 교정시설의 외부에 있는 사람과 전화통화를 할 수 있다.
② 제1항에 따른 허가에는 통화내용의 (ⓑ　　　　　)을 조건으로 붙일 수 있다.
③ 제42조<접견의 중지>는 수용자의 전화통화에 관하여 준용한다.
④ 제2항에 따라 통화내용을 청취 또는 녹음하려면 사전에 (ⓒ　　　　　)에게 그 사실을 알려 주어야 한다.
⑤ 전화통화의 허가범위, 통화내용의 청취 · 녹음 등에 관하여 필요한 사항은 (ⓓ　　　　)으로 정한다.

정답
ⓐ 소장
ⓑ 청취 또는 녹음
ⓒ 수용자 및 상대방
ⓓ 법무부령

시행규칙

제25조 【전화통화의 허가】

① 소장은 전화통화(발신하는 것만을 말한다. 이하 같다)를 신청한 수용자에 대하여 다음 각 호의 어느 하나에 해당하는 사유가 없으면 전화통화를 허가할 수 있다. 다만, 미결수용자에게 전화통화를 허가할 경우 그 허용횟수는 (ⓐ　　　) 이내로 한다.
　1. 범죄의 (ⓑ　　　)를 인멸할 우려가 있을 때
　2. (ⓒ　　　　　)에 저촉되는 행위를 할 우려가 있을 때
　3. 「형사소송법」 제91조 및 같은 법 제209조에 따라 접견 · 편지수수 (ⓓ　　) 결정을 하였을 때
　4. 교정시설의 (ⓔ　　　　　)를 해칠 우려가 있을 때
　5. 수형자의 교화 또는 건전한 사회복귀를 해칠 우려가 있을 때
② 소장은 제1항에 따른 허가를 하기 전에 전화번호와 수신자(수용자와 통화할 상대방을 말한다. 이하 같다)를 확인하여야 한다. 이 경우 수신자에게 제1항 각 호에 해당하는 사유가 있으면 제1항의 허가를 아니할 수 있다.
③ 전화통화의 통화시간은 특별한 사정이 없으면 (ⓕ　　　) 이내로 한다.

정답
ⓐ 월 2회
ⓑ 증거
ⓒ 형사법령
ⓓ 금지
ⓔ 안전 또는 질서
ⓕ 5분

제26조 【전화이용시간】

① 수용자의 전화통화는 매일(공휴일 및 법무부장관이 정한 날은 제외한다) 「국가공무원 복무규정」 제9조에 따른 근무시간 (ⓐ　　　)에서 실시한다.
② 소장은 제1항에도 불구하고 평일에 전화를 이용하기 곤란한 특별한 사유가 있는 수용자에 대해서는 전화이용시간을 (ⓑ　　　) 정할 수 있다.

정답
ⓐ 내
ⓑ 따로

제27조【통화허가의 취소】

소장은 다음 각 호의 어느 하나에 해당할 때에는 전화통화의 허가를 (ⓐ).

1. 수용자 또는 수신자가 전화통화 내용의 (ⓑ)에 동의하지 아니할 때
2. 수신자가 수용자와의 (ⓒ) 등에 대한 확인 요청에 따르지 아니하거나 거짓으로 대답할 때
3. 전화통화 허가 후 제25조 제1항 각 호의 어느 하나에 해당되는 사유가 발견되거나 발생하였을 때

정답
ⓐ 취소할 수 있다
ⓑ 청취 · 녹음
ⓒ 관계

제28조【통화내용의 청취 · 녹음】

① 소장은 제25조 제1항 각 호의 어느 하나에 해당하지 아니한다고 (ⓐ) 인정되는 경우가 아니면 통화내용을 청취하거나 녹음한다.

② 제1항의 녹음기록물은 「공공기록물 관리에 관한 법률」에 따라 관리하고, 특히 녹음기록물이 손상되지 아니하도록 유의해서 (ⓑ)하여야 한다.

③ 소장은 제1항의 녹음기록물에 대한 보호 · 관리를 위해 전화통화정보 취급자를 지정해야 하고, 전화통화정보 취급자는 직무상 알게 된 전화통화정보를 (ⓒ) 또는 권한 없이 처리하거나 (ⓓ)이 이용하도록 제공하는 등 부당한 목적으로 사용해서는 안 된다.

④ 제1항의 녹음기록물을 관계기관에 제공하는 경우에는 영 제62조 제4항<접견기록물의 제공: 법원의 재판업무 수행, 범죄의 수사와 공소제기 및 유지에 필요한 때> 및 제5항<접견기록물을 제공할 경우: 녹음 · 녹화기록물 관리프로그램에 입력하고, 이동식 저장매체에 옮겨 제공>을 준용한다.

정답
ⓐ 명백히
ⓑ 보존
ⓒ 누설, ⓓ 다른 사람

제29조【통화요금의 부담】

① 수용자의 전화통화 요금은 (ⓐ)가 부담한다.

② 소장은 교정성적이 양호한 수형자 또는 보관금이 없는 수용자 등에 대하여는 제1항에도 불구하고 (ⓑ)에서 요금을 부담할 수 있다.

정답
ⓐ 수용자
ⓑ 예산의 범위

제29조의2【세부사항】

이 규칙에서 정한 사항 외에 전화통화의 허가범위, 통화내용의 청취 · 녹음 등에 필요한 세부사항은 (ⓐ)이 정한다.

정답
ⓐ 법무부장관

제90조 【전화통화의 허용횟수】

① 수형자의 경비처우급별 전화통화의 허용횟수는 다음 각 호와 같다.

1. 개방처우급 : (ⓐ)
2. 완화경비처우급 : (ⓑ)
3. 일반경비처우급 : (ⓒ)
4. 중경비처우급 : (ⓓ)상 특히 필요한 경우 (ⓔ)

② 소장은 제1항에도 불구하고 처우상 특히 필요한 경우에는 (ⓕ) 수형자의 전화통화 허용횟수를 (ⓖ).

③ 제1항 각 호의 경우 전화통화는 (ⓗ)만 허용한다. 다만, 처우상 특히 필요한 경우에는 그러하지 아니하다.

정답

ⓐ 월 20회 이내
ⓑ 월 10회 이내
ⓒ 월 5회 이내
ⓓ 처우
ⓔ 월 2회 이내
ⓕ 개방처우급 · 완화경비처우급
ⓖ 늘릴 수 있다
ⓗ 1일 1회

제156조 【전화통화】

소장은 사형확정자의 심리적 안정과 원만한 수용생활을 위하여 필요하다고 인정하는 경우에는 (ⓐ) 이내의 범위에서 전화통화를 허가할 수 있다.

정답

ⓐ 월 3회

제6장 종교와 문화

제45조【종교행사의 참석 등】

① 수용자는 교정시설의 안에서 실시하는 종교의식 또는 행사에 참석할 수 있으며, (ⓐ　　　　　) 종교상담을 받을 수 있다.

② 수용자는 자신의 신앙생활에 필요한 (ⓑ　　　　　)을 지닐 수 있다.

③ 소장은 다음 각 호의 어느 하나에 해당하는 사유가 있으면 제1항 및 제2항에서 규정하고 있는 사항을 제한할 수 있다.

1. 수형자의 교화 또는 건전한 사회복귀를 위하여 필요한 때
2. 시설의 안전과 질서유지를 위하여 필요한 때

④ 종교행사의 종류·참석대상·방법, 종교상담의 대상·방법 및 종교도서·물품을 지닐 수 있는 범위 등에 관하여 필요한 사항은 (ⓒ　　　) 으로 정한다.

정답
ⓐ 개별적인
ⓑ 책이나 물품
ⓒ 법무부령

제46조【도서비치 및 이용】

소장은 수용자의 (ⓐ　　　　　　　　)에 필요한 도서를 비치하고 수용자가 이용할 수 있도록 하여야 한다.

정답
ⓐ 지식함양 및 교양습득

제47조【신문 등의 구독】

① 수용자는 (ⓐ　　　　　)으로 신문·잡지 또는 도서(이하 "신문등"이라 한다)의 구독을 신청할 수 있다.

② 소장은 제1항에 따라 구독을 신청한 신문등이 「출판문화산업 진흥법」에 따른 (ⓑ　　　　)인 경우를 제외하고는 구독을 허가하여야 한다.

③ 제1항에 따라 구독을 신청할 수 있는 신문 등의 범위 및 수량은 (ⓒ　　　　)으로 정한다.

정답
ⓐ 자신의 비용
ⓑ 유해간행물
ⓒ 법무부령

시행규칙

제35조【구독신청 수량】

법 제47조에 따라 수용자가 구독을 신청할 수 있는 신문·잡지 또는 도서(이하 이 절에서 "신문 등"이라 한다)는 교정시설의 보관범위 및 수용자가 지닐 수 있는 범위를 벗어나지 않는 범위에서 신문은 (ⓐ　　　) 이내로, 도서(잡지를 포함한다)는 (ⓑ　　　) 이내로 한다. 다만, 소장은 수용자의 지식함양 및 교양습득에 특히 필요하다고 인정하는 경우에는 신문 등의 신청 수량을 (ⓒ　　　　　).

정답
ⓐ 월 3종
ⓑ 월 10권
ⓒ 늘릴 수 있다

제48조 【라디오 청취와 텔레비전 시청】

① 수용자는 정서안정 및 교양습득을 위하여 라디오 청취와 텔레비전 시청을 할 수 있다.

② 소장은 다음 각 호의 어느 하나에 해당하는 사유가 있으면 수용자에 대한 라디오 및 텔레비전의 방송을 (ⓐ)하거나 개별 수용자에 대하여 라디오 및 텔레비전의 청취 또는 시청을 (ⓑ)할 수 있다.

1. 수형자의 교화 또는 건전한 사회복귀를 해칠 우려가 있는 때
2. 시설의 안전과 질서유지를 위하여 필요한 때

③ 방송설비 · 방송프로그램 · 방송시간 등에 관하여 필요한 사항은 (ⓒ)으로 정한다.

정답
ⓐ 일시 중단, ⓑ 금지
ⓒ 법무부령

제49조 【집필】

① 수용자는 (ⓐ) 또는 (ⓑ)(圖畵)를 작성하거나 문예 · 학술, 그 밖의 사항에 관하여 집필할 수 있다. 다만, 소장이 시설의 안전 또는 질서를 해칠 (ⓒ) 위험이 있다고 인정하는 경우는 예외로 한다.

② 제1항에 따라 작성 또는 집필한 문서나 도화를 지니거나 처리하는 것에 관하여는 제26조를 준용한다.

③ 제1항에 따라 작성 또는 집필한 문서나 도화가 제43조 제5항 각 호의 어느 하나에 해당하면 제43조 제7항을 준용한다.

④ 집필용구의 관리, 집필의 시간 · 장소, 집필한 문서 또는 도화의 외부반출 등에 관하여 필요한 사항은 (ⓓ)으로 정한다.

정답
ⓐ 문서, ⓑ 도화
ⓒ 명백한
ⓓ 대통령령

시행령

제74조 【집필용구의 구입비용】

집필용구의 구입비용은 (ⓐ)가 부담한다. 다만, 소장은 수용자가 그 비용을 부담할 수 없는 경우에는 필요한 집필용구를 (ⓑ).

정답
ⓐ 수용자
ⓑ 지급할 수 있다

제75조 【집필의 시간대 · 시간 및 장소】

① 수용자는 (ⓐ) 및 (ⓑ) 내에 시간의 제한 없이 집필할 수 있다. 다만, 부득이한 사정이 있는 경우에는 그러하지 아니하다.

② 수용자는 거실 · 작업장, 그 밖에 (ⓒ)에서 집필할 수 있다.

정답
ⓐ 휴업일, ⓑ 휴게시간
ⓒ 지정된 장소

제76조 【문서 · 도화의 외부 발송 등】

① 소장은 수용자 본인이 작성 또는 집필한 문서나 도화(圖畵)를 외부에 보내거나 내가려고 할 때에는 그 (ⓐ)을 확인하여 법 제43조 제5항 각 호의 어느 하나에 해당하지 않으면 허가해야 한다.

② 제1항에 따라 문서나 도화를 외부로 보내거나 내갈 때 드는 비용은 (ⓑ)가 부담한다.

③ 법 및 이 영에 규정된 사항 외에 수용자의 집필에 필요한 사항은 (ⓒ)이 정한다.

정답
ⓐ 내용
ⓑ 수용자
ⓒ 법무부장관

제7장 특별한 보호

※ 학습 방법 : 학습시 임의적, 필요적 규정 정확히 확인할 것

제50조 【여성수용자의 처우】
① 소장은 여성수용자에 대하여 여성의 (ⓐ) 특성을 고려하여 처우하여야 한다.
② 소장은 여성수용자에 대하여 건강검진을 실시하는 경우에는 나이·건강 등을 고려하여 (ⓑ)에 관한 검사를 포함시켜야 한다.
③ 소장은 생리 중인 여성수용자에 대하여는 (ⓒ)에 필요한 물품을 지급하여야 한다.

정답
ⓐ 신체적·심리적
ⓑ 부인과질환
ⓒ 위생

제51조 【여성수용자 처우 시의 유의사항】
① 소장은 여성수용자에 대하여 상담·교육·작업 등(이하 이 조에서 "상담등"이라 한다)을 실시하는 때에는 (ⓐ)이 담당하도록 하여야 한다. 다만, 여성교도관이 부족하거나 그 밖의 부득이한 사정이 있으면 그러하지 아니하다.
② 제1항 단서에 따라 남성교도관이 1인의 여성수용자에 대하여 실내에서 상담 등을 하려면 (ⓑ)이 설치된 장소에서 (ⓒ)을 입회시킨 후 실시하여야 한다.

정답
ⓐ 여성교도관
ⓑ 투명한 창문
ⓒ 다른 여성

시행령

제7조 【여성수용자에 대한 시찰】
소장은 특히 필요하다고 인정하는 경우가 아니면 남성교도관이 (ⓐ)에 수용자거실에 있는 여성수용자를 시찰하게 하여서는 (ⓑ).

정답
ⓐ 야간, ⓑ 아니 된다

제77조 【여성수용자의 목욕】
① 소장은 제50조에 따라 여성수용자의 목욕횟수를 정하는 경우에는 (ⓐ) 특성을 특히 고려하여야 한다.
② 소장은 여성수용자가 목욕을 하는 경우에 계호가 필요하다고 인정하면 (ⓑ)이 하도록 하여야 한다.

정답
ⓐ 그 신체적
ⓑ 여성교도관

제52조 【임산부인 수용자의 처우】
① 소장은 수용자가 임신 중이거나 출산(유산·사산을 (ⓐ)한다)한 경우에는 모성보호 및 건강유지를 위하여 정기적인 검진 등 적절한 조치를 하여야 한다.
② 소장은 수용자가 출산하려고 하는 경우에는 (ⓑ)에서 진료를 받게 하는 등 적절한 조치를 하여야 한다.

정답
ⓐ 포함
ⓑ 외부의료시설

제53조 【유아의 양육】

① 여성수용자는 자신이 출산한 유아를 교정시설에서 양육할 것을 신청할 수 있다. 이 경우 소장은 다음 각 호의 어느 하나에 해당하는 사유가 없으면, (ⓐ   )에 이르기까지 허가하여야 한다.

1. (ⓑ   )가 질병 · 부상, 그 밖의 사유로 교정시설에서 생활하는 것이 특히 부적당하다고 인정되는 때
2. (ⓒ   )가 질병 · 부상, 그 밖의 사유로 유아를 양육할 능력이 없다고 인정되는 때
3. 교정시설에 (ⓓ   )이 유행하거나 그 밖의 사정으로 유아양육이 특히 부적당한 때

② 소장은 제1항에 따라 유아의 양육을 허가한 경우에는 (ⓔ   ), 그 밖에 양육을 위하여 필요한 조치를 하여야 한다.

정답
ⓐ 생후 18개월
ⓑ 유아
ⓒ 수용자
ⓓ 감염병
ⓔ 필요한 설비와 물품의 제공

시행령

제78조 【출산의 범위】

법 제52조 제1항에서 "출산(유산 · 사산을 포함한다)한 경우"란 출산(유산 · 사산한 경우를 (ⓐ   )한다) (ⓑ   )이 지나지 아니한 경우를 말한다.

정답
ⓐ 포함
ⓑ 후 60일

제79조 【유아의 양육】

소장은 법 제53조 제1항에 따라 유아의 양육을 허가한 경우에는 교정시설에 육아거실을 (ⓐ   )하여야 한다.

정답
ⓐ 지정 · 운영

제80조 【유아의 인도】

① 소장은 유아의 양육을 허가하지 아니하는 경우에는 수용자의 의사를 고려하여 유아보호에 적당하다고 인정하는 (ⓐ   )에게 그 유아를 보낼 수 있다. 다만, 적당한 법인 또는 개인이 없는 경우에는 그 유아를 해당 교정시설의 소재지를 (ⓑ   )에게 보내서 보호하게 하여야 한다.

② 법 제53조 제1항에 따라 양육이 허가된 유아가 출생 후 18개월이 지나거나, 유아양육의 허가를 받은 수용자가 허가의 취소를 요청하는 때 또는 법 제53조 제1항 각 호의 어느 하나에 해당되는 때에도 제1항과 같다.

정답
ⓐ 법인 또는 개인
ⓑ 관할하는 시장 · 군수 또는 구청장

제53조의2 【수용자의 미성년 자녀 보호에 대한 지원】

① 소장은 신입자에게 「아동복지법」 제15조에 따른 (ⓐ)를 의뢰할 수 있음을 알려주어야 한다.

② 소장은 수용자가 「아동복지법」 제15조에 따른 보호조치를 의뢰하려는 경우 보호조치 의뢰가 원활하게 이루어질 수 있도록 (ⓑ).

③ 제1항에 따른 안내 및 제2항에 따른 보호조치 의뢰 지원의 방법 · 절차, 그 밖에 필요한 사항은 (ⓒ)이 정한다.

정답
ⓐ 보호조치
ⓑ 지원하여야 한다
ⓒ 법무부장관

제54조 【수용자에 대한 특별한 처우】

① 소장은 노인수용자에 대하여 (ⓐ) 등을 고려하여 그 처우에 있어 적정한 배려를 하여야 한다.

② 소장은 장애인수용자에 대하여 (ⓑ)를 고려하여 그 처우에 있어 적정한 배려를 하여야 한다.

③ 소장은 외국인수용자에 대하여 (ⓒ) 등을 고려하여 적정한 처우를 하여야 한다.

④ 소장은 소년수용자에 대하여 (ⓓ) 등을 고려하여 적정한 처우를 하여야 한다.

⑤ 노인수용자 · 장애인수용자 · 외국인수용자 및 소년수용자에 대한 적정한 배려 또는 처우에 관하여 필요한 사항은 (ⓔ)으로 정한다.

정답
ⓐ 나이 · 건강상태
ⓑ 장애의 정도
ⓒ 언어 · 생활문화
ⓓ 나이 · 적성
ⓔ 법무부령

PART 01

시행규칙

✦ 노인수용자

제43조 【전담교정시설】

① 법 제57조 제6항에 따라 (ⓐ)이 노인수형자의 처우를 전담하도록 정하는 시설(이하 “노인수형자 전담교정시설”이라 한다)에는 「장애인 · 노인 · 임산부 등의 편의증진보장에 관한 법률 시행령」 별표 2의 교도소 · 구치소 편의시설의 종류 및 설치기준에 따른 (ⓑ)을 갖추어야 한다.

② 노인수형자 전담교정시설에는 별도의 (ⓒ)을 마련하고 노인이 선호하는 오락용품 등을 (ⓓ).

정답
ⓐ 법무부장관
ⓑ 편의시설
ⓒ 공동휴게실
ⓓ 갖춰두어야 한다

제44조 【수용거실】

① 노인수형자 전담교정시설이 아닌 교정시설에서는 노인수용자를 수용하기 위하여 (ⓐ) 거실을 지정하여 운용할 수 있다.

② 노인수용자의 거실은 시설부족 또는 그 밖의 부득이한 사정이 없으면 건물의 1층에 설치하고, 특히 (ⓑ)을 위하여 필요한 시설을 (ⓒ).

정답
ⓐ 별도의
ⓑ 겨울철 난방
ⓒ 갖추어야 한다

제45조 【주 · 부식 등 지급】

소장은 노인수용자의 나이 · 건강상태 등을 고려하여 필요하다고 인정하면 제4조부터 제8조까지의 규정, 제10조, 제11조, 제13조 및 제14조에 따른 수용자의 지급기준을 초과하여 주 · 부식, 의류 · 침구, 그 밖의 생활용품을 (ⓐ).

정답
ⓐ 지급할 수 있다

제46조 【운동 · 목욕】

① 소장은 노인수용자의 나이 · 건강상태 등을 고려하여 필요하다고 인정하면 영 제49조에 따른 운동시간을 (ⓐ)하거나 영 제50조에 따른 목욕횟수를 (ⓑ).

정답
ⓐ 연장, ⓑ 늘릴 수 있다

제47조 【전문의료진 등】

① 노인수형자 전담교정시설의 장은 노인성 질환에 관한 전문적인 지식을 가진 의료진과 장비를 갖추고, (ⓐ)과 협력체계를 강화하여 노인수형자가 신속하고 적절한 치료를 받을 수 있도록 노력하여야 한다.

② 소장은 노인수용자에 대하여 (ⓑ) 이상 건강검진을 하여야 한다.

정답
ⓐ 외부의료시설
ⓑ 6개월에 1회

제48조 【교육 · 교화프로그램 및 작업】

① 노인수형자 전담교정시설의 장은 노인문제에 관한 지식과 경험이 풍부한 (ⓐ)를 초빙하여 교육하게 하는 등 노인수형자의 교육 받을 기회를 확대하고, 노인전문오락, 그 밖에 노인의 특성에 알맞은 교화프로그램을 개발 · 시행하여야 한다.

② 소장은 노인수용자가 작업을 원하는 경우에는 나이 · 건강상태 등을 고려하여 해당 수용자가 감당할 수 있는 정도의 작업을 부과한다. 이 경우 (ⓑ)의 의견을 들어야 한다.

정답
ⓐ 외부전문가
ⓑ 의무관

장애인수용자

제49조 【정의】

"장애인수용자"란 「장애인복지법 시행령」 별표 1의 제1호부터 제15호까지의 규정에 해당하는 사람으로서 시각 · 청각 · 언어 · 지체(肢體) 등의 장애로 통상적인 수용생활이 특히 곤란하다고 인정되는 수용자를 말한다.

제50조【전담교정시설】

① 법 제57조 제6항<전담교정시설 수용>에 따라 (ⓐ)이 장애인수형자의 처우를 전담하도록 정하는 시설(이하 "장애인수형자 전담교정시설"이라 한다)의 장은 장애종류별 특성에 알맞은 재활치료프로그램을 개발하여 시행하여야 한다.

② 장애인수형자 전담교정시설 편의시설의 종류 및 설치기준에 관하여는 제43조 제1항<편의시설 완비>을 준용한다.

정답
ⓐ 법무부장관

제51조【수용거실】

① 장애인수형자 전담교정시설이 아닌 교정시설에서는 장애인수용자를 수용하기 위하여 (ⓐ) 거실을 지정하여 운용할 수 있다.

② 장애인수용자의 거실은 시설부족 또는 그 밖의 부득이한 사정이 없으면 건물의 1층에 설치하고, 특히 장애인이 이용할 수 있는 (ⓑ) 등의 시설을 갖추도록 (ⓒ).

정답
ⓐ 별도의
ⓑ 변기
ⓒ 하여야 한다

제52조【전문의료진 등】

장애인수형자 전담교정시설의 장은 장애인의 재활에 관한 전문적인 지식을 가진 의료진과 장비를 갖추도록 (ⓐ).

정답
ⓐ 노력하여야 한다

제53조【직업훈련】

장애인수형자 전담교정시설의 장은 장애인수형자에 대한 직업훈련이 석방 후의 (ⓐ)과 연계될 수 있도록 그 프로그램의 편성 및 운영에 특히 유의하여야 한다.

정답
ⓐ 취업

제54조【준용규정】

장애인수용자의 장애정도, 건강 등을 고려하여 필요하다고 인정하는 경우 주·부식 등의 지급, 운동·목욕 및 교육·교화프로그램·작업에 관하여 제45조·제46조 및 제48조를 준용한다.

외국인수용자

제55조【전담교정시설】

법 제57조 제6항에 따라 (ⓐ)이 외국인수형자의 처우를 전담하도록 정하는 시설의 장은 외국인의 특성에 알맞은 교화프로그램 등을 개발하여 시행하여야 한다.

정답
ⓐ 법무부장관

제56조【전담요원 지정】

① 외국인수용자를 수용하는 소장은 외국어에 능통한 (ⓐ)을 전담요원으로 지정하여 일상적인 개별면담, 고충해소, 통역 · 번역 및 외교공관 또는 영사관 등 관계기관과의 연락 등의 업무를 (ⓑ).
② 제1항의 전담요원은 외국인 미결수용자에게 소송 진행에 필요한 법률지식을 제공하는 등의 (ⓒ).

정답
ⓐ 소속 교도관
ⓑ 수행하게 하여야 한다
ⓒ 조력을 하여야 한다

제57조【수용거실 지정】

① 소장은 외국인수용자의 수용거실을 지정하는 경우에는 (ⓐ) 또는 (ⓑ)이 다르거나 (ⓒ) 등으로 인하여 분쟁의 소지가 있는 외국인수용자는 거실을 (ⓓ)하여 수용하여야 한다.
② 소장은 외국인수용자에 대하여는 그 (ⓔ)을 고려하여 필요한 수용설비를 제공하도록 노력하여야 한다.

정답
ⓐ 종교, ⓑ 생활관습
ⓒ 민족감정, ⓓ 분리
ⓔ 생활양식

제58조【주 · 부식 지급】

① 외국인수용자에게 지급하는 음식물의 총열량은 제14조 제2항에도 불구하고 소속 국가의 (ⓐ) 등을 고려하여 조정할 수 있다.
② 외국인수용자에 대하여는 쌀, 빵 또는 그 밖의 식품을 주식으로 지급하되, (ⓑ)의 음식문화를 고려하여야 한다.
③ 외국인수용자에게 지급하는 부식의 지급기준은 (ⓒ)이 정한다.

정답
ⓐ 음식문화, 체격
ⓑ 소속 국가
ⓒ 법무부장관

제59조【위독 또는 사망 시의 조치】

소장은 외국인수용자가 질병 등으로 위독하거나 사망한 경우에는 그의 국적이나 시민권이 속하는 나라의 외교공관 또는 영사관의 장이나 그 관원 또는 가족에게 이를 (ⓐ).

정답
ⓐ 즉시 알려야 한다

✦ 소년수용자

제59조의2【전담교정시설】

① 법 제57조 제6항에 따라 법무부장관이 (ⓐ) 미만의 수형자(이하 "소년수형자"라 한다)의 처우를 전담하도록 정하는 시설(이하 "소년수형자 전담교정시설"이라 한다)의 장은 소년의 나이·적성 등 특성에 알맞은 교육·교화프로그램을 개발하여 (ⓑ).

② 소년수형자 전담교정시설에는 별도의 (ⓒ)을 마련하고 학용품 및 소년의 정서 함양에 필요한 도서, 잡지 등을 (ⓓ).

정답
ⓐ 19세
ⓑ 시행하여야 한다
ⓒ 공동학습공간
ⓓ 갖춰 두어야 한다

제59조의3【수용거실】

① 소년수형자 전담교정시설이 아닌 교정시설에서는 소년수용자(영 제81조 제4항에 따른 소년수용자를 말한다. 이하 같다)를 수용하기 위하여 (ⓐ) 의 거실을 지정하여 운용할 수 있다.

② 소년수형자 전담교정시설이 아닌 교정시설에서 소년수용자를 수용한 경우 교육·교화프로그램에 관하여는 제59조의2 제1항을 준용한다.

정답
ⓐ 별도

제59조의4【의류】

법무부장관은 제4조 및 제5조에도 불구하고 소년수용자의 나이·적성 등을 고려하여 필요하다고 인정하는 경우 (ⓐ)의 품목과 품목별 착용 (ⓑ)을 달리 정할 수 있다.

정답
ⓐ 의류
ⓑ 시기 및 대상

제59조의5【접견·전화】

소장은 소년수형자 등의 나이·적성 등을 고려하여 필요하다고 인정하면 제87조<경비처우급별 접견의 허용횟수> 및 제90조<경비처우급별 전화통화의 허용횟수>에 따른 접견 및 전화통화 (ⓐ).

정답
ⓐ 횟수를 늘릴 수 있다

제59조의6【사회적 처우】

제92조 제1항<경비처우급별 사회적 처우>에도 불구하고 소장은 소년수형자 등의 나이·적성 등을 고려하여 필요하다고 인정하면 소년수형자 등에게 같은 항 각 호<사회견학, 사회봉사, 자신이 신봉하는 종교행사 참석, 연극·영화·그 밖의 문화공연 관람>에 해당하는 활동을 허가할 수 있다. 이 경우 (ⓐ)이 허가할 수 있는 활동에는 (ⓑ) 등 참가 활동을 포함한다.

정답
ⓐ 소장
ⓑ 발표회 및 공연

제8장 수형자의 처우

제1절 _ 통칙

제55조 【수형자 처우의 원칙】
수형자에 대하여는 교육·교화프로그램, 작업, 직업훈련 등을 통하여 교정교화를 도모하고 (ⓐ)에 적응하는 능력을 함양하도록 처우하여야 한다.

정답
ⓐ 사회생활

제56조 【개별처우계획의 수립 등】
① 소장은 제62조의 (ⓐ)의 의결에 따라 수형자의 개별적 특성에 알맞은 교육·교화프로그램, 작업, 직업훈련 등의 처우에 관한 계획(이하 "개별처우계획"이라 한다)을 (ⓑ)하여 시행한다.
② 소장은 수형자가 스스로 개선하여 사회에 복귀하려는 의욕이 고취되도록 개별처우계획을 (ⓒ)으로 또는 (ⓓ)로 점검하여야 한다.

정답
ⓐ 분류처우위원회
ⓑ 수립
ⓒ 정기적, ⓓ 수시

제57조 【처우】
① (ⓐ)는 제59조의 분류심사의 결과에 따라 그에 적합한 교정시설에 수용되며, 개별처우계획에 따라 그 특성에 알맞은 처우를 받는다.
② 교정시설은 도주방지 등을 위한 수용설비 및 계호의 정도(이하 "경비등급"이라 한다)에 따라 다음 각 호로 구분한다. 다만, 동일한 교정시설이라도 구획을 정하여 (ⓑ)을 달리할 수 있다.
1. (ⓒ): 도주방지를 위한 통상적인 설비의 전부 또는 일부를 갖추지 아니하고 수형자의 자율적 활동이 가능하도록 통상적인 관리·감시의 전부 또는 일부를 하지 아니하는 교정시설
2. (ⓓ): 도주방지를 위한 통상적인 설비 및 수형자에 대한 관리·감시를 일반경비시설보다 완화한 교정시설
3. (ⓔ): 도주방지를 위한 통상적인 설비를 갖추고 수형자에 대하여 통상적인 관리·감시를 하는 교정시설
4. (ⓕ): 도주방지 및 수형자 상호 간의 접촉을 차단하는 설비를 강화하고 수형자에 대한 관리·감시를 엄중히 하는 교정시설
③ 수형자에 대한 처우는 교화 또는 건전한 사회복귀를 위하여 교정성적에 따라 (ⓖ) 조정될 수 있으며, 특히 그 성적이 우수한 수형자는 개방시설에 수용되어 사회생활에 필요한 적정한 처우를 받을 수 있다.
④ 소장은 가석방 또는 형기 종료를 앞둔 수형자 중에서 (ⓗ)으로 정하는 일정한 요건을 갖춘 사람에 대해서는 가석방 또는 형기 종료 전 일정 기간 동안 지역사회 또는 교정시설에 설치된 (ⓘ)에 수용하여 사회적응에 필요한 교육, 취업지원 등의 적정한 처우를 할 수 있다.

정답
ⓐ 수형자
ⓑ 경비등급
ⓒ 개방시설
ⓓ 완화경비시설
ⓔ 일반경비시설
ⓕ 중(重)경비시설
ⓖ 상향
ⓗ 법무부령
ⓘ 개방시설
ⓙ 봉사활동·견학
ⓚ 법무부장관
ⓛ 대통령령

⑤ 수형자는 교화 또는 건전한 사회복귀를 위하여 교정시설 밖의 적당한 장소에서 (ⓙ), 그 밖에 사회적응에 필요한 처우를 받을 수 있다.
⑥ 학과교육생·직업훈련생·외국인·여성·장애인·노인·환자·소년(19세 미만인 자를 말한다), 제4항에 따른 처우(이하 "중간처우"라 한다)의 대상자, 그 밖에 별도의 처우가 필요한 수형자는 (ⓚ)이 특히 그 처우를 전담하도록 정하는 시설(이하 "전담교정시설"이라 한다)에 수용되며, 그 특성에 알맞은 처우를 받는다. 다만, 전담교정시설의 부족이나 그 밖의 부득이한 사정이 있는 경우에는 예외로 할 수 있다.
⑦ 제2항 각 호의 시설의 설비 및 계호의 정도에 관하여 필요한 사항은 (ⓛ)으로 정한다.

정답
ⓙ 봉사활동·견학
ⓚ 법무부장관
ⓛ 대통령령

제58조【외부전문가의 상담 등】
소장은 수형자의 교화 또는 건전한 사회복귀를 위하여 필요하면 교육학·교정학·범죄학·사회학·심리학·의학 등에 관한 학식 또는 교정에 관한 경험이 풍부한 외부전문가로 하여금 수형자에 대한 상담·심리치료 또는 생활지도 등을 하게 할 수 있다.

제2절 _ 분류심사

제59조【분류심사】
① 소장은 수형자에 대한 개별처우계획을 합리적으로 수립하고 조정하기 위하여 수형자의 (ⓐ) 및 자질 등을 과학적으로 (ⓑ)(이하 "분류심사"라 한다)하여야 한다. 다만, 집행할 형기가 짧거나 그 밖의 특별한 사정이 있는 경우에는 예외로 할 수 있다.
② 수형자의 분류심사는 형이 확정된 경우에 개별처우계획을 수립하기 위하여 하는 심사와 일정한 형기가 지나거나 (ⓒ) 또는 (ⓓ)가 발생한 경우에 개별처우계획을 조정하기 위하여 하는 심사로 구분한다.
③ 소장은 분류심사를 위하여 수형자를 대상으로 상담 등을 통한 신상에 관한 개별사안의 조사, 심리·지능·적성 검사, 그 밖에 필요한 (ⓔ)를 할 수 있다.
④ 소장은 분류심사를 위하여 외부전문가로부터 필요한 의견을 듣거나 외부전문가에게 (ⓕ)를 의뢰할 수 있다.
⑤ 이 법에 규정된 사항 외에 분류심사에 관하여 필요한 사항은 (ⓖ)으로 정한다.

정답
ⓐ 인성, 행동특성
ⓑ 조사·측정·평가
ⓒ 상벌, ⓓ 그 밖의 사유
ⓔ 검사
ⓕ 조사
ⓖ 법무부령

시행령

제86조 【분류전담시설】

법무부장관은 법 제61조<분류전담시설>의 분류심사를 전담하는 교정시설을 지정·운영하는 경우에는 지방교정청별로 (ⓐ)이 되도록 하여야 한다.

정답
ⓐ 1개소 이상

시행규칙

제60조 【이송·재수용 수형자의 개별처우계획 등】

① 소장은 해당 교정시설의 특성 등을 고려하여 필요한 경우에는 다른 교정시설로부터 이송되어 온 수형자의 개별처우계획(법 제56조 제1항에 따른 개별처우계획을 말한다. 이하 같다)을 (ⓐ).

② 소장은 형집행정지 중에 있는 사람이 기간만료 또는 그 밖의 정지사유가 없어져 재수용된 경우에는 석방 당시와 (ⓑ).

③ 소장은 형집행정지 중에 있는 사람이 「자유형 등에 관한 검찰집행사무규칙」 제33조제2항<주거지 이탈 소재불명명백>에 따른 형집행정지의 취소로 재수용된 경우에는 석방 당시보다 (ⓒ) 처우등급<제74조의 경비처우급에만 해당한다>을 (ⓓ).

④ 소장은 제260조<가석방의 취소사유>에 따른 가석방의 취소로 재수용되어 남은 형기가 집행되는 경우에는 석방 당시보다 (ⓔ)(제74조의 경비처우급에만 해당한다). 다만, 「가석방자관리규정」 제5조 단서<천재지변, 질병, 부득이한 사유로 출석의무를 위반시>를 위반하여 가석방이 취소되는 등 가석방 취소사유에 특히 고려할 만한 사정이 있는 때에는 석방 당시와 (ⓕ).

⑤ 소장은 형집행정지 중이거나 가석방기간 중에 있는 사람이 형사사건으로 재수용되어 형이 확정된 경우에는 개별처우계획을 (ⓖ).

정답
ⓐ 변경할 수 있다
ⓑ 동일한 처우등급을 부여할 수 있다
ⓒ 한 단계 낮은
ⓓ 부여할 수 있다
ⓔ 한 단계 낮은
ⓕ 동일한 처우등급을 부여할 수 있다
ⓖ 수립하여야 한다

제62조 【분류심사 제외 및 유예】

① 다음 각 호의 사람에 대해서는 분류심사를 하지 아니한다.
1. 징역형·금고형이 확정된 사람으로서 집행할 형기가 형집행지휘서 접수일부터 (ⓐ) 미만인 사람
2. (ⓑ)이 확정된 사람
3. 삭제

② 소장은 수형자가 다음 각 호의 어느 하나에 해당하는 사유가 있으면 분류심사를 유예한다.
1. (ⓒ) 등으로 분류심사가 곤란한 때
2. 법 제107조 제1호부터 제5호까지의 규정에 해당하는 행위 및 이 규칙 제214조 각 호에 해당하는 행위(이하 "징벌대상행위"라 한다)의 혐의가 있어 조사 중이거나 (ⓓ) 중인 때
3. 그 밖의 사유로 분류심사가 특히 (ⓔ)하다고 인정하는 때

정답
ⓐ 3개월
ⓑ 구류형
ⓒ 질병
ⓓ 징벌집행
ⓔ 곤란
ⓕ 3개월

③ 소장은 제2항 각 호에 해당하는 사유가 소멸한 경우에는 지체 없이 분류심사를 하여야 한다. 다만, 집행할 형기가 사유 소멸일부터 (ⓕ   ) 미만인 경우에는 분류심사를 하지 아니한다.

제64조【신입심사 시기】

개별처우계획을 수립하기 위한 분류심사(이하 "신입심사"라 한다)는 (ⓐ   ) 형집행지휘서가 접수된 수형자를 대상으로 하며, (ⓑ   )까지 완료하여야 한다. 다만, 특별한 사유가 있는 경우에는 그 기간을 (ⓒ   )할 수 있다.

정답
ⓐ 매월 초일부터 말일까지
ⓑ 그 다음 달
ⓒ 연장

제65조【재심사의 구분】

개별처우계획을 조정할 것인지를 결정하기 위한 분류심사(이하 "재심사"라 한다)는 다음 각 호와 같이 구분한다.

1. (ⓐ   ): 일정한 형기가 도달한 때 하는 재심사
2. (ⓑ   ): 상벌 또는 그 밖의 사유가 발생한 경우에 하는 재심사

정답
ⓐ 정기재심사
ⓑ 부정기재심사

제66조【정기재심사】

① 정기재심사는 다음 각 호의 어느 하나에 해당하는 경우에 한다. 다만, 형집행지휘서가 접수된 날부터 (ⓐ   )이 지나지 아니한 경우에는 그러하지 아니하다.
   1. 형기의 (ⓑ   )에 도달한 때
   2. 형기의 (ⓒ   )에 도달한 때
   3. 형기의 (ⓓ   )에 도달한 때
   4. 형기의 (ⓔ   )에 도달한 때

② 부정기형의 재심사 시기는 (ⓕ   )을 기준으로 한다.

③ 무기형과 20년을 초과하는 징역형·금고형의 재심사 시기를 산정하는 경우에는 그 형기를 (ⓖ   )으로 본다.

④ 2개 이상의 징역형 또는 금고형을 집행하는 수형자의 재심사 시기를 산정하는 경우에는 그 형기를 (ⓗ   )한다. 다만, 합산한 형기가 20년을 초과하는 경우에는 그 형기를 (ⓘ   )으로 본다.

정답
ⓐ 6개월
ⓑ 3분의 1
ⓒ 2분의 1
ⓓ 3분의 2
ⓔ 6분의 5
ⓕ 단기형
ⓖ 20년
ⓗ 합산, ⓘ 20년

제67조【부정기재심사】

부정기재심사는 다음 각 호의 어느 하나에 해당하는 경우에 할 수 있다.

1. 분류심사에 (ⓐ   )가 있음이 발견된 때
2. 수형자가 교정사고(교정시설에서 발생하는 화재, 수용자의 자살·도주·폭행·소란, 그 밖에 사람의 생명·신체를 해하거나 교정시설의 안전과 질서를 위태롭게 하는 사고를 말한다. 이하 같다)의 예방에 (ⓑ   )가 있는 때
3. 수형자를 (ⓒ   )하기로 의결한 때
4. 수형자가 집행유예의 실효 또는 추가사건(현재 수용의 근거가 된 사건 외의 형사사건을 말한다. 이하 같다)으로 (ⓓ   ) 이상의 형이 확정된 때

정답
ⓐ 오류
ⓑ 뚜렷한 공로
ⓒ 징벌
ⓓ 금고

5. 수형자가 「숙련기술장려법」 제20조 제2항에 따른 (ⓔ) 입상, (ⓕ) 이상의 자격취득, (ⓖ) 이상의 학위를 취득한 때
6. 삭제 <2014. 11. 17.>
7. 그 밖에 수형자의 (ⓗ)의 조정이 필요한 때

정답
ⓔ 전국기능경기대회
ⓕ 기사, ⓖ 학사
ⓗ 수용 또는 처우

제68조 【재심사 시기 등】

① 소장은 재심사를 할 때에는 그 사유가 발생한 (ⓐ) 완료하여야 한다.
② 재심사에 따라 제74조의 경비처우급을 조정할 필요가 있는 경우에는 (ⓑ)에서 조정한다. 다만, 수용 및 처우를 위하여 특히 필요한 경우에는 (ⓒ)에서 (ⓓ)할 수 있다.

정답
ⓐ 달의 다음 달까지
ⓑ 한 단계의 범위
ⓒ 두 단계의 범위
ⓓ 조정

제74조 【경비처우급】

① 경비처우급은 다음 각 호와 같이 구분한다.
1. 개방처우급: 법 제57조 제2항 제1호의 개방시설에 수용되어 (ⓐ)가 필요한 수형자
2. 완화경비처우급: 법 제57조 제2항 제2호의 완화경비시설에 수용되어 (ⓑ)가 필요한 수형자
3. 일반경비처우급: 법 제57조 제2항 제3호의 일반경비시설에 수용되어 (ⓒ)가 필요한 수형자
4. 중경비처우급: 법 제57조 제2항 제4호의 중(重)경비시설(이하 "중경비시설"이라 한다)에 수용되어 (ⓓ)가 필요한 수형자

② 경비처우급에 따른 작업기준은 다음 각 호와 같다.
1. 개방처우급: (ⓔ)
2. 완화경비처우급: (ⓕ)
3. 일반경비처우급: (ⓖ)
4. 중경비처우급: (ⓗ)

정답
ⓐ 가장 높은 수준의 처우
ⓑ 통상적인 수준보다 높은 수준의 처우
ⓒ 통상적인 수준의 처우
ⓓ 기본적인 처우
ⓔ 외부통근작업 및 개방지역작업 가능
ⓕ 개방지역작업 및 필요시 외부통근작업 가능
ⓖ 구내작업 및 필요시 개방지역작업 가능
ⓗ 필요시 구내작업 가능

제81조 【경비처우급 조정】

경비처우급을 (ⓐ) 조정하기 위하여 고려할 수 있는 평정소득점수의 기준은 다음 각 호와 같다. 다만, 수용 및 처우를 위하여 특히 필요한 경우 법무부장관이 달리 정할 수 있다.
1. 상향 조정: (ⓑ)[제66조 제1항 제4호<형기의 6분의 5에 도달한 때>에 따른 재심사의 경우에는 7점 이상]
2. 하향 조정: (ⓒ)

정답
ⓐ 상향 또는 하향
ⓑ 8점 이상
ⓒ 5점 이하

제82조 【조정된 처우등급의 처우 등】

① 조정된 처우등급에 따른 처우는 그 조정이 확정된 (ⓐ)부터 한다. 이 경우 조정된 처우등급은 (ⓑ)부터 적용된 것으로 본다.
② 소장은 수형자의 경비처우급을 조정한 경우에는 (ⓒ) 해당 수형자에게 그 사항을 (ⓓ).

정답
ⓐ 다음 날
ⓑ 그 달 초일
ⓒ 지체 없이
ⓓ 알려야 한다

제84조【물품지급】

① 소장은 수형자의 경비처우급에 따라 (ⓐ)를 두어 지급할 수 있다. 다만, (ⓑ) 건강유지에 필요한 물품은 (ⓒ).
② 제1항에 따라 의류를 지급하는 경우 수형자가 (ⓓ)인 경우에는 색상, 디자인 등을 다르게 할 수 있다.

정답
ⓐ 물품에 차이
ⓑ 주·부식, 음료, 그 밖에
ⓒ 그러하지 아니하다
ⓓ 개방처우급

제85조【봉사원 선정】

① 소장은 (ⓐ) 수형자로서 교정성적, 나이, 인성 등을 고려하여 다른 수형자의 모범이 된다고 인정되는 경우에는 (ⓑ)으로 선정하여 (ⓒ)의 사무처리와 그 밖의 업무를 (ⓓ)하게 할 수 있다.
② 소장은 봉사원의 활동기간을 (ⓔ)로 정하되, 필요한 경우에는 그 기간을 연장할 수 있다.
③ 소장은 봉사원의 활동과 역할 수행이 부적당하다고 인정하는 경우에는 그 선정을 (ⓕ).
④ 소장은 제1항부터 제3항까지의 봉사원 선정, 기간연장 및 선정취소에 관한 사항을 결정할 때에는 법무부장관이 정하는 바에 따라 (ⓖ)의 심의·의결을 거쳐야 한다.
⑤ 제1항부터 제3항까지에서 규정한 사항 외에 봉사원 선정, 기간연장 및 선정취소 등에 필요한 사항은 (ⓗ)이 정한다.

정답
ⓐ 개방처우급·완화경비처우급·일반경비처우급
ⓑ 봉사원
ⓒ 담당교도관
ⓓ 보조
ⓔ 1년 이하
ⓕ 취소할 수 있다
ⓖ 분류처우위원회
ⓗ 법무부장관

제86조【자치생활】

① 소장은 (ⓐ) 수형자에게 (ⓑ)을 허가할 수 있다.
② 수형자 자치생활의 범위는 인원점검, 취미활동, 일정한 구역 안에서의 생활 등으로 한다.
③ 소장은 자치생활 수형자들이 교육실, 강당 등 적당한 장소에서 (ⓒ)를 할 수 있도록 하여야 한다.
④ 소장은 자치생활 수형자가 법무부장관 또는 소장이 정하는 자치생활 중 지켜야 할 사항을 위반한 경우에는 자치생활 허가를 (ⓓ).

정답
ⓐ 개방처우급·완화경비처우급
ⓑ 자치생활
ⓒ 월 1회 이상 토론회
ⓓ 취소할 수 있다

제91조【경기 또는 오락회 개최 등】

① 소장은 (ⓐ) 또는 (ⓑ)에 대하여 (ⓒ)에서 (ⓓ)를 개최하게 할 수 있다. 다만, (ⓔ)에 대하여는 그 (ⓕ).
② 제1항에 따라 경기 또는 오락회가 개최되는 경우 소장은 해당 시설의 사정을 고려하여 참석인원, 방법 등을 정할 수 있다.
③ 제1항에 따라 경기 또는 오락회가 개최되는 경우 소장은 관련 분야의 전문지식과 자격을 가지고 있는 (ⓖ)를 초빙할 수 있다.

정답
ⓐ 개방처우급·완화경비처우급
ⓑ 자치생활 수형자
ⓒ 월 2회 이내
ⓓ 경기 또는 오락회
ⓔ 소년수형자
ⓕ 횟수를 늘릴 수 있다
ⓖ 외부강사

제92조 【사회적 처우】

① 소장은 (ⓐ   ) 수형자에 대하여 교정시설 밖에서 이루어지는 다음 각 호에 해당하는 활동을 (ⓑ   ). 다만, 처우상 특히 필요한 경우에는 (ⓒ   ) 수형자에게도 이를 허가할 수 있다.

1. 사회(ⓓ   )
2. 사회(ⓔ   )
3. 자신이 신봉하는 (ⓕ   ) 참석
4. 연극, 영화 그 밖의 (ⓖ   ) 관람

② 제1항 각 호의 활동을 허가하는 경우 소장은 (ⓗ   )의 수형자 의류를 (ⓘ   ) 입게 한다. 다만, 처우상 필요한 경우에는 자비구매의류를 (ⓙ   ).

③ 제1항 제4호의 활동에 필요한 비용은 (ⓚ   )한다. 다만, 처우상 필요한 경우에는 예산의 범위에서 (ⓛ   ).

> **정답**
> ⓐ 개방처우급 · 완화경비처우급
> ⓑ 허가할 수 있다
> ⓒ 일반경비처우급
> ⓓ 견학
> ⓔ 봉사
> ⓕ 종교행사
> ⓖ 문화공연
> ⓗ 별도
> ⓘ 지정하여
> ⓙ 입게 할 수 있다
> ⓚ 수형자가 부담
> ⓛ 그 비용을 지원할 수 있다

제93조 【중간처우】

① 소장은 (ⓐ   ) 수형자가 다음 각 호의 사유에 모두 해당하는 경우에는 교정시설에 설치된 개방시설에 수용하여 사회 적응에 필요한 교육, 취업지원 등 적정한 처우를 할 수 있다.

1. 형기가 (ⓑ   )인 사람
2. 범죄 횟수가 (ⓒ   )인 사람
3. 중간처우를 받는 날부터 가석방 또는 형기 종료 예정일까지 기간이 (ⓓ   )인 사람

② 소장은 제1항에 따른 처우의 대상자 중 다음 각 호의 사유에 모두 해당하는 수형자에 대해서는 지역사회에 설치된 개방시설에 수용하여 제1항에 따른 처우를 할 수 있다.

1. 범죄 횟수가 (ⓔ   )인 사람
2. 중간처우를 받는 날부터 가석방 또는 형기 종료 예정일까지의 기간이 (ⓕ   )인 사람

③ 제1항 및 제2항에 따른 중간처우 대상자의 선발절차, 교정시설 또는 지역사회에 설치하는 개방시설의 종류 및 기준, 그 밖에 필요한 사항은 (ⓖ   )이 정한다.

> **정답**
> ⓐ 개방처우급 혹은 완화경비처우급
> ⓑ 2년 이상
> ⓒ 3회 이하
> ⓓ 3개월 이상 2년 6개월 이하
> ⓔ 1회
> ⓕ 1년 6개월 미만
> ⓖ 법무부장관

제94조 【작업 · 교육 등의 지도보조】

소장은 수형자가 (ⓐ   )으로서 작업 · 교육 등의 성적이 우수하고 관련 기술이 있는 경우에는 교도관의 (ⓑ   ).

> **정답**
> ⓐ 개방처우급 또는 완화경비처우급
> ⓑ 작업지도를 보조하게 할 수 있다

제95조 【개인작업】

① 소장은 수형자가 (ⓐ)으로서 작업기술이 탁월(하고) 작업성적이 우수한 경우에는 수형자 자신을 위한 (ⓑ). 이 경우 개인작업 시간은 교도작업에 지장을 주지 아니하는 범위에서 (ⓒ)로 한다.
② 소장은 제1항에 따라 개인작업을 하는 수형자에게 개인작업 용구를 (ⓓ). 이 경우 작업용구는 (ⓔ)에 보관하도록 하여야 한다.
③ 제1항의 개인작업에 필요한 작업재료 등의 구입비용은 (ⓕ)가 부담한다. 다만, 처우상 필요한 경우에는 예산의 범위에서 그 비용을 (ⓖ).

정답
ⓐ 개방처우급 또는 완화경비처우급
ⓑ 개인작업을 하게 할 수 있다.
ⓒ 1일 2시간 이내
ⓓ 사용하게 할 수 있다
ⓔ 특정한 용기
ⓕ 수형자,
ⓖ 지원할 수 있다.

제96조 【ⓐ 】

① (ⓑ)은 수형자가 (ⓒ)으로서 직업능력 향상을 위하여 특히 필요한 경우에는 교정시설 (ⓓ) 등에서 운영하는 직업훈련을 (ⓔ).
② 제1항에 따른 직업훈련의 비용은 (ⓕ)한다. 다만, 처우상 특히 필요한 경우에는 예산의 범위에서 그 비용을 (ⓖ)

정답
ⓐ 외부 직업훈련
ⓑ 소장
ⓒ 개방처우급 또는 완화경비처우급
ⓓ 외부의 공공기관 또는 기업체
ⓔ 받게 할 수 있다
ⓕ 수형자가 부담
ⓖ 지원할 수 있다

제60조 【관계기관등에 대한 사실조회 등】

① 소장은 분류심사와 그 밖에 수용목적의 달성을 위하여 필요하면 수용자의 가족 등을 면담하거나 법원·경찰관서, 그 밖의 관계 기관 또는 단체(이하 "관계기관등"이라 한다)에 대하여 필요한 사실을 (ⓐ) 할 수 있다.
② 제1항의 조회를 요청받은 관계기관 등의 장은 특별한 사정이 없으면 지체 없이 그에 관하여 답하여야 한다.

정답
ⓐ 조회

제61조 【분류전담시설】

(ⓐ)은 수형자를 과학적으로 분류하기 위하여 분류심사를 전담하는 교정시설을 지정·운영할 수 있다.

정답
ⓐ 법무부장관

제62조 【분류처우위원회】

① 수형자의 개별처우계획, 가석방심사신청 대상자 선정, 그 밖에 수형자의 분류처우에 관한 중요 사항을 심의·의결하기 위하여 (ⓐ) 에 분류처우위원회(이하 이 조에서 "위원회"라 한다)를 둔다.
② 위원회는 위원장을 (ⓑ)한 (ⓒ) 이하의 위원으로 구성하고, 위원장은 (ⓓ)이 되며, 위원은 위원장이 소속 기관의 부소장 및 과장(지소의 경우에는 7급 이상의 교도관) 중에서 임명한다.
③ 위원회는 그 심의·의결을 위하여 외부전문가로부터 의견을 들을 수 있다.
④ 이 법에 규정된 사항 외에 위원회에 관하여 필요한 사항은 (ⓔ) 으로 정한다.

정답
ⓐ 교정시설
ⓑ 포함,
ⓒ 5명 이상 7명
ⓓ 소장
ⓔ 법무부령

제3절 _ 교육과 교화프로그램

제63조 【교육】

① 소장은 수형자가 건전한 사회복귀에 필요한 지식과 소양을 습득하도록 교육할 수 있다.

② 소장은 「교육기본법」 제8조의 의무교육을 받지 못한 수형자에 대하여는 본인의 의사 · 나이 · 지식정도, 그 밖의 사정을 고려하여 그에 알맞게 (ⓐ).

③ 소장은 제1항 및 제2항에 따른 교육을 위하여 필요하면 수형자를 중간처우를 위한 전담교정시설에 수용하여 다음 각 호의 조치를 할 수 있다.

1. 외부 교육기관에의 (ⓑ)
2. 외부 교육기관에서의 (ⓒ)

④ 교육과정 · 외부통학 · 위탁교육 등에 관하여 필요한 사항은 (ⓓ)으로 정한다.

정답
ⓐ 교육하여야 한다
ⓑ 통학
ⓒ 위탁교육
ⓓ 법무부령

시행규칙

교육

제101조 【교육관리 기본원칙】

① 소장은 교육대상자를 (ⓐ)(소장이 관할하고 있는 교정시설을 말한다. 이하 같다)에서 선발하여 교육한다. 다만, 소속기관에서 교육대상자를 선발하기 어려운 경우에는 (ⓑ)에서 추천한 사람을 모집하여 교육할 수 있다.

② 소장은 교육대상자의 성적불량, 학업태만 등으로 인하여 교육의 목적을 달성하기 어려운 경우에는 그 선발을 (ⓒ)할 수 있다.

③ 소장은 교육대상자 및 시험응시 희망자의 학습능력을 평가하기 위하여 자체 평가시험을 (ⓓ).

④ 소장은 교육의 효과를 거두지 못하였다고 인정하는 교육대상자에 대하여 (ⓔ) 교육을 할 수 있다.

⑤ 소장은 기관의 교육전문인력, 교육시설, 교육대상인원 등의 사정을 고려하여 단계별 교육과 자격취득 목표를 설정할 수 있으며, 자격취득 · 대회입상 등을 하면 처우에 반영할 수 있다.

정답
ⓐ 소속기관,
ⓑ 다른 기관
ⓒ 취소
ⓓ 실시할 수 있다
ⓔ 다시

제102조 【교육대상자가 지켜야 할 기본원칙】

① 교육대상자는 교육의 시행에 관한 관계법령, 학칙 및 교육관리지침을 성실히 지켜야 한다.

② 제110조부터 제113조까지의 규정에 따른 교육을 실시하는 경우 소요되는 비용은 특별한 사정이 없으면 (ⓐ)의 부담으로 한다.

③ 교육대상자로 선발된 수형자는 소장에게 다음의 선서를 하고 서약서를 제출해야 한다.
"나는 교육대상자로서 긍지를 가지고 제반규정을 지키며, 교정시설 내 교육을 성실히 이수할 것을 선서합니다."

정답
ⓐ 교육대상자

제103조 【교육대상자 선발 등】

① (ⓐ)은 각 교육과정의 선정 요건과 수형자의 나이, 학력, 교정성적, 자체 평가시험 성적, 정신자세, 성실성, 교육계획과 시설의 규모, 교육대상 인원 등을 고려하여 교육대상자를 (ⓑ)하거나 (ⓒ)하여야 한다.

② (ⓓ)은 정당한 이유 없이 교육을 기피한 사실이 있거나 자퇴(제적을 포함한다)한 사실이 있는 수형자는 교육대상자로 선발하거나 (ⓔ).

정답
ⓐ 소장, ⓑ 선발
ⓒ 추천
ⓓ 소장
ⓔ 추천하지 아니할 수 있다

제104조 【교육대상자 관리 등】

① 학과교육대상자의 과정수료 단위는 학년으로 하되, 학기의 구분은 국공립학교의 학기에 준한다. 다만, 독학에 의한 교육은 수업 일수의 제한을 받지 아니한다.

② 소장은 교육을 위하여 필요한 경우에는 외부강사를 초빙할 수 있으며, (ⓐ) 또는 (ⓑ)의 사용을 허용할 수 있다.

③ 소장은 교육의 실효성을 확보하기 위하여 교육실을 설치・관리하여야 하며, 교육목적을 위하여 필요한 경우 신체장애를 보완하는 교육용 물품의 사용을 허가하거나 (ⓒ)에서 학용품과 응시료를 지원할 수 있다.

정답
ⓐ 카세트,
ⓑ 재생전용기기
ⓒ 예산의 범위

제105조 【교육 취소 등】

① 소장은 교육대상자가 다음 각 호의 어느 하나에 해당하는 경우에는 교육대상자 선발을 (ⓐ).
1. 각 교육과정의 관계법령, 학칙, 교육관리지침 등을 위반한 때
2. 학습의욕이 부족하여 구두경고를 하였는데도 개선될 여지가 없거나 수학능력이 현저히 부족하다고 판단되는 때
3. 징벌을 받고 교육 부적격자로 판단되는 때
4. 중대한 질병, 부상, 그 밖의 부득이한 사정으로 교육을 받을 수 없다고 판단되는 때

② 교육과정의 변경은 교육대상자의 선발로 보아 제103조를 준용한다.

③ 소장은 교육대상자에게 질병, 부상, 그 밖의 부득이한 사정이 있는 경우에는 교육과정을 (ⓑ)할 수 있다.

정답
ⓐ 취소할 수 있다
ⓑ 일시 중지

제106조 【이송 등】

① 소장은 특별한 사유가 없으면 교육기간 동안에 교육대상자를 다른 기관으로 (ⓐ   ).

② 교육대상자의 선발이 취소되거나 교육대상자가 교육을 수료하였을 때에는 선발 (ⓑ   ) 소속기관으로 이송한다. 다만, 다음 각 호의 어느 하나에 해당하는 경우에는 소속기관으로 이송하지 아니하거나 (ⓒ   )으로 이송할 수 있다.

1. 집행할 형기가 이송 사유가 발생한 날부터 (ⓓ   ) 이내인 때
2. 제105조 제1항 제3호의 사유로 인하여 교육대상자 선발이 (ⓔ   )된 때
3. (ⓕ   )으로의 이송이 부적당하다고 인정되는 특별한 사유가 있는 때

정답
ⓐ 이송할 수 없다
ⓑ 당시, ⓒ 다른 기관
ⓓ 3개월
ⓔ 취소
ⓕ 소속기관

제107조 【작업 등】

① 교육대상자에게는 작업 · 직업훈련 등을 (ⓐ   )한다.

② 작업 · 직업훈련 수형자 등도 독학으로 검정고시 · 학사고시 등에 응시하게 할 수 있다. 이 경우 자체 평가시험 성적 등을 고려해야 한다.

정답
ⓐ 면제

제110조 【독학에 의한 학위 취득과정 설치 및 운영】

① 소장은 수형자에게 학위취득 기회를 부여하기 위하여 독학에 의한 학사학위 취득과정(이하 "학사고시반 교육"이라 한다)을 설치 · 운영 (ⓐ   ).

② 소장은 다음 각 호의 요건을 갖춘 수형자가 제1항의 학사고시반 교육을 신청하는 경우에는 교육대상자로 선발할 수 있다.

1. 고등학교 졸업 또는 이와 동등한 수준 이상의 (ⓑ   )이 인정될 것
2. 교육개시일을 기준으로 형기의 (ⓒ   ) 이 지났을 것
3. 집행할 형기가 (ⓓ   )일 것

정답
ⓐ 할 수 있다
ⓑ 학력
ⓒ 3분의 1(21년 이상의 유기형 또는 무기형의 경우에는 7년)
ⓓ 2년 이상

제111조 【방송통신대학과정 설치 및 운영】

① 소장은 대학 과정의 교육기회를 부여하기 위하여 「고등교육법」 제2조에 따른 방송통신대학 교육과정을 설치 · 운영할 수 있다.

② 소장은 제110조 제2항 각 호의 요건을 갖춘 (ⓐ   ) 수형자가 제1항의 방송통신대학 교육과정에 지원하여 합격한 경우에는 교육대상자로 선발할 수 있다.

정답
ⓐ 개방처우급 · 완화경비처우급 · 일반경비처우급

제112조 【전문대학 위탁교육과정 설치 및 운영】

① 소장은 전문대학과정의 교육기회를 부여하기 위하여 「고등교육법」 제2조에 따른 전문대학 위탁교육과정을 설치·운영할 수 있다.

② 소장은 제110조 제2항 각 호의 요건을 갖춘 (ⓐ) 수형자가 제1항의 전문대학 위탁교육과정에 지원하여 합격한 경우에는 교육대상자로 선발할 수 있다.

③ 제1항의 전문대학 위탁교육과정의 교과과정, 시험응시 및 학위취득에 관한 세부사항은 위탁자와 수탁자 간의 협약에 따른다.

④ 소장은 제1항부터 제3항까지의 규정에 따른 교육을 위하여 필요한 경우 수형자를 중간처우를 위한 전담교정시설에 수용할 수 있다.

정답

ⓐ 개방처우급·완화경비처우급·일반경비처우급

제113조 【정보화 및 외국어 교육과정 설치 및 운영 등】

① 소장은 수형자에게 지식정보사회에 적응할 수 있는 교육기회를 부여하기 위하여 정보화 교육과정을 설치·운영(ⓐ).

② 소장은 (ⓑ) 수형자에게 다문화 시대에 대처할 수 있는 교육기회를 부여하기 위하여 외국어 교육과정을 설치·운영할 수 있다.

③ 소장은 외국어 교육대상자가 교육실 외에서의 어학학습장비를 이용한 외국어학습을 원하는 경우에는 계호 수준, 독거 여부, 교육 정도 등에 대한 (ⓒ)(「교도관 직무규칙」 제21조에 따른 교도관회의를 말한다. 이하 같다)의 심의를 거쳐 허가(ⓓ).

④ 소장은 이 규칙에서 정한 교육과정 외에도 (ⓔ)이 수형자로 하여금 건전한 사회복귀에 필요한 지식과 소양을 습득하게 하기 위하여 정하는 교육과정을 설치·운영할 수 있다.

정답

ⓐ 할 수 있다
ⓑ 개방처우급·완화경비처우급·일반경비처우급
ⓒ 교도관회의
ⓓ 할 수 있다
ⓔ 법무부장관

제64조 【교화프로그램】

① 소장은 수형자의 교정교화를 위하여 상담·심리치료, 그 밖의 교화프로그램을 실시하여야 한다.

② 소장은 제1항에 따른 교화프로그램의 효과를 높이기 위하여 범죄원인별로 적절한 교화프로그램의 내용, 교육장소 및 전문인력의 확보 등 적합한 환경을 갖추도록 노력하여야 한다.

③ 교화프로그램의 종류·내용 등에 관하여 필요한 사항은 (ⓐ) 으로 정한다.

정답

ⓐ 법무부령

시행규칙

제114조 【교화프로그램의 종류】

교화프로그램의 종류는 다음 각 호와 같다.

1. (ⓐ)프로그램
2. (ⓑ)프로그램
3. (ⓒ)프로그램
4. (ⓓ)
5. 그 밖에 법무부장관이 정하는 (ⓔ)프로그램

정답
ⓐ 문화
ⓑ 문제행동예방
ⓒ 가족관계회복
ⓓ 교화상담
ⓔ 교화

제4절 _ 작업과 직업훈련

제65조 【작업의 부과】

① 수형자에게 부과하는 작업은 건전한 사회복귀를 위하여 (ⓐ)을 습득하고 (ⓑ)을 고취하는 데에 적합한 것이어야 한다.

② 소장은 수형자에게 작업을 부과하려면 (ⓒ), 그 밖의 수형자의 사정을 고려하여야 한다.

정답
ⓐ 기술, ⓑ 근로의욕
ⓒ 나이 · 형기 · 건강상태 · 기술 · 성격 · 취미 · 경력 · 장래생계

제66조 【작업의무】

수형자는 자신에게 부과된 작업과 그 밖의 (ⓐ)을 수행하여야 할 의무가 있다.

정답
ⓐ 노역

시행령

제91조 【작업의 고지 등】

① 소장은 수형자에게 작업을 부과하는 경우에는 (ⓐ)을 정하여 고지하여야 한다.

② 제1항의 작업과정은 작업성적, 작업시간, 작업의 난이도 및 숙련도를 고려하여 정한다. 작업과정을 정하기 어려운 경우에는 (ⓑ)을 작업과정으로 본다.

정답
ⓐ 작업의 종류 및 작업과정
ⓑ 작업시간

제92조 【작업실적의 확인】

소장은 교도관에게 (ⓐ) 수형자의 작업실적을 확인하게 하여야 한다.

정답
ⓐ 매일

제67조 【신청에 따른 작업】

소장은 금고형 또는 구류형의 집행 중에 있는 사람에 대하여는 (ⓐ)에 따라 작업을 부과할 수 있다.

정답
ⓐ 신청

제68조 【외부 통근 작업 등】

① 소장은 수형자의 건전한 사회복귀와 기술습득을 촉진하기 위하여 필요하면 외부기업체 등에 (ⓐ) 작업하게 하거나 교정시설의 안에 설치된 외부기업체의 (ⓑ)에서 작업하게 할 수 있다.

② 외부 통근 작업 대상자의 선정기준 등에 관하여 필요한 사항은 (ⓒ)으로 정한다.

정답
ⓐ 통근
ⓑ 작업장
ⓒ 법무부령

시행규칙

제120조 【선정기준】

① 외부기업체에 통근하며 작업하는 수형자는 다음 각 호의 요건을 갖춘 수형자 중에서 선정한다.

1. (ⓐ) 미만일 것
2. 해당 작업 수행에 (ⓑ) 장애가 없을 것
3. (ⓒ)처우급 · (ⓓ)경비처우급에 해당할 것
4. 가족 · 친지 또는 법 제130조의 교정위원(이하 "교정위원"이라 한다) 등과 접견 · 편지수수 · 전화통화 등으로 (ⓔ)하고 있을 것
5. 집행할 형기가 (ⓕ) 미만이고 (ⓖ)이 제한되지 아니할 것

② 교정시설 안에 설치된 외부기업체의 작업장에 통근하며 작업하는 수형자는 제1항 제1호부터 제4호까지의 요건(같은 항 제3호의 요건의 경우에는 (ⓗ)에 해당하는 수형자도 포함한다)을 갖춘 수형자로서 집행할 형기가 (ⓘ) 미만이거나 (ⓙ)부터 10년 이상이 지난 수형자 중에서 선정한다.

③ 소장은 제1항 및 제2항에도 불구하고 작업 부과 또는 교화를 위하여 특히 필요하다고 인정하는 경우에는 제1항 및 제2항의 (ⓚ)의 수형자에 대하여도 외부통근자로 선정할 수 있다.

정답
ⓐ 18세 이상 65세
ⓑ 건강상
ⓒ 개방, ⓓ 완화
ⓔ 연락
ⓕ 7년, ⓖ 가석방
ⓗ 일반경비처우급
ⓘ 10년, ⓙ 형기기산일
ⓚ 수형자 외

제69조 【직업능력개발훈련】

① 소장은 수형자의 건전한 사회복귀를 위하여 기술 습득 및 향상을 위한 직업능력개발훈련(이하 "직업훈련"이라 한다)을 실시할 수 있다.

② 소장은 수형자의 직업훈련을 위하여 필요하면 외부의 (ⓐ) 또는 (ⓑ)에서 훈련을 받게 할 수 있다.

③ 직업훈련 대상자의 선정기준 등에 관하여 필요한 사항은 법무부령으로 정한다.

정답
ⓐ 기관, ⓑ 단체

시행규칙

제124조 【직업훈련 직종 선정 등】

① 직업훈련 직종 선정 및 훈련과정별 인원은 법무부장관의 승인을 받아 (ⓐ)이 정한다.

② 직업훈련 대상자는 소속기관의 수형자 중에서 (ⓑ)이 선정한다. 다만, 집체직업훈련(직업훈련 전담 교정시설이나 그 밖에 직업훈련을 실시하기에 적합한 교정시설에 수용하여 실시하는 훈련을 말한다) 대상자는 집체직업훈련을 실시하는 교정시설의 (ⓒ)이 선정한다.

정답
ⓐ 소장
ⓑ 소장
ⓒ 관할 지방교정청장

제125조 【직업훈련 대상자 선정기준】

① 소장은 수형자가 다음 각 호의 요건을 갖춘 경우에는 수형자의 의사, 적성, 나이, 학력 등을 고려하여 직업훈련 대상자로 선정(ⓐ).

1. 집행할 형기 중에 해당 훈련과정을 (ⓑ)할 수 있을 것(기술숙련과정 집체직업훈련 대상자는 제외한다)
2. 직업훈련에 필요한 (ⓒ)을 갖추었다고 인정될 것
3. 해당 과정의 기술이 없거나 (ⓓ)을 희망할 것
4. 석방 후 관련 직종에 (ⓔ)할 의사가 있을 것

② 소장은 소년수형자의 선도를 위하여 필요한 경우에는 제1항의 요건을 갖추지 못한 경우에도 직업훈련 대상자로 선정하여 교육(ⓕ).

정답
ⓐ 할 수 있다
ⓑ 이수
ⓒ 기본소양
ⓓ 재훈련
ⓔ 취업
ⓕ 할 수 있다

제126조 【직업훈련 대상자 선정의 제한】

소장은 제125조에도 불구하고 수형자가 다음 각 호의 어느 하나에 해당하는 경우에는 직업훈련 대상자로 선정해서는 아니 된다.

1. (ⓐ) 미만인 경우
2. 교육과정을 수행할 (ⓑ)해독능력 및 (ⓒ) 이해능력이 부족한 경우
3. 징벌대상행위의 혐의가 있어 조사 중이거나 (ⓓ)집행 중인 경우
4. 작업, 교육 · 교화프로그램 시행으로 인하여 (ⓔ)의 실시가 곤란하다고 인정되는 경우
5. (ⓕ) 등으로 인하여 직업훈련을 감당할 수 없다고 인정되는 경우

정답
ⓐ 15세
ⓑ 문자, ⓒ 강의
ⓓ 징벌
ⓔ 직업훈련
ⓕ 질병 · 신체조건

제127조 【직업훈련 대상자 이송】

① (ⓐ)은 직업훈련을 위하여 필요한 경우에는 수형자를 (ⓑ) 교정시설로 이송할 수 있다.

② 소장은 제1항에 따라 이송된 수형자나 (ⓒ)인 수형자를 다른 교정시설로 이송해서는 아니 된다. 다만, 훈련취소 등 특별한 사유가 있는 경우에는 그러하지 아니하다.

정답
ⓐ 법무부장관
ⓑ 다른
ⓒ 직업훈련 중

제128조 【직업훈련의 보류 및 취소 등】

① 소장은 직업훈련 대상자가 다음 각 호의 어느 하나에 해당하는 경우에는 직업훈련을 보류할 수 있다.

1. (ⓐ)의 혐의가 있어 조사를 받게 된 경우
2. 심신이 (ⓑ)하거나 (ⓒ) 등으로 훈련을 감당할 수 없는 경우
3. (ⓓ) 등을 종합적으로 고려한 결과 직업훈련을 계속할 수 없다고 인정되는 경우
4. (ⓔ) 직업훈련을 계속할 수 없다고 인정되는 경우

② 소장은 제1항에 따라 직업훈련이 보류된 수형자가 그 사유가 소멸되면 (ⓕ)의 과정에 복귀시켜 훈련(ⓖ). 다만, 본래 과정으로 복귀하는 것이 부적당하다고 인정하는 경우에는 해당 훈련을 (ⓗ).

정답

ⓐ 징벌대상행위
ⓑ 허약
ⓒ 질병
ⓓ 소질·적성·훈련성적
ⓔ 그 밖에
ⓕ 본래
ⓖ 하여야 한다
ⓗ 취소할 수 있다

제70조 【집중근로에 따른 처우】

① 소장은 수형자의 신청에 따라 제68조의 작업, 제69조 제2항의 훈련, 그 밖에 집중적인 근로가 필요한 작업을 부과하는 경우에는 접견·전화통화·교육·공동행사 참가 등의 처우를 제한할 수 있다. 다만, 접견 또는 전화통화를 제한한 때에는 휴일이나 그 밖에 해당 수용자의 작업이 없는 날에 접견 또는 전화통화를 (ⓐ).

② 소장은 제1항에 따라 작업을 부과하거나 훈련을 받게 하기 전에 수형자에게 제한되는 처우의 내용을 (ⓑ) 설명하여야 한다.

정답

ⓐ 할 수 있게 하여야 한다
ⓑ 충분히

제71조 【작업시간 등】 ⇨ 【미결수용자·사형확정자 준용】

① 1일의 작업시간(휴식·운동·식사·접견 등 실제 작업을 실시하지 않는 시간을 제외한다. 이하 같다)은 (ⓐ)을 초과할 수 없다.

② 제1항에도 불구하고 취사·청소·간병 등 교정시설의 운영과 관리에 필요한 작업의 1일 작업시간은 (ⓑ) 이내로 한다.

③ 1주의 작업시간은 (ⓒ)을 초과할 수 없다. 다만, 수형자가 신청하는 경우에는 1주의 작업시간을 (ⓓ) 이내의 범위에서 연장할 수 있다.

④ 제2항 및 제3항에도 불구하고 19세 미만 수형자의 작업시간은 1일에 (ⓔ)을, 1주에 (ⓕ)을 초과할 수 없다.

⑤ (ⓖ) 휴일에는 작업을 부과하지 아니한다. 다만, 다음 각 호의 어느 하나에 해당하는 경우에는 작업을 부과할 수 있다.

1. 제2항 (ⓗ)에 따른 교정시설의 운영과 관리에 필요한 작업을 하는 경우
2. (ⓘ)의 운영을 위하여 불가피한 경우
3. 공공의 (ⓙ)이나 공공의 (ⓚ)을 위하여 긴급히 필요한 경우
4. (ⓛ)가 신청하는 경우

정답

ⓐ 8시간
ⓑ 12시간
ⓒ 52시간
ⓓ 8시간
ⓔ 8시간
ⓕ 40시간
ⓖ 공휴일·토요일과 대통령령으로 정하는
ⓗ 취사·청소·간병 등
ⓘ 작업장
ⓙ 안전, ⓚ 이익
ⓛ 수형자

제72조 【작업의 면제】

① 소장은 수형자의 가족 또는 배우자의 직계존속이 사망하면 (ⓐ   ), 부모 또는 배우자의 제삿날에는 (ⓑ   ) 해당 수형자의 작업을 면제한다. 다만, 수형자가 작업을 계속하기를 원하는 경우는 예외로 한다.

② 소장은 수형자에게 부상 · 질병, 그 밖에 작업을 계속하기 어려운 특별한 사정이 있으면 그 사유가 해소될 때까지 작업을 (ⓒ   )할 수 있다.

정답
ⓐ 2일간, ⓑ 1일간
ⓒ 면제

제73조 【작업수입 등】

① 작업수입은 (ⓐ   )으로 한다.

② 소장은 수형자의 근로의욕을 고취하고 건전한 사회복귀를 지원하기 위하여 (ⓑ   )이 정하는 바에 따라 작업의 종류, 작업성적, 교정성적, 그 밖의 사정을 고려하여 수형자에게 (ⓒ   )을 지급할 수 있다.

③ 제2항의 작업장려금은 (ⓓ   ) 본인에게 지급한다. 다만, 본인의 가족생활 부조, 교화 또는 건전한 사회복귀를 위하여 특히 필요하면 석방 전이라도 그 (ⓔ   )를 지급할 수 있다.

정답
ⓐ 국고수입
ⓑ 법무부장관
ⓒ 작업장려금
ⓓ 석방할 때에
ⓔ 전부 또는 일부

제74조 【위로금 · 조위금】

① 소장은 수형자가 다음 각 호의 어느 하나에 해당하면 법무부장관이 정하는 바에 따라 (ⓐ   ) 또는 (ⓑ   )을 지급한다.

1. 작업 또는 직업훈련으로 인한 부상 또는 질병으로 신체에 (ⓒ   )가 발생한 때
2. 작업 또는 직업훈련 중에 (ⓓ   )하거나 그로 인하여 사망한 때

② 위로금은 (ⓔ   )에게 지급하고, 조위금은 그 (ⓕ   )에게 지급한다.

정답
ⓐ 위로금, ⓑ 조위금
ⓒ 장해
ⓓ 사망
ⓔ 본인, ⓕ 상속인

제75조 【다른 보상 · 배상과의 관계】

위로금 또는 조위금을 지급받을 사람이 (ⓐ   )로부터 동일한 사유로 「민법」이나 그 밖의 법령에 따라 제74조의 위로금 또는 조위금에 상당하는 금액을 지급받은 경우에는 그 금액을 (ⓑ   )으로 지급하지 아니한다.

정답
ⓐ 국가
ⓑ 위로금 또는 조위금

제76조 【위로금 · 조위금을 지급받을 권리의 보호】

① 제74조의 위로금 또는 조위금을 지급받을 권리는 다른 사람 또는 법인에게 (ⓐ   )하거나 (ⓑ   )로 제공할 수 없으며, 다른 사람 또는 법인은 이를 (ⓒ   )할 수 없다.

② 제74조에 따라 지급받은 금전을 표준으로 하여 (ⓓ   )와 그 밖의 (ⓔ   )을 부과하여서는 아니 된다.

정답
ⓐ 양도, ⓑ 담보
ⓒ 압류
ⓓ 조세, ⓔ 공과금

제5절 _ 귀휴

제77조 【귀휴】

① 소장은 (ⓐ) 이상 형을 집행받은 수형자로서 그 형기의 (ⓑ) (21년 이상의 유기형 또는 무기형의 경우에는 (ⓒ))이 지나고 교정성적이 우수한 사람이 다음 각 호의 어느 하나에 해당하면 (ⓓ) 20일 이내의 귀휴를 허가할 수 있다.

1. 가족 또는 배우자의 직계존속이 (ⓔ)한 때
2. 질병이나 사고로 외부의료시설에의 (ⓕ)이 필요한 때
3. (ⓖ)이나 그 밖의 재해로 가족, 배우자의 직계존속 또는 수형자 본인에게 회복할 수 없는 중대한 (ⓗ)의 손해가 발생하였거나 발생할 우려가 있는 때
4. 그 밖에 교화 또는 건전한 사회복귀를 위하여 법무부령으로 정하는 사유가 있는 때

② 소장은 다음 각 호의 어느 하나에 해당하는 사유가 있는 수형자에 대하여는 제1항에도 불구하고 (ⓘ) 이내의 특별귀휴를 허가할 수 있다.

1. 가족 또는 배우자의 직계존속이 (ⓙ)한 때
2. 직계비속의 (ⓚ)가 있는 때

③ 소장은 귀휴를 허가하는 경우에 법무부령으로 정하는 바에 따라 거소의 제한이나 그 밖에 필요한 조건을 붙일 수 있다.

④ 제1항 및 제2항의 귀휴기간은 (ⓛ)한다.

정답

ⓐ 6개월, ⓑ 3분의 1
ⓒ 7년
ⓓ 1년 중
ⓔ 위독
ⓕ 입원
ⓖ 천재지변, ⓗ 재산상
ⓘ 5일
ⓙ 사망
ⓚ 혼례
ⓛ 형 집행기간에 포함

제78조 【귀휴의 취소】

(ⓐ)은 귀휴 중인 수형자가 다음 각 호의 어느 하나에 해당하면 그 귀휴를 취소(ⓑ).

1. 귀휴의 허가사유가 존재하지 (ⓒ)이 밝혀진 때
2. (ⓓ)이나 그 밖에 귀휴허가에 붙인 조건을 (ⓔ)한 때

정답

ⓐ 소장, ⓑ 할 수 있다
ⓒ 아니함
ⓓ 거소의 제한
ⓔ 위반

제9장 미결수용자의 처우

제79조【미결수용자 처우의 원칙】
미결수용자는 (ⓐ)의 추정을 받으며 그에 합당한 처우를 받는다.

정답
ⓐ 무죄

제80조【참관금지】
미결수용자가 수용된 (ⓐ)은 참관할 수 없다.

정답
ⓐ 거실

제81조【분리수용】
소장은 미결수용자로서 사건에 서로 관련이 있는 사람은 (ⓐ)수용하고 서로 간의 (ⓑ)을 금지하여야 한다.

정답
ⓐ 분리, ⓑ 접촉

시행령

제100조【공범 분리】
소장은 이송이나 출정, 그 밖의 사유로 미결수용자를 교정시설 밖으로 호송하는 경우에는 해당 사건에 관련된 사람과 호송 차량의 (ⓐ)을 분리하는 등의 방법으로 서로 (ⓑ)하지 못하게 하여야 한다.

정답
ⓐ 좌석, ⓑ 접촉

제82조【사복착용】
미결수용자는 수사 · 재판 · 국정감사 또는 법률로 정하는 조사에 참석할 때에는 (ⓐ)을 착용할 수 있다. 다만, 소장은 도주우려가 크거나 특히 부적당한 사유가 있다고 인정하면 교정시설에서 지급하는 의류를 입게 할 수 있다.

정답
ⓐ 사복

제83조【이발】
미결수용자의 (ⓐ)과 (ⓑ)은 특히 필요한 경우가 아니면 본인의 의사에 반하여 짧게 깎지 못한다

정답
ⓐ 머리카락, ⓑ 수염

제84조【변호인과의 접견 및 편지수수】
① 제41조 제4항에도 불구하고 미결수용자와 변호인과의 접견에는 교도관이 참여하지 못하며 그 내용을 (ⓐ) 또는 (ⓑ)하지 못한다. 다만, (ⓒ)에서 미결수용자를 관찰할 수 있다.
② 미결수용자와 변호인 간의 접견은 (ⓓ)과 (ⓔ)를 제한하지 아니한다.
③ 제43조 제4항 단서에도 불구하고 미결수용자와 변호인 간의 편지는 교정시설에서 상대방이 변호인임을 확인할 수 없는 경우를 제외하고는 (ⓕ).

정답
ⓐ 청취, ⓑ 녹취
ⓒ 보이는 거리
ⓓ 시간, ⓔ 횟수
ⓕ 검열할 수 없다

시행령

제101조【접견 횟수】
미결수용자의 접견 횟수는 (ⓐ)로 하되, 변호인과의 접견은 그 횟수에 (ⓑ).

정답
ⓐ 매일 1회
ⓑ 포함시키지 않는다

제85조【조사 등에서의 특칙】
소장은 미결수용자가 징벌대상자로서 조사받고 있거나 징벌집행 중인 경우에도 소송서류의 작성, 변호인과의 접견·편지수수, 그 밖의 수사 및 재판 과정에서의 (ⓐ)를 보장하여야 한다.

정답
ⓐ 권리행사

제86조【작업과 교화】
① 소장은 미결수용자에 대하여는 (ⓐ)에 따라 교육 또는 교화프로그램을 실시하거나 (ⓑ)을 부과할 수 있다.
② 제1항에 따라 미결수용자에게 교육 또는 교화프로그램을 실시하거나 작업을 부과하는 경우에는 제63조부터 제65조까지 및 제70조부터 제76조까지의 규정을 준용한다.

정답
ⓐ 신청, ⓑ 작업

제87조【유치장】
(ⓐ)에 설치된 유치장은 교정시설의 미결수용실로 보아 이 법을 준용한다.

정답
ⓐ 경찰관서

시행령

제107조【유치장 수용기간】
경찰관서에 설치된 유치장에는 수형자를 (ⓐ) 이상 수용할 수 없다.

정답
ⓐ 30일

제88조【준용규정】
형사사건으로 수사 또는 재판을 받고 있는 수형자와 사형확정자에 대하여는 제82조, 제84조 및 제85조를 준용한다.

제10장 사형확정자

제89조 【사형확정자의 수용】
① 사형확정자는 (ⓐ)수용한다. 다만, 자살방지, 교육 · 교화프로그램, 작업, 그 밖의 적절한 처우를 위하여 필요한 경우에는 법무부령으로 정하는 바에 따라 (ⓑ).
② 사형확정자가 수용된 (ⓒ)은 참관할 수 없다.

정답
ⓐ 독거
ⓑ 혼거수용 할 수 있다
ⓒ 거실

시행령

제108조 【사형확정자 수용시설의 설비 및 계호의 정도】
사형확정자를 수용하는 시설의 설비 및 계호의 정도는 법 제57조 제2항 제3호의 (ⓐ) 또는 같은 항 제4호의 (ⓑ)에 준한다.

정답
ⓐ 일반경비시설
ⓑ 중경비시설

제109조 【접견 횟수】
사형확정자의 접견 횟수는 매월 (ⓐ)로 한다.

정답
ⓐ 4회

제110조 【접견의 예외】
소장은 제58조 제1항<근무시간 내 접견> · 제2항<30분 이내의 접견> 및 제109조<매월 4회의 접견횟수>에도 불구하고 사형확정자의 교화나 심리적 안정을 도모하기 위하여 특히 필요하다고 인정하면 접견 시간대 (ⓐ)에도 접견을 하게 할 수 있고 (ⓑ)을 연장하거나 (ⓒ)를 늘릴 수 있다.

정답
ⓐ 외
ⓑ 접견 시간
ⓒ 접견 횟수

시행규칙

제150조【구분수용 등】

① 사형확정자는 사형집행시설이 설치되어 있는 교정시설에 수용하되, 다음 각 호와 같이 구분하여 수용한다. 다만, (ⓐ) 필요한 경우에는 사형집행시설이 설치되지 (ⓑ) 교정시설에 수용할 수 있다.

1. 교도소	(ⓒ) 수용 중 사형이 확정된 사람, 교도소에서 교육·교화프로그램 또는 신청에 따른 작업을 실시할 필요가 있다고 인정되는 사람
2. 구치소	(ⓓ) 수용 중 사형이 확정된 사람, 교도소에서 교육·교화프로그램 또는 신청에 따른 작업을 실시할 필요가 없다고 인정되는 사람

② 사형확정자의 심리적 안정 도모 또는 교정시설의 안전과 질서유지를 위하여 특히 필요하다고 인정하는 경우에는 제1항 각 호에도 불구하고 교도소에 수용할 사형확정자를 (ⓔ)에 수용할 수 있고, 구치소에 수용할 사형확정자를 (ⓕ)에 수용할 수 있다.

③ (ⓖ)를 같은 교정시설에 수용하는 경우에는 서로 (ⓗ)하여 수용한다.

④ 소장은 사형확정자의 자살·도주 등의 사고를 방지하기 위하여 필요한 경우에는 사형확정자와 (ⓘ)를 혼거수용할 수 있고, 사형확정자의 교육·교화프로그램, 작업 등의 적절한 처우를 위하여 필요한 경우에는 사형확정자와 (ⓙ)를 혼거수용할 수 있다.

⑤ 사형확정자의 번호표 및 거실표의 색상은 (ⓚ)으로 한다.

정답
ⓐ 수용관리 또는 처우상
ⓑ 않은
ⓒ 교도소
ⓓ 구치소
ⓔ 구치소
ⓕ 교도소
ⓖ 사형확정자와 소년용수자
ⓗ 분리
ⓘ 미결수용자
ⓙ 수형자
ⓚ 붉은색

제151조【이송】

소장은 사형확정자의 교육·교화프로그램, 작업 등을 위하여 필요하거나 교정시설의 안전과 질서유지를 위하여 특히 필요하다고 인정하는 경우에는 (ⓐ) 의 승인을 받아 사형확정자를 (ⓑ).

정답
ⓐ 법무부장관
ⓑ 다른 교정시설로 이송할 수 있다

제90조【개인상담 등】

① 소장은 사형확정자의 심리적 안정 및 원만한 수용생활을 위하여 교육 또는 교화프로그램을 실시하거나 (ⓐ)에 따라 작업을 부과할 수 있다.

② 사형확정자에 대한 교육·교화프로그램, 작업, 그 밖의 처우에 필요한 사항은 (ⓑ)으로 정한다.

정답
ⓐ 신청
ⓑ 법무부령

제91조【사형의 집행】

① 사형은 교정시설의 (ⓐ)에서 집행한다.

② (ⓑ)에는 사형을 집행하지 아니한다.

정답
ⓐ 사형장
ⓑ 공휴일과 토요일

제11장 안전과 질서

제92조 【금지물품】

① 수용자는 다음 각 호의 물품을 지녀서는 아니 된다.

1. 마약 · 총기 · 도검 · 폭발물 · 흉기 · 독극물, 그 밖에 범죄의 (ⓐ　　　)로 이용될 우려가 있는 물품
2. 무인비행장치, 전자 · 통신기기, 그 밖에 도주나 다른 사람과의 (ⓑ　　　)에 이용될 우려가 있는 물품
3. (ⓒ　　　　　　　　　　　), 그 밖에 시설의 안전 또는 질서를 해칠 우려가 있는 물품
4. (ⓓ　　　), 사행행위에 사용되는 물품, 그 밖에 수형자의 교화 또는 건전한 사회복귀를 해칠 우려가 있는 물품

② 제1항에도 불구하고 소장이 수용자의 처우를 위하여 허가하는 경우에는 제1항 제2호의 물품을 (ⓔ　　　　　).

정답
ⓐ 도구
ⓑ 연락
ⓒ 주류 · 담배 · 화기 · 현금 · 수표
ⓓ 음란물
ⓔ 지닐 수 있다

제93조 【신체검사 등】

① 교도관은 시설의 안전과 질서유지를 위하여 필요하면 수용자의 신체 · 의류 · 휴대품 · 거실 및 작업장 등을 (ⓐ　　　)할 수 있다.

② 수용자의 신체를 검사하는 경우에는 불필요한 고통이나 수치심을 느끼지 아니하도록 유의하여야 하며, 특히 신체를 면밀하게 검사할 필요가 있으면 다른 수용자가 볼 수 없는 (ⓑ　　　) 장소에서 하여야 한다.

③ 교도관은 시설의 안전과 질서유지를 위하여 필요하면 교정시설을 출입하는 (ⓒ　　　)의 사람에 대하여 (ⓓ　　　　　　)을 검사할 수 있다. 이 경우 출입자가 제92조의 금지물품을 지니고 있으면 교정시설에 맡기도록 하여야 하며, 이에 따르지 아니하면 출입을 (ⓔ　　　)할 수 있다.

④ 여성의 신체 · 의류 및 휴대품에 대한 검사는 (ⓕ　　　　　　)이 하여야 한다.

⑤ 소장은 제1항에 따라 검사한 결과 제92조의 금지물품이 발견되면 형사 법령으로 정하는 절차에 따라 처리할 물품을 제외하고는 수용자에게 (ⓖ　　　　　)한다. 다만, 폐기하는 것이 부적당한 물품은 교정시설에 보관하거나 수용자로 하여금 자신이 지정하는 사람에게 (ⓗ　　　　　　　　).

정답
ⓐ 검사
ⓑ 차단된
ⓒ 수용자 외,
ⓓ 의류와 휴대폰
ⓔ 금지
ⓕ 여성교도관
ⓖ 알린 후 폐기
ⓗ 보내게 할 수 있다

시행령

제113조 【신체 등에 대한 검사】

소장은 교도관에게 작업장이나 실외에서 수용자거실로 돌아오는 수용자의 (ⓐ　　　　　　)을 검사하게 (ⓑ　　　　　　). 다만, 교정성적 등을 고려하여 그 검사가 필요하지 아니하다고 인정되는 경우에는 예외로 할 수 있다.

정답
ⓐ 신체 · 의류 및 휴대품
ⓑ 하여야 한다

제94조 【전자장비를 이용한 계호】

① 교도관은 자살·자해·도주·폭행·손괴, 그 밖에 수용자의 생명·신체를 해하거나 시설의 안전 또는 질서를 해하는 행위(이하 "자살등"이라 한다)를 방지하기 위하여 필요한 범위에서 (ⓐ)를 이용하여 (ⓑ) 또는 시설을 계호할 수 있다. 다만, 전자영상장비로 거실에 있는 수용자를 계호하는 것은 (ⓒ) 등의 우려가 큰 때에만 (ⓓ).

② 제1항 단서에 따라 거실에 있는 수용자를 전자영상장비로 계호하는 경우에는 계호직원·계호시간 및 계호대상 등을 기록하여야 한다. 이 경우 수용자가 여성이면 (ⓔ)이 계호하여야 한다.

③ 제1항 및 제2항에 따라 계호하는 경우에는 피계호자의 (ⓕ) 되지 아니하도록 유의하여야 한다.

④ 전자장비의 종류·설치장소·사용방법 및 녹화기록물의 관리 등에 관하여 필요한 사항은 (ⓖ)으로 정한다.

정답
ⓐ 전자장비, ⓑ 수용자
ⓒ 자살, ⓓ 할 수 있다
ⓔ 여성교도관
ⓕ 인권이 침해
ⓖ 법무부령

시행규칙

제160조 【전자장비의 종류】

교도관이 법 제94조에 따라 수용자 또는 시설을 계호하는 경우 사용할 수 있는 전자장비는 다음 각 호와 같다.

1. (ⓐ): 일정한 공간에 지속적으로 설치되어 사람 또는 사물의 영상 및 이에 따르는 음성·음향 등을 수신하거나 이를 유·무선망을 통하여 전송하는 장치
2. (ⓑ): 일정한 공간에 지속적으로 설치되어 사람 또는 사물의 움직임을 빛·온도·소리·압력 등을 이용하여 감지하고 전송하는 장치
3. (ⓒ): 전자파를 발신하고 추적하는 원리를 이용하여 사람의 위치를 확인하거나 이동경로를 탐지하는 일련의 기계적 장치
4. (ⓓ)(고정식 물품검색기와 휴대식 금속탐지기로 구분한다)
5. (ⓔ): 디지털카메라, 녹음기, 비디오카메라, 음주측정기 등 증거수집에 필요한 장비
6. 그 밖에 법무부장관이 정하는 전자장비

정답
ⓐ 영상정보처리기기
ⓑ 전자감지기
ⓒ 전자경보기
ⓓ 물품검색기
ⓔ 증거수집장비

제95조 【보호실 수용】

① 소장은 수용자가 다음 각 호의 어느 하나에 해당하면 (ⓐ)의 의견을 고려하여 보호실(자살 및 자해 방지 등의 설비를 갖춘 거실을 말한다. 이하 같다)에 수용할 수 있다.

1. (ⓑ) 또는 (ⓒ)의 우려가 있는 때
2. 신체적 · 정신적 (ⓓ)으로 인하여 특별한 보호가 필요한 때

② 수용자의 보호실 수용기간은 (ⓔ) 이내로 한다. 다만, 소장은 특히 계속하여 수용할 필요가 있으면 (ⓕ)의 의견을 고려하여 (ⓖ)의 범위에서 기간을 연장할 수 있다.

③ 제2항에 따라 수용자를 보호실에 수용할 수 있는 기간은 계속하여 (ⓗ)을 초과할 수 없다.

④ 소장은 수용자를 보호실에 수용하거나 수용기간을 연장하는 경우에는 그 사유를 본인에게 알려 (ⓘ).

⑤ 의무관은 보호실 수용자의 건강상태를 (ⓙ)로 확인하여야 한다.

⑥ 소장은 보호실 수용사유가 소멸한 경우에는 보호실 수용을 (ⓚ) 중단하여야 한다.

정답
ⓐ 의무관
ⓑ 자살, ⓒ 자해
ⓓ 질병
ⓔ 15일, ⓕ 의무관
ⓖ 1회당 7일
ⓗ 3개월
ⓘ 주어야 한다
ⓙ 수시
ⓚ 즉시

제96조 【진정실 수용】

① 소장은 수용자가 다음 각 호의 어느 하나에 해당하는 경우로서 강제력을 행사하거나 제98조의 보호장비를 사용하여도 그 목적을 달성할 수 없는 경우에만 진정실(일반 수용거실로부터 격리되어 있고 방음설비 등을 갖춘 거실을 말한다. 이하 같다)에 (ⓐ).

1. 교정시설의 설비 또는 기구 등을 손괴하거나 (ⓑ)하려고 하는 때
2. 교도관의 제지에도 불구하고 (ⓒ)행위를 계속하여 다른 수용자의 평온한 수용생활을 방해하는 때

② 수용자의 진정실 수용기간은 (ⓓ) 이내로 한다. 다만, 소장은 특히 계속하여 수용할 필요가 있으면 (ⓔ)의 의견을 고려하여 (ⓕ)의 범위에서 기간을 연장할 수 있다.

③ 제2항에 따라 수용자를 진정실에 수용할 수 있는 기간은 계속하여 (ⓖ)을 초과할 수 없다.

④ 진정실 수용자에 대하여는 제95조 제4항부터 제6항까지의 규정을 준용한다.

정답
ⓐ 수용할 수 있다
ⓑ 손괴
ⓒ 소란
ⓓ 24시간
ⓔ 의무관
ⓕ 1회당 12시간
ⓖ 3일

제97조 【보호장비의 사용】

① 교도관은 수용자가 다음 각 호의 어느 하나에 해당하면 보호장비를 사용할 수 있다.

1. 이송·출정, 그 밖에 교정시설 밖의 장소로 수용자를 (ⓐ 　　)하는 때
2. 도주·자살·자해 또는 다른 사람에 대한 (ⓑ 　　)의 우려가 큰 때
3. 위력으로 교도관의 정당한 (ⓒ 　　　　)을 방해하는 때
4. 교정시설의 설비·기구 등을 손괴하거나 그 밖에 시설의 안전 또는 질서를 해칠 우려가 큰 때

② 보호장비를 사용하는 경우에는 수용자의 (ⓓ 　　), (ⓔ 　　　) 및 수용생활 태도 등을 고려하여야 한다.

③ 교도관이 교정시설의 안에서 수용자에 대하여 보호장비를 사용한 경우 (ⓕ 　　)은 그 수용자의 건강상태를 (ⓖ 　　)로 확인하여야 한다.

정답
ⓐ 호송
ⓑ 위해
ⓒ 직무집행
ⓓ 나이, ⓔ 건강상태
ⓕ 의무관, ⓖ 수시

제98조 【보호장비의 종류 및 사용요건】

① 보호장비의 종류는 다음 각 호와 같다.

1. 수갑 　　　　2. (ⓐ 　　)보호장비
3. (ⓑ 　　)보호장비 　　4. (ⓒ 　　)(帶)
5. 보호(ⓓ 　　) 　　6. 보호(ⓔ 　　)
7. (ⓕ 　　) 　　8. 포승

② 보호장비의 종류별 사용요건은 다음 각 호와 같다.

1. 수갑·포승	1. 이송·출정, 그 밖에 교정시설 밖의 장소로 수용자를 (ⓖ 　　)하는 때 2. 도주·자살·자해 또는 다른 사람에 대한 (ⓗ 　　)의 우려가 큰 때 3. 위력으로 교도관의 정당한 (ⓘ 　　　)을 방해하는 때 4. 교정시설의 설비·기구 등을 (ⓙ 　　)하거나 그 밖에 시설의 안전 또는 질서를 해칠 우려가 큰 때
2. 머리보호장비	(ⓚ 　　　)을 자해할 우려가 큰 때
3. 발목보호장비·보호대·보호의자	2. 도주·자살·자해 또는 다른 사람에 대한 (ⓛ 　　)의 우려가 큰 때 3. 위력으로 교도관의 정당한 (ⓜ 　　　)을 방해하는 때 4. 교정시설의 설비·기구 등을 (ⓝ 　　)하거나 그 밖에 시설의 안전 또는 질서를 해칠 우려가 큰 때
4. 보호침대·보호복	자살·자해의 우려가 큰 때

③ 보호장비의 사용절차 등에 관하여 필요한 사항은 (ⓞ 　　)으로 정한다.

정답
ⓐ 머리
ⓑ 발목
ⓒ 보호대
ⓓ 의자
ⓔ 침대
ⓕ 보호복
ⓖ 호송
ⓗ 위해
ⓘ 집무집행
ⓙ 손괴
ⓚ 머리부분
ⓛ 위해
ⓜ 집무집행
ⓝ 손괴
ⓞ 대통령령

제99조 【보호장비 남용 금지】
① 교도관은 (ⓐ 　　　　　)의 범위에서 보호장비를 사용하여야 하며, 그 사유가 없어지면 사용을 지체 없이 (ⓑ 　　　)하여야 한다.
② 보호장비는 (ⓒ 　　　)의 수단으로 사용되어서는 아니 된다.

정답
ⓐ 필요한 최소한,
ⓑ 중단
ⓒ 징벌

제100조 【강제력의 행사】
① 교도관은 수용자가 다음 각 호의 어느 하나에 해당하면 강제력을 (ⓐ 　　　　　　).
1. 도주하거나 (ⓑ 　　　)하려고 하는 때
2. (ⓒ 　　　)하려고 하는 때
3. 자해하거나 (ⓓ 　　　)하려고 하는 때
4. 다른 사람에게 (ⓔ 　　　)를 끼치거나 끼치려고 하는 때
5. 위력으로 교도관의 정당한 (ⓕ 　　　　)을 방해하는 때
6. 교정시설의 설비 · 기구 등을 손괴하거나 (ⓖ 　　　)하려고 하는 때
7. 그 밖에 시설의 안전 또는 질서를 크게 해치는 (ⓗ 　　　)를 하거나 하려고 하는 때
② 교도관은 수용자 외의 사람이 다음 각 호의 어느 하나에 해당하면 강제력을 행사할 수 있다.
1. 수용자를 (ⓘ 　　　)하게 하려고 하는 때
2. 교도관 또는 수용자에게 (ⓙ 　　　)를 끼치거나 끼치려고 하는 때
3. 위력으로 교도관의 정당한 (ⓚ 　　　　)을 방해하는 때
4. 교정시설의 설비 · 기구 등을 (ⓛ 　　　)하거나 하려고 하는 때
5. 교정시설에 (ⓜ 　　　)하거나 하려고 하는 때
6. 교정시설의 안(교도관이 교정시설의 밖에서 수용자를 계호하고 있는 경우 그 장소를 포함한다)에서 교도관의 (ⓝ 　　　)요구를 받고도 이에 따르지 아니하는 때
③ 제1항 및 제2항에 따라 강제력을 행사하는 경우에는 (ⓞ 　　　　)를 사용할 수 있다.
④ 제3항에서 "보안장비"란 (ⓟ 　　　　　　　　　　) 등 사람의 생명과 신체의 보호, 도주의 방지 및 시설의 안전과 질서유지를 위하여 교도관이 사용하는 장비와 기구를 말한다.
⑤ 제1항 및 제2항에 따라 강제력을 행사하려면 사전에 상대방에게 이를 (ⓠ 　　　)하여야 한다. 다만, 상황이 (ⓡ 　　　)하여 경고할 시간적인 여유가 없는 때에는 그러하지 아니하다.
⑥ 강제력의 행사는 필요한 (ⓢ 　　　　)에 그쳐야 한다.
⑦ 보안장비의 종류, 종류별 사용요건 및 사용절차 등에 관하여 필요한 사항은 (ⓣ 　　　)으로 정한다.

정답
ⓐ 행사할 수 있다
ⓑ 도주
ⓒ 자살
ⓓ 자해
ⓔ 위해
ⓕ 직무집행
ⓖ 손괴
ⓗ 행위
ⓘ 도주
ⓙ 위해
ⓚ 직무집행
ⓛ 손괴
ⓜ 침입
ⓝ 퇴거
ⓞ 보안장비
ⓟ 교도봉 · 가스분사기 · 가스총 · 최루탄
ⓠ 경고, ⓡ 급박
ⓢ 최소한도
ⓣ 법무부령

시행규칙

제186조【보안장비의 종류】

교도관이 법 제100조에 따라 강제력을 행사하는 경우 사용할 수 있는 보안장비는 다음 각 호와 같다.

1. 교도봉(접이식을 포함한다. 이하 같다)
2. (ⓐ)
3. 가스분사기
4. 가스총(고무탄 발사겸용을 포함한다. 이하 같다)
5. (ⓑ): 투척용, 발사용(그 발사장치를 포함한다. 이하 같다)
6. (ⓒ)
7. 그 밖에 법무부장관이 정하는 보안장비

정답
ⓐ 전기교도봉
ⓑ 최루탄
ⓒ 전자충격기

제187조【보안장비의 종류별 사용요건】

① 교도관이 수용자에 대하여 사용할 수 있는 보안장비의 종류별 사용요건은 다음 각 호와 같다.
   1. 교도봉 · 가스분사기 · 가스총 · 최루탄: 법 제100조 제1항 각 호의 어느 하나에 해당하는 경우
   2. 전기교도봉 · 전자충격기: 법 제100조 제1항 각 호의 어느 하나에 해당하는 경우로서 상황이 긴급하여 제1호의 장비만으로는 그 (ⓐ)을 달성할 수 없는 때

② 교도관이 수용자 외의 사람에 대하여 사용할 수 있는 보안장비의 종류별 사용요건은 다음 각 호와 같다.
   1. 교도봉 · 가스분사기 · 가스총 · 최루탄: 법 제100조 제2항 각 호의 어느 하나에 해당하는 경우
   2. 전기교도봉 · 전자충격기: 법 제100조 제2항 각 호의 어느 하나에 해당하는 경우로서 상황이 (ⓑ)하여 제1호의 장비만으로는 그 목적을 달성할 수 없는 때

③ 제186조 제7호에 해당하는 보안장비의 사용은 (ⓒ)이 정하는 바에 따른다.

정답
ⓐ 목적
ⓑ 긴급
ⓒ 법무부장관

제101조 【무기의 사용】

① (ⓐ)은 다음 각 호의 어느 하나에 해당하는 사유가 있으면 수용자에 대하여 무기를 사용할 수 있다.

1. 수용자가 다른 사람에게 (ⓑ)를 끼치거나 끼치려고 하여 그 (ⓒ)한 때
2. 수용자가 폭행 또는 협박에 사용할 (ⓓ)을 지니고 있어 교도관이 버릴 것을 (ⓔ)하였음에도 이에 따르지 아니하는 때
3. 수용자가 (ⓕ)을 일으키거나 일으키려고 하여 신속하게 (ⓖ) 하지 아니하면 그 (ⓗ)을 방지하기 어렵다고 인정되는 때
4. 도주하는 수용자에게 교도관이 (ⓘ)할 것을 명령하였음에도 (ⓙ)하여 도주하는 때
5. 수용자가 교도관의 무기를 (ⓚ)하거나 탈취하려고 하는 때
6. 그 밖에 사람의 생명·신체 및 설비에 대한 중대하고도 (ⓛ) 위험을 방지하기 위하여 무기의 사용을 피할 수 없는 때

② 교도관은 교정시설의 안(교도관이 교정시설의 밖에서 수용자를 계호하고 있는 경우 그 장소를 포함한다)에서 자기 또는 타인의 생명·신체를 보호하거나 수용자의 탈취를 저지하거나 건물 또는 그 밖의 시설과 무기에 대한 위험을 방지하기 위하여 급박하다고 인정되는 상당한 이유가 있으면 (ⓜ)의 사람에 대하여도 무기를 (ⓝ).

③ 교도관은 소장 또는 (ⓞ)의 명령을 받아 무기를 사용한다. 다만, 그 명령을 받을 시간적 여유가 없으면 그러하지 아니하다.

④ 제1항 및 제2항에 따라 무기를 사용하려면 (ⓟ)을 발사하거나 그 밖에 적당한 방법으로 사전에 상대방에 대하여 이를 (ⓠ)하여야 한다.

⑤ 무기의 사용은 필요한 최소한도에 그쳐야 하며, (ⓡ)이어야 한다.

⑥ 사용할 수 있는 무기의 종류, 무기의 종류별 사용요건 및 사용절차 등에 관하여 필요한 사항은 (ⓢ)으로 정한다.

정답

ⓐ 교도관
ⓑ 중대한 위해,
ⓒ 사태가 위급
ⓓ 위험물, ⓔ 명령
ⓕ 폭동, ⓖ 제지, ⓗ 확산
ⓘ 정지, ⓙ 계속
ⓚ 탈취
ⓛ 뚜렷한
ⓜ 수용자 외,
ⓝ 사용할 수 있다
ⓞ 그 직무를 대행하는 사람
ⓟ 공포탄, ⓠ 경고
ⓡ 최후의 수단
ⓢ 법무부령

시행규칙

제189조 【무기의 종류】

교도관이 법 제101조에 따라 사용할 수 있는 무기의 종류는 다음 각 호와 같다.

1. (ⓐ)
2. (ⓑ)
3. (ⓒ)
4. 그 밖에 법무부장관이 정하는 무기

정답
ⓐ 권총
ⓑ 소총
ⓒ 기관총

제190조 【무기의 종류별 사용요건】

① 교도관이 수용자에 대하여 사용할 수 있는 무기의 종류별 사용요건은 다음 각 호와 같다.
  1. 권총·소총: 법 제101조 제1항 각 호의 어느 하나에 해당하는 경우
  2. 기관총: 법 제101조 제1항 제3호에 해당하는 경우

② 교도관이 수용자 외의 사람에 대하여 사용할 수 있는 무기의 종류별 사용요건은 다음 각 호와 같다.
  1. 권총·소총: 법 제101조 제2항에 해당하는 경우
  2. 기관총: 법 제101조 제2항에 해당하는 경우로서 제1호의 무기만으로는 그 목적을 달성할 수 없다고 인정하는 경우

③ 제189조 제4호에 해당하는 무기의 사용은 (ⓐ)이 정하는 바에 따른다.

정답
ⓐ 법무부장관

제102조 【재난 시의 조치】

① (ⓐ)이나 그 밖의 (ⓑ)가 발생하여 시설의 안전과 질서유지를 위하여 긴급한 조치가 필요하면 소장은 수용자로 하여금 피해의 복구나 그 밖의 응급용무를 (ⓒ)하게 할 수 있다.

② 소장은 교정시설의 안에서 천재지변이나 그 밖의 사변에 대한 피난의 방법이 없는 경우에는 수용자를 다른 장소로 (ⓓ)할 수 있다.

③ 소장은 제2항에 따른 이송<긴급이송>이 불가능하면 수용자를 (ⓔ)할 수 있다.

④ 제3항에 따라 석방된 사람<일시석방된 사람>은 석방 후 (ⓕ) 이내에 교정시설 또는 경찰관서에 출석하여야 한다.

정답
ⓐ 천재지변, ⓑ 재해,
ⓒ 보조
ⓓ 이송
ⓔ 일시 석방
ⓕ 24시간

제103조 【수용을 위한 체포】

① (ⓐ　　　)은 수용자가 도주 또는 제134조 각 호<출석의무 위반, 귀휴 · 외부통근 · 그 밖의 사유로 소장의 허가를 받아 교도관의 계호 없이 교정시설 밖으로 나간 후에 정당한 사유 없이 기한까지 돌아오지 아니하는 행위>의 어느 하나에 해당하는 행위(이하 "도주등"이라 한다)를 한 경우에는 도주 후 또는 출석기한이 지난 후 (ⓑ　　　) 이내에만 그를 체포할 수 있다.

② 교도관은 제1항에 따른 체포를 위하여 긴급히 필요하면 도주등을 하였다고 의심할 만한 상당한 이유가 있는 사람 또는 도주등을 한 사람의 이동경로나 소재를 안다고 인정되는 사람을 (ⓒ　　　)시켜 질문할 수 있다.

③ 교도관은 제2항에 따라 질문을 할 때에는 그 신분을 표시하는 증표를 제시하고 질문의 (ⓓ　　　　　)를 설명하여야 한다.

④ 교도관은 제1항에 따른 체포를 위하여 영업시간 내에 공연장 · 여관 · 음식점 · 역, 그 밖에 다수인이 출입하는 장소의 관리자 또는 관계인에게 그 장소의 출입이나 그 밖에 특히 필요한 사항에 관하여 (ⓔ　　　)를 요구할 수 있다.

⑤ 교도관은 제4항에 따라 필요한 장소에 출입하는 경우에는 그 신분을 표시하는 증표를 제시하여야 하며, 그 장소의 관리자 또는 관계인의 (ⓕ　　　　　　　　)하여서는 아니 된다.

정답
- ⓐ 교도관
- ⓑ 72시간
- ⓒ 정지
- ⓓ 목적과 이유
- ⓔ 협조
- ⓕ 정당한 업무를 방해

제104조 【마약류사범 등의 관리】

① 소장은 마약류사범 · 조직폭력사범 등 법무부령으로 정하는 수용자에 대하여는 시설의 안전과 질서유지를 위하여 필요한 범위에서 다른 수용자와의 (ⓐ　　　)을 차단하거나 (ⓑ　　　)를 엄중히 하는 등 법무부령으로 정하는 바에 따라 다른 수용자와 (ⓒ　　　) 관리할 수 있다.

② 소장은 제1항에 따라 관리하는 경우에도 기본적인 처우를 제한하여서는 (ⓓ　　　　).

정답
- ⓐ 접촉, ⓑ 계호
- ⓒ 달리
- ⓓ 아니 된다

시행규칙

제194조 【엄중관리대상자의 구분】

법 제104조에 따라 교정시설의 안전과 질서유지를 위하여 다른 수용자와의 접촉을 차단하거나 계호를 엄중히 하여야 하는 수용자(이하 이 장에서 "엄중관리대상자"라 한다)는 다음 각 호와 같이 구분한다.

1. (ⓐ　　　)수용자(제199조 제1항에 따라 지정된 수용자를 말한다. 이하 같다)
2. (ⓑ　　　)수용자(제205조 제1항에 따라 지정된 수용자를 말한다. 이하 같다)
3. (ⓒ　　　)수용자(제211조 제1항에 따라 지정된 수용자를 말한다. 이하 같다)

정답
ⓐ 조직폭력
ⓑ 마약류
ⓒ 관심대상

제195조 【번호표 등 표시】

① 엄중관리대상자의 번호표 및 거실표의 색상은 다음 각 호와 같이 구분한다.
　1. 관심대상수용자 : (ⓐ　　　)
　2. 조직폭력수용자 : (ⓑ　　　)
　3. 마약류수용자 : (ⓒ　　　)

② 제194조의 엄중관리대상자 구분이 중복되는 수용자의 경우 그 번호표 및 거실표의 색상은 제1항 각 호의 순서에 따른다.

정답
ⓐ 노란색
ⓑ 노란색
ⓒ 파란색

제196조 【상담】

① 소장은 엄중관리대상자 중 지속적인 상담이 필요하다고 인정되는 사람에 대하여는 (ⓐ　　　　　　).

② 제1항의 상담책임자는 감독교도관 또는 상담 관련 전문교육을 이수한 (ⓑ　　　)을 우선하여 지정하여야 하며, 상담대상자는 상담책임자 1명당 (ⓒ　　　)로 하여야 한다.

③ 상담책임자는 해당 엄중관리대상자에 대하여 수시로 개별상담을 함으로써 신속한 고충처리와 원만한 수용생활 지도를 위하여 (ⓓ　　　　　).

④ 제3항에 따라 상담책임자가 상담을 하였을 때에는 그 요지와 처리결과 등을 제119조 제3항에 따른 (ⓔ　　　　　　)에 입력하여야 한다. 이 경우 엄중관리대상자의 처우를 위하여 필요하면 별지 제13호서식의 엄중관리대상자 상담결과 보고서를 작성하여 (ⓕ　　　)에게 보고하여야 한다.

정답
ⓐ 상담책임자를 지정한다
ⓑ 교도관
ⓒ 10명 이내
ⓓ 노력하여야 한다
ⓔ 교정정보시스템,
ⓕ 소장

제197조 【작업 부과】

소장은 엄중관리대상자에게 작업을 부과할 때에는 법 제59조 제3항<분류심사를 위한 조사나 검사>에 따른 (ⓐ　　　　　　) 등의 결과를 고려하여야 한다.

정답
ⓐ 조사나 검사

조직폭력수용자

제198조 【지정대상】

조직폭력수용자의 지정대상은 다음 각 호와 같다.

1. (ⓐ)에 조직폭력사범으로 명시된 수용자
2. (ⓑ) 또는 재판서에 조직폭력사범으로 명시되어 있지는 아니하나 「폭력행위 등 처벌에 관한 법률」 제4조 · 제5조 또는 「형법」 제114조가 적용된 수용자
3. (ⓒ) 등의 체포영장 · 구속영장 · 공소장 또는 재판서에 조직폭력사범으로 명시된 수용자

정답
ⓐ 체포영장 · 구속영장 · 공소장 또는 재판서
ⓑ 공소장
ⓒ 공범 · 피해자

제199조 【지정 및 해제】

① 소장은 제198조 각 호의 어느 하나에 해당하는 수용자에 대하여는 조직폭력수용자로 지정한다. 현재의 수용생활 중 집행되었거나 집행할 형이 제198조 제1호 또는 제2호에 해당하는 경우에도 또한 같다.

② 소장은 제1항에 따라 조직폭력수용자로 지정된 사람에 대하여는 석방할 때까지 지정을 해제(ⓐ). 다만, 공소장 변경 또는 재판 확정에 따라 지정사유가 해소되었다고 인정되는 경우에는 (ⓑ)의 심의 또는 (ⓒ) 의결을 거쳐 지정을 해제한다.

정답
ⓐ 할 수 없다.
ⓑ 교도관회의,
ⓒ 분류처우위원회의

제200조 【수용자를 대표하는 직책 부여 금지】

소장은 조직폭력수용자에게 거실 및 작업장 등의 봉사원, 반장, 조장, 분임장, 그 밖에 수용자를 (ⓐ)하는 직책을 부여해서는 (ⓑ).

정답
ⓐ 대표
ⓑ 아니 된다

제201조 【수형자 간 연계활동 차단을 위한 이송】

소장은 조직폭력수형자가 작업장 등에서 다른 수형자와 음성적으로 세력을 형성하는 등 집단화할 우려가 있다고 인정하는 경우에는 (ⓐ)에게 해당 조직폭력수형자의 이송을 (ⓑ) 신청하여야 한다.

정답
ⓐ 법무부장관
ⓑ 지체 없이

제202조 【처우상 유의사항】

소장은 조직폭력수용자가 다른 사람과 접견할 때에는 외부 폭력조직과의 연계가능성이 높은 점 등을 고려하여 (ⓐ)에서 하게 하여야 하며, 귀휴나 그 밖의 특별한 이익이 되는 처우를 결정하는 경우에는 해당 처우의 허용 요건에 관한 규정을 (ⓑ) 적용하여야 한다.

정답
ⓐ 접촉차단 시설이 있는 장소
ⓑ 엄격히

제203조 【특이사항의 통보】

소장은 조직폭력수용자의 편지 및 접견의 내용 중 특이사항이 있는 경우에는 (ⓐ) 등 관계기관에 통보할 수 있다.

정답
ⓐ 검찰청, 경찰서

마약류수용자

제204조 【지정대상】

마약류수용자의 지정대상은 다음 각 호와 같다.

1. (ⓐ   )에 「마약류관리에 관한 법률」, 「마약류 불법거래방지에 관한 특례법」, 그 밖에 마약류에 관한 형사 법률이 적용된 수용자
2. 제1호에 해당하는 형사 법률을 적용받아 집행유예가 선고되어 그 집행유예 기간 중에 (ⓑ   )으로 수용된 수용자

정답
ⓐ 체포영장 · 구속영장 · 공소장 또는 재판서
ⓑ 별건

제205조 【지정 및 해제】

① 소장은 제204조 각 호의 어느 하나에 해당하는 수용자에 대하여는 마약류수용자로 지정하여야 한다. 현재의 수용생활 중 집행되었거나 집행할 형이 제204조 제1호에 해당하는 경우에도 또한 같다.

② 소장은 제1항에 따라 마약류수용자로 지정된 사람에 대하여는 석방할 때까지 지정을 해제할 수 없다. 다만, 다음 각 호의 어느 하나에 해당하는 경우에는 (ⓐ   ) 심의 또는 (ⓑ   ) 의결을 거쳐 지정을 해제할 수 있다.

1. 공소장 변경 또는 재판 확정에 따라 지정사유가 해소되었다고 인정되는 경우
2. 지정 후 (ⓒ   )이 지난 마약류수용자로서 수용생활태도, 교정성적 등이 양호한 경우. 다만, 마약류에 관한 형사 법률 외의 법률이 같이 적용된 마약류수용자로 한정한다.

정답
ⓐ 교도관회의의,
ⓑ 분류처우위원회의
ⓒ 5년

제206조 【마약반응검사】

① 마약류수용자에 대하여 다량 또는 장기간 복용할 경우 환각증세를 일으킬 수 있는 (ⓐ   )을 투약할 때에는 특히 유의하여야 한다.

② 소장은 교정시설에 마약류를 반입하는 것을 방지하기 위하여 필요하면 (ⓑ   )에 의하지 (ⓒ   ) 범위에서 수용자의 (ⓓ   )을 채취하여 마약반응검사를 할 수 있다.

③ 소장은 제2항의 검사 결과 (ⓔ   )이 나타난 수용자에 대하여는 관계기관에 혈청검사, 모발검사, 그 밖의 정밀검사를 의뢰하고 그 결과에 따라 적절한 조치를 하여야 한다.

정답
ⓐ 의약품
ⓑ 강제
ⓒ 아니하는
ⓓ 소변
ⓔ 양성반응

제207조 【물품전달 제한】

소장은 수용자 외의 사람이 마약류수용자에게 물품을 건네줄 것을 신청하는 경우에는 마약류 반입 등을 (ⓐ   )하기 위하여 신청을 허가하지 않는다. 다만, 다음 각 호의 어느 하나에 해당하는 물품을 건네줄 것을 신청한 경우에는 예외로 할 수 있다.

1. 법무부장관이 정하는 바에 따라 (ⓑ   )에서 판매되는 물품
2. 그 밖에 마약류 반입을 위한 (ⓒ   )로 이용될 가능성이 없다고 인정되는 물품

정답
ⓐ 차단
ⓑ 교정시설 안
ⓒ 도구

제208조 【보관품 등 수시점검】

(ⓐ)은 마약류수용자의 보관품 및 지니는 물건의 변동 상황을 수시로 점검하고, 특이사항이 있는 경우에는 (ⓑ)에게 보고해야 한다.

정답
ⓐ 담당교도관,
ⓑ 감독교도관

제209조 【재활교육】

① 소장은 마약류수용자가 마약류 근절(根絶) 의지를 갖고 이를 실천할 수 있도록 해당 교정시설의 여건에 적합한 마약류수용자 (ⓐ)교육계획을 수립하여 시행하여야 한다.

② 소장은 마약류수용자의 마약류 근절 의지를 북돋울 수 있도록 마약 퇴치 전문강사, 성직자 등과 (ⓑ)을 주선할 수 있다.

정답
ⓐ 재활
ⓑ 자매결연

✦ 관심대상수용자

제210조 【지정대상】

관심대상수용자의 지정대상은 다음 각 호와 같다.

1. 다른 수용자에게 (ⓐ)으로 폭력을 행사하는 수용자
2. 교도관을 (ⓑ)하거나 (ⓒ)하여 징벌을 받은 전력(前歷)이 있는 사람으로서 같은 종류의 징벌대상행위를 할 우려가 큰 수용자
3. 수용생활의 편의 등 자신의 요구를 관철할 목적으로 상습적으로 (ⓓ)를 하거나 각종 이물질을 삼키는 수용자
4. 다른 수용자를 괴롭히거나 세력을 모으는 등 (ⓔ)를 문란하게 하는 조직폭력수용자(조직폭력사범으로 행세하는 경우를 포함한다)
5. 조직폭력수용자로서 무죄 외의 사유로 출소한 후 (ⓕ) 이내에 교정시설에 다시 수용된 사람
6. 상습적으로 교정시설의 설비 · 기구 등을 (ⓖ)하거나 (ⓗ)를 하여 공무집행을 방해하는 수용자
7. 도주(음모, 예비 또는 미수에 그친 경우를 포함한다)한 전력이 있는 사람으로서 (ⓘ)의 우려가 있는 수용자
8. 중형선고 등에 따른 (ⓙ)으로 수용생활에 적응하기 곤란하다고 인정되는 수용자
9. 자살을 기도한 전력이 있는 사람으로서 (ⓚ)할 우려가 있는 수용자
10. (ⓛ)를 일으킨 사람으로서 죄책감 등으로 인하여 자살 등 교정사고를 일으킬 우려가 큰 수용자
11. 징벌집행이 종료된 날부터 (ⓜ)에 다시 징벌을 받는 등 규율 위반의 상습성이 인정되는 수용자
12. (ⓝ)으로 법령에 위반하여 연락을 하거나 금지물품을 반입하는 등의 방법으로 부조리를 기도하는 수용자
13. 그 밖에 교정시설의 안전과 질서유지를 위하여 (ⓞ) 관리가 필요하다고 인정되는 수용자

정답
ⓐ 상습적
ⓑ 폭행, ⓒ 협박
ⓓ 자해
ⓔ 수용질서
ⓕ 5년
ⓖ 파손, ⓗ 소란행위
ⓘ 도주
ⓙ 심적 불안
ⓚ 자살
ⓛ 사회적물의
ⓜ 1년 이내
ⓝ 상습적
ⓞ 엄중한

제211조 【지정 및 해제】

① 소장은 제210조 각 호의 어느 하나에 해당하는 수용자에 대하여는 (ⓐ) 의결을 거쳐 관심대상수용자로 지정한다. 다만, (ⓑ) 등 분류처우위원회의 의결 대상자가 아닌 경우에도 관심대상수용자로 지정할 필요가 있다고 인정되는 수용자에 대하여는 (ⓒ)의 심의를 거쳐 관심대상수용자로 지정할 수 있다.

② 소장은 관심대상수용자의 수용생활태도 등이 양호하고 지정사유가 해소되었다고 인정하는 경우에는 제1항의 절차에 따라 그 지정을 해제한다.

③ 제1항 및 제2항에 따라 관심대상수용자로 지정하거나 지정을 해제하는 경우에는 (ⓓ)의 의견을 고려하여야 한다.

정답

ⓐ 분류처우위원회의,
ⓑ 미결수용자
ⓒ 교도관회의
ⓓ 담당교도관 또는 감독교도관

제213조 【수용동 및 작업장 계호 배치】

소장은 다수의 관심대상수용자가 수용되어 있는 수용동 및 작업장에는 사명감이 (ⓐ) 교도관을 엄선하여 배치하여야 한다.

정답

ⓐ 투철한

제12장 규율과 상벌

제105조【규율 등】

① 수용자는 교정시설의 안전과 질서유지를 위하여 (ⓐ　　　　　)이 정하는 규율을 지켜야 한다.

② 수용자는 소장이 정하는 일과시간표를 지켜야 한다.

③ 수용자는 교도관의 (ⓑ　　　) 지시에 따라야 한다.

정답
ⓐ 법무부장관
ⓑ 직무상

제106조【포상】

소장은 수용자가 다음 각 호의 어느 하나에 해당하면 (ⓐ　　　　　)으로 정하는 바에 따라 포상할 수 있다.

1. 사람의 생명을 (ⓑ　　　)하거나 도주를 (ⓒ　　　)한 때
2. 제102조 제1항에 따른 (ⓓ　　　　　)에 공로가 있는 때
3. 시설의 안전과 질서유지에 뚜렷한 (ⓔ　　　)이 인정되는 때
4. 수용생활에 모범을 보이거나 (ⓕ　　　)이고 (ⓖ　　　)인 제안을 하는 등 특히 포상할 필요가 있다고 인정되는 때

정답
ⓐ 법무부령
ⓑ 구조, ⓒ 방지
ⓓ 응급용무
ⓔ 공
ⓕ 건설적, ⓖ 창의적

제107조【징벌】

소장은 수용자가 다음 각 호의 어느 하나에 해당하는 행위를 하면 제111조의 징벌위원회의 (ⓐ　　　)에 따라 징벌을 부과할 수 있다.

1. 「형법」, 「폭력행위 등 처벌에 관한 법률」, 그 밖의 (ⓑ　　　)에 저촉되는 행위
2. 수용생활의 편의 등 자신의 요구를 관철할 목적으로 (ⓒ　　　)하는 행위
3. 정당한 사유 없이 작업 · 교육 · 교화프로그램 등을 거부하거나 (ⓓ　　　) 하는 행위
4. 제92조의 (ⓔ　　　　)을 지니거나 반입 · 제작 · 사용 · 수수 · 교환 · 은닉하는 행위
5. 다른 사람을 (ⓕ　　　)받게 하거나 교도관의 직무집행을 방해할 목적으로 (ⓖ　　　　)을 신고하는 행위
6. 그 밖에 시설의 안전과 질서유지를 위하여 (ⓗ　　　　)으로 정하는 규율을 위반하는 행위

정답
ⓐ 의결
ⓑ 형사법률
ⓒ 자해
ⓓ 태만히
ⓔ 금지물품
ⓕ 처벌, ⓖ 거짓사실
ⓗ 법무부령

제108조 【징벌의 종류】

징벌의 종류는 다음 각 호와 같다.

1. 경고
2. 50시간 이내의 (ⓐ)
3. 3개월 이내의 (ⓑ)
4. 30일 이내의 (ⓒ)
5. 30일 이내의 (ⓓ) 제한
6. 30일 이내의 (ⓔ) 제한
7. 30일 이내의 (ⓕ)(의사가 치료를 위하여 처방한 의약품을 제외한다) 사용 제한
8. 30일 이내의 (ⓖ) 정지(신청에 따른 작업에 한정한다)
9. 30일 이내의 (ⓗ) 제한
10. 30일 이내의 (ⓘ) 제한
11. 30일 이내의 (ⓙ) 제한
12. 30일 이내의 (ⓚ) 제한
13. 30일 이내의 (ⓛ) 정지
14. 30일 이내의 (ⓜ)

정답

ⓐ 근로봉사
ⓑ 작업장려금 삭감
ⓒ 공동행사 참가 정지
ⓓ 신문열람
ⓔ 텔레비전 시청
ⓕ 자비구매물품
ⓖ 작업
ⓗ 전화통화
ⓘ 집필
ⓙ 편지수수
ⓚ 접견
ⓛ 실외운동
ⓜ 금치(禁置)

제109조 【징벌의 부과】

① 제108조 제4호<30일 이내의 공동행사참가정지>부터 제13호<30일 이내의 실외운동정지>까지의 처분은 (ⓐ) 부과할 수 있다.

② 수용자가 다음 각 호의 어느 하나에 해당하면 제108조 제2호<50시간 이내의 작업장려금>부터 제14호<30일 이내의 금치>까지의 규정에서 정한 징벌의 장기의 (ⓑ)까지 가중할 수 있다.

1. (ⓒ)의 징벌사유가 경합하는 때
2. 징벌이 집행 중에 있거나 징벌의 집행이 끝난 후 또는 집행이 면제된 후 (ⓓ)에 다시 징벌사유에 해당하는 행위를 한 때

③ 징벌은 동일한 행위에 관하여 거듭하여 부과할 수 없으며, 행위의 동기 및 경중, 행위 후의 정황, 그 밖의 사정을 고려하여 수용목적을 달성하는 데에 필요한 (ⓔ)에 그쳐야 한다.

④ 징벌사유가 발생한 날부터 (ⓕ)이 지나면 이를 이유로 징벌을 부과하지 못한다.

정답

ⓐ 함께
ⓑ 2분의 1
ⓒ 2 이상
ⓓ 6개월 내
ⓔ 최소한도
ⓕ 2년

시행규칙

제110조【징벌대상자의 조사】

① 소장은 징벌사유에 해당하는 행위를 하였다고 의심할 만한 상당한 이유가 있는 수용자(이하 "징벌대상자"라 한다)가 다음 각 호의 어느 하나에 해당하면 조사기간 중 (ⓐ　　　)하여 수용할 수 있다.

1. (ⓑ　　　)를 인멸할 우려가 있는 때
2. 다른 사람에게 위해를 끼칠 우려가 있거나 다른 수용자의 (ⓒ　　　)로부터 보호할 필요가 있는 때

② 소장은 징벌대상자가 제1항 각 호의 어느 하나에 해당하면 접견 · 편지수수 · 전화통화 · 실외운동 · 작업 · 교육훈련, 공동행사 참가, 중간처우 등 다른 사람과의 접촉이 가능한 처우의 (ⓓ　　　) 또는 (ⓔ　　　)를 제한할 수 있다.

정답
ⓐ 분리
ⓑ 증거
ⓒ 위해
ⓓ 전부, ⓔ 일부

제111조【징벌위원회】

① 징벌대상자의 징벌을 결정하기 위하여 교정시설에 징벌위원회(이하 이 조에서 "위원회"라 한다)를 둔다.

② 위원회는 위원장을 (ⓐ　　　)한 (ⓑ　　　　　　　)의 위원으로 구성하고, 위원장은 (ⓒ　　　　　　　　　)가 되며, 위원은 소장이 소속 기관의 과장(지소의 경우에는 7급 이상의 교도관) 및 교정에 관한 학식과 경험이 풍부한 외부인사 중에서 임명 또는 위촉한다. 이 경우 외부위원은 (ⓓ　　　) 이상으로 한다.

③ 위원회는 소장의 징벌요구에 따라 개회하며, 징벌은 그 (ⓔ　　　)로써 정한다.

④ 위원이 징벌대상자의 친족이거나 그 밖에 공정한 심의 · 의결을 기대할 수 없는 특별한 사유가 있는 경우에는 위원회에 참석할 수 없다.

⑤ 징벌대상자는 위원에 대하여 (ⓕ　　　)을 할 수 있다. 이 경우 위원회의 의결로 기피 여부를 결정하여야 한다.

⑥ 위원회는 징벌대상자가 위원회에 출석하여 충분한 진술을 할 수 있는 기회를 부여하여야 하며, 징벌대상자는 (ⓖ　　　) 또는 (ⓗ　　　)로써 자기에게 유리한 사실을 진술하거나 증거를 제출할 수 있다.

⑦ 위원회의 위원 중 공무원이 아닌 사람은 「형법」 제127조 및 제129조부터 제132조까지의 규정을 적용할 때에는 공무원으로 본다.

정답
ⓐ 포함,
ⓑ 5명 이상 7명 이하
ⓒ 소장의 바로 다음 순위자
ⓓ 3명 ⓔ 의결
ⓕ 기피신청
ⓖ 서면, ⓗ 말

제111조의2【징벌대상행위에 관한 양형 참고자료 통보】

소장은 미결수용자에게 징벌을 부과한 경우에는 그 징벌대상행위를 양형(量刑) 참고자료로 작성하여 (ⓐ　　　　　　　) 또는 관할 (ⓑ　　　)에 통보할 수 있다.

정답
ⓐ 관할 검찰청 검사
ⓑ 법원

제112조 【징벌의 집행】

① 징벌은 (ⓐ)이 집행한다.

② 소장은 징벌집행을 위하여 필요하다고 인정하면 수용자를 (ⓑ) 하여 수용할 수 있다.

③ 제108조 제14호<30일 이내의 금치>의 처분을 받은 사람에게는 그 기간 중 같은 조 제4호<30일 이내의 공동행사 참가 정지>부터 제12호<30일 이내의 접견 제한>까지의 처우제한이 (ⓒ) 부과된다. 다만, 소장은 수용자의 권리구제, 수형자의 교화 또는 건전한 사회복귀를 위하여 특히 필요하다고 인정하면 집필·편지수수 또는 접견을 허가할 수 있다.

④ 소장은 제108조 제14호<30일 이내의 금치>의 처분을 받은 사람에게 다음 각 호의 어느 하나에 해당하는 사유가 있어 필요하다고 인정하는 경우에는 건강유지에 지장을 초래하지 아니하는 범위에서 (ⓓ)을 제한할 수 있다.

1. (ⓔ)의 우려가 있는 경우
2. (ⓕ)의 우려가 있는 경우
3. (ⓖ)에게 위해를 끼칠 우려가 있는 경우
4. 그 밖에 시설의 안전 또는 질서를 크게 해칠 우려가 있는 경우로서 (ⓗ)으로 정하는 경우

⑤ 소장은 제108조 제13호<30일 이내의 실외운동 정지>에 따른 실외운동 정지를 부과하는 경우 또는 제4항<30일 이내의 금치처분을 받은 사람의>에 따라 실외운동을 제한하는 경우라도 수용자가 (ⓘ) 실외운동을 할 수 있도록 하여야 한다.

⑥ 소장은 제108조 제13호<30일 이내의 실외운동 정지> 또는 제14호<30일 이내의 금치처분을 받은 사람의>의 처분을 집행하는 경우에는 (ⓙ)으로 하여금 사전에 수용자의 건강을 확인하도록 하여야 하며, 집행 중인 경우에도 (ⓚ)로 건강상태를 확인하여야 한다.

정답
ⓐ 소장
ⓑ 분리
ⓒ 함께
ⓓ 실외운동
ⓔ 도주
ⓕ 자해
ⓖ 다른 사람
ⓗ 법무부령
ⓘ 매주 1회 이상
ⓙ 의무관, ⓚ 수시

PART 01

시행령

제134조 【징벌집행의 계속】

법 제108조 제4호<30일 이내의 공동행사 참가 정지>부터 제14호<30일 이내의 금치>까지의 징벌 집행 중인 수용자가 다른 교정시설로 이송되거나 법원 또는 검찰청 등에 출석하는 경우에는 징벌집행이 (ⓐ) 되는 것으로 본다.

정답
ⓐ 계속

시행규칙

제230조 【징벌의 집행순서】

① 금치와 그 밖의 징벌을 집행할 경우에는 (ⓐ)를 우선하여 집행한다. 다만, 작업장려금의 삭감과 경고는 금치와 (ⓑ)에 집행할 수 있다.
② 같은 종류의 징벌은 그 기간이 (ⓒ)부터 집행한다.
③ 금치를 제외한 두 가지 이상의 징벌을 집행할 경우에는 (ⓓ) 집행할 수 있다.
④ 두 가지 이상의 금치는 연속하여 집행할 수 없다. 다만, 두 가지 이상의 금치 기간의 합이(ⓔ) 이하인 경우에는 그렇지 않다.

정답
ⓐ 금치, ⓑ 동시
ⓒ 긴 것
ⓓ 함께
ⓔ 45일

제113조 【징벌집행의 정지 · 면제】

① 소장은 질병이나 그 밖의 사유로 징벌집행이 곤란하면 그 사유가 해소될 때까지 그 집행을 (ⓐ)할 수 있다.
② 소장은 징벌집행 중인 사람이 뉘우치는 빛이 뚜렷한 경우에는 그 징벌을 (ⓑ)하거나 남은 기간의 징벌집행을 (ⓒ)할 수 있다.

정답
ⓐ 일시 정지
ⓑ 감경, ⓒ 면제

제114조 【징벌집행의 유예】

① 징벌위원회는 징벌을 의결하는 때에 행위의 동기 및 정황, 교정성적, 뉘우치는 정도 등 그 사정을 고려할 만한 사유가 있는 수용자에 대하여 (ⓐ)의 기간 내에서 징벌의 집행을 유예할 것을 의결할 수 있다.
② 소장은 징벌집행의 유예기간 중에 있는 수용자가 다시 제107조의 징벌대상행위를 하여 징벌이 결정되면 그 (ⓑ)한 징벌을 집행한다.
③ 수용자가 징벌집행을 유예받은 후 징벌을 받음이 없이 유예기간이 지나면 그 징벌의 집행은 (ⓒ)된 것으로 본다.

정답
ⓐ 2개월 이상 6개월 이하
ⓑ 유예
ⓒ 종료

제115조 【징벌의 실효 등】

① 소장은 징벌의 집행이 종료되거나 집행이 면제된 수용자가 교정성적이 양호하고 법무부령으로 정하는 기간 동안 징벌을 받지 아니하면 (ⓐ)의 승인을 받아 징벌을 (ⓑ)시킬 수 있다.
② 제1항에도 불구하고 소장은 수용자가 교정사고 방지에 뚜렷한 공로가 있다고 인정되면 (ⓒ) 의결을 거친 후 법무부장관의 승인을 받아 징벌을 (ⓓ)시킬 수 있다.
③ 이 법에 규정된 사항 외에 징벌에 관하여 필요한 사항은 (ⓔ)으로 정한다.

정답
ⓐ 법무부장관, ⓑ 실효
ⓒ 분류처우위원회의
ⓓ 실효
ⓔ 법무부령

제13장 권리구제

제116조 【소장 면담】

① 수용자는 그 처우에 관하여 소장에게 면담을 신청(ⓐ　　　　).
② 소장은 수용자의 면담신청이 있으면 다음 각 호의 어느 하나에 해당하는 사유가 있는 경우를 제외하고는 면담을 (ⓑ　　　　).
1. 정당한 사유 없이 (ⓒ　　　　)를 밝히지 아니하는 때
2. 면담목적이 법령에 (ⓓ　　　) 위배되는 사항을 요구하는 것인 때
3. 동일한 사유로 면담한 사실이 있음에도 불구하고 정당한 사유 없이 (ⓔ　　　)하여 면담을 신청하는 때
4. 교도관의 직무집행을 (ⓕ　　　)할 목적이라고 인정되는 상당한 이유가 있는 때

③ 소장은 특별한 사정이 있으면 소속 교도관으로 하여금 그 면담을 (ⓖ　　　)하게 할 수 있다. 이 경우 면담을 대리한 사람은 그 결과를 (ⓗ　　　)에게 지체 없이 보고하여야 한다.
④ 소장은 면담한 결과 처리가 필요한 사항이 있으면 그 처리결과를 수용자에게 (ⓘ　　　　).

정답
ⓐ 할 수 있다
ⓑ 하여야 한다
ⓒ 면담사유
ⓓ 명백히
ⓔ 반복
ⓕ 방해
ⓖ 대리, ⓗ 소장
ⓘ 알려야 한다

제117조 【청원】

① 수용자는 그 처우에 관하여 불복하는 경우 (ⓐ　　　　)·순회점검공무원 또는 (ⓑ　　　　)에게 청원할 수 있다.
② 제1항에 따라 청원하려는 수용자는 청원서를 작성하여 (ⓒ　　　) 소장에게 제출하여야 한다. 다만, (ⓓ　　　　)에 대한 청원은 (ⓔ　)로도 할 수 있다.
③ 소장은 청원서를 개봉하여서는 (ⓕ　　　), 이를 지체 없이 법무부장관·순회점검공무원 또는 관할 지방교정청장에게 보내거나 (ⓖ　　　　)에게 전달하여야 한다.
④ 제2항 단서에 따라 순회점검공무원이 청원을 청취하는 경우에는 해당 교정시설의 교도관이 참여하여서는 (ⓗ　　　　).
⑤ 청원에 관한 결정은 (ⓘ　　　)로 하여야 한다.
⑥ 소장은 청원에 관한 결정서를 접수하면 청원인에게 (ⓙ　　　) 전달하여야 한다.

정답
ⓐ 법무부장관,
ⓑ 관할 지방교정청장
ⓒ 봉한 후
ⓓ 순회점검 공무원
ⓔ 말
ⓕ 아니 되며
ⓖ 순회점검 공무원
ⓗ 아니 된다
ⓘ 문서
ⓙ 지체 없이

시행령

제139조 【순회점검공무원에 대한 청원】

① 소장은 법 제117조 제1항에 따라 수용자가 순회점검공무원(법 제8조에 따라 법무부장관으로부터 순회점검의 명을 받은 법무부 또는 그 소속기관에 근무하는 공무원을 말한다. 이하 같다)에게 청원하는 경우에는 그 (ⓐ)을 청원부에 기록하여야 한다.

② 순회점검공무원은 법 제117조 제2항 단서에 따라 수용자가 (ⓑ)로 청원하는 경우에는 그 (ⓒ)를 청원부에 기록하여야 한다.

③ 순회점검공무원은 법 제117조 제1항의 청원에 관하여 결정을 한 경우에는 그 요지를 청원부에 기록하여야 한다.

④ 순회점검공무원은 법 제117조 제1항의 청원을 스스로 결정하는 것이 부적당하다고 인정하는 경우에는 그 내용을 (ⓓ)에게 보고하여야 한다.

⑤ 수용자의 청원처리의 기준 · 절차 등에 관하여 필요한 사항은 (ⓔ)이 정한다.

정답
ⓐ 인적사항
ⓑ 말, ⓒ 요지
ⓓ 법무부장관
ⓔ 법무부장관

제117조의2 【정보공개청구】

① 수용자는 「공공기관의 정보공개에 관한 법률」에 따라 (ⓐ)에게 정보의 공개를 청구(ⓑ).

② 현재의 수용기간 동안 법무부장관, 지방교정청장 또는 소장에게 제1항에 따른 정보공개청구를 한 후 정당한 사유 없이 그 청구를 취하하거나 「공공기관의 정보공개에 관한 법률」 제17조에 따른 비용을 납부하지 아니한 사실이 (ⓒ) 이상 있는 수용자가 제1항에 따른 정보공개청구를 한 경우에 법무부장관, 지방교정청장 또는 소장은 그 수용자에게 정보의 공개 및 우송 등에 들 것으로 예상되는 비용을 (ⓓ) 납부하게 (ⓔ).

③ 제2항에 따라 정보의 공개 및 우송 등에 들 것으로 예상되는 비용을 미리 납부하여야 하는 수용자가 비용을 납부하지 아니한 경우 법무부장관, 지방교정청장 또는 소장은 그 비용을 납부할 때까지 「공공기관의 정보공개에 관한 법률」 제11조에 따른 정보공개 여부의 결정을 (ⓕ)할 수 있다.

④ 제2항에 따른 예상비용의 산정방법, 납부방법, 납부기간, 그 밖에 비용 납부에 관하여 필요한 사항은 (ⓖ)으로 정한다.

정답
ⓐ 법무부장관, 지방교정청장 또는 소장.
ⓑ 할 수 있다
ⓒ 2회, ⓓ 미리
ⓔ 할 수 있다
ⓕ 유예
ⓖ 대통령령

시행령

제139조의2 【정보공개의 예상비용 등】

① 법 제117조의2 제2항에 따른 예상비용은 「공공기관의 정보공개에 관한 법률 시행령」 제17조에 따른 수수료와 우편요금(공개되는 정보의 사본·출력물·복제물 또는 인화물을 우편으로 송부하는 경우로 한정한다)을 기준으로 공개를 청구한 정보가 (ⓐ 　　　) 공개되었을 경우에 예상되는 비용으로 한다.

② 법무부장관, 지방교정청장 또는 소장은 법 제117조의2 제2항에 해당하는 수용자<정보공개청구를 한 후 정당한 사유 없이 그 청구를 취하하거나 정보공개결정 후 정보공개 등에 소요되는 비용을 납부하지 않은 사실이 2회 이상 있는 수용자>가 정보공개의 청구를 한 경우에는 청구를 한 날부터 (ⓑ 　　　) 이내에 제1항에 따른 비용을 산정하여 해당 수용자에게 (ⓒ 　　) 납부할 것을 (ⓓ 　　　　　　).

③ 제2항에 따라 비용납부의 통지를 받은 수용자는 그 통지를 받은 날부터 (ⓔ 　　) 이내에 현금 또는 수입인지로 법무부장관, 지방교정청장 또는 소장에게 (ⓕ 　　　　　　).

④ 법무부장관, 지방교정청장 또는 소장은 수용자가 제1항에 따른 비용을 제3항에 따른 납부기한까지 납부하지 아니한 경우에는 해당 수용자에게 정보공개 여부 결정의 (ⓖ 　　　　　　).

⑤ 법무부장관, 지방교정청장 또는 소장은 제1항에 따른 비용이 납부되면 신속하게 정보공개 여부의 결정을 (ⓗ 　　　　　　).

⑥ 법무부장관, 지방교정청장 또는 소장은 비공개 결정을 한 경우에는 제3항에 따라 납부된 비용의 (ⓘ 　　　)를 반환하고 부분공개 결정을 한 경우에는 공개 결정한 부분에 대하여 드는 비용을 (ⓙ 　　　) 금액을 반환하여야 한다.

⑦ 제2항부터 제5항까지의 규정에도 불구하고 법무부장관, 지방교정청장 또는 소장은 제1항에 따른 비용이 납부되기 전에 정보공개 여부의 결정을 (ⓚ 　　　).

⑧ 제1항에 따른 비용의 세부적인 납부방법 및 반환방법 등에 관하여 필요한 사항은 (ⓛ 　　　　　)이 정한다.

정답
ⓐ 모두
ⓑ 7일, ⓒ 미리
ⓓ 통지할 수 있다
ⓔ 7일
ⓕ 납부하여야 한다
ⓖ 유예를 통지할 수 있다
ⓗ 하여야 한다
ⓘ 전부
ⓙ 제외한
ⓚ 할 수 있다
ⓛ 법무부장관

제118조 【불이익처우 금지】

수용자는 청원, 진정, 소장과의 면담, 그 밖의 권리구제를 위한 행위를 하였다는 이유로 (ⓐ 　　　　　) 처우를 받지 아니한다.

정답
ⓐ 불이익한

제3편 수용의 종료

제1장 가석방

제119조【가석방심사위원회】
「형법」 제72조에 따른 가석방의 적격 여부를 심사하기 위하여 (ⓐ) 소속으로 가석방심사위원회(이하 이 장에서 "위원회"라 한다)를 둔다.

정답
ⓐ 법무부장관

제120조【위원회의 구성】
① 위원회는 위원장을 (ⓐ)한 5명 이상 9명 이하의 위원으로 구성한다.
② 위원장은 (ⓑ)이 되고, 위원은 판사, 검사, 변호사, 법무부 소속 공무원, 교정에 관한 학식과 경험이 풍부한 사람 중에서 (ⓒ)이 임명 또는 위촉한다.
③ 위원회의 심사과정 및 심사내용의 공개범위와 공개시기는 다음 각 호와 같다. 다만, 제2호 및 제3호의 내용 중 개인의 신상을 특정할 수 있는 부분은 (ⓓ)하고 공개하되, 국민의 알권리를 충족할 필요가 있는 등의 사유가 있는 경우에는 위원회가 달리 의결할 수 있다.
  1. 위원의 명단과 경력사항은 임명 또는 위촉한 (ⓔ)
  2. 심의서는 해당 (ⓕ) 등을 한 후부터 즉시
  3. 회의록은 해당 가석방 결정 등을 한 후 (ⓖ)이 경과한 때부터
④ 위원회의 위원 중 공무원이 아닌 사람은 「형법」 제127조<공무상 비밀의 누설> 및 제129조부터 제132조까지<수뢰 · 사전수뢰, 제3자 뇌물제공, 수뢰후 부정처사 · 사후수뢰, 알선수뢰>의 규정을 적용할 때에는 공무원으로 본다.
⑤ 그 밖에 위원회에 관하여 필요한 사항은 (ⓗ)으로 정한다.

정답
ⓐ 포함
ⓑ 법무부차관
ⓒ 법무부장관
ⓓ 삭제
ⓔ 즉시
ⓕ 가석방 결정
ⓖ 5년
ⓗ 법무부령

제121조【가석방 적격심사】
① 소장은 「형법」 제72조 제1항<무기형은 20년, 유기형은 형기의 3분의 1>의 기간이 지난 수형자에 대하여는 (ⓐ)으로 정하는 바에 따라 위원회에 가석방 적격심사를 신청하여야 한다.
② 위원회는 수형자의 나이, (ⓑ), 죄명, 형기, (ⓒ), 건강상태, 가석방 후의 생계능력, 생활환경, (ⓓ), 그 밖에 필요한 사정을 고려하여 가석방의 적격 여부를 결정한다.

정답
ⓐ 법무부령
ⓑ 범죄동기
ⓒ 교정성적
ⓓ 재범의 위험성

제122조【가석방 허가】
① (ⓐ)는 가석방 적격결정을 하였으면 (ⓑ) 이내에 (ⓒ)에게 가석방 허가를 신청하여야 한다.
② (ⓓ)은 제1항에 따른 위원회의 가석방 허가신청이 적정하다고 인정하면 허가할 수 있다.

정답
ⓐ 위원회, ⓑ 5일
ⓒ 법무부장관
ⓓ 법무부장관

제2장 석방

제123조 【석방】
소장은 (ⓐ　　　)·형기종료 또는 (ⓑ　　　　　　　　)에 따라 수용자를 석방한다.

정답
ⓐ 사면
ⓑ 권한이 있는 사람의 명령

제124조 【석방시기】
① 사면, 가석방, 형의 집행면제, 감형에 따른 석방은 그 서류가 교정시설에 도달한 후 (ⓐ　　　) 이내에 하여야 한다. 다만, 그 서류에서 석방일시를 지정하고 있으면 그 일시에 한다.
② 형기종료에 따른 석방은 (ⓑ　　　　　)에 하여야 한다.
③ 권한이 있는 사람의 명령에 따른 석방은 서류가 도달한 후 (ⓒ　　　) 이내에 하여야 한다.

정답
ⓐ 12시간
ⓑ 형기종료일
ⓒ 5시간

제125조 【피석방자의 일시수용】
소장은 피석방자가 질병이나 그 밖에 피할 수 없는 사정으로 귀가하기 곤란한 경우에 (ⓐ　　　)의 신청이 있으면 일시적으로 교정시설에 수용할 수 있다.

정답
ⓐ 본인

제126조 【귀가여비의 지급 등】
소장은 피석방자에게 귀가에 필요한 여비 또는 의류가 없으면 법무부장관이 정하는 범위에서 이를 (ⓐ　　　　　　　　　).

정답
ⓐ 지급하거나 빌려줄 수 있다

제126조의2 【석방예정자의 수용이력 등 통보】
① 소장은 석방될 수형자의 재범방지, 자립지원 및 피해자 보호를 위하여 필요하다고 인정하면 해당 수형자의 (ⓐ　　　　　) 또는 사회복귀에 관한 의견을 그의 거주지를 관할하는 경찰관서나 자립을 지원할 (ⓑ　　　) 또는 (ⓒ　　　)에게 통보할 수 있다. 다만, 법인 또는 개인에게 통보하는 경우에는 해당 수형자의 (ⓓ　　　)를 받아야 한다.
② 제1항에 따라 통보하는 수용이력 또는 사회복귀에 관한 의견의 구체적인 사항은 대통령령으로 정한다.

정답
ⓐ 수용이력, ⓑ 법인
ⓒ 개인, ⓓ 동의

제3장 사망

제127조 【사망 알림】
소장은 수용자가 사망한 경우에는 그 사실을 (ⓐ   ) 그 가족(가족이 없는 경우에는 다른 친족)에게 알려야 한다.

정답
ⓐ 즉시

제128조 【시신의 인도 등】
① 소장은 사망한 수용자의 친족 또는 특별한 연고가 있는 사람이 그 시신 또는 유골의 (ⓐ   )를 청구하는 경우에는 인도하여야 한다. 다만, 제3항에 따라 자연장(自然葬)을 하거나 집단으로 매장을 한 후에는 그러하지 아니하다.
② 소장은 제127조에 따라 수용자가 사망한 사실을 알게 된 사람이 다음 각 호의 어느 하나에 해당하는 기간 이내에 그 시신을 인수하지 아니하거나 시신을 인수할 사람이 없으면 임시로 매장하거나 화장(火葬) 후 (ⓑ   )하여야 한다. 다만, 감염병 예방 등을 위하여 필요하면 즉시 화장하여야 하며, 그 밖에 필요한 조치를 할 수 있다.
　1. 임시로 매장하려는 경우: 사망한 사실을 알게 된 날부터 (ⓒ   )
　2. 화장하여 봉안하려는 경우: 사망한 사실을 알게 된 날부터 (ⓓ   )
③ 소장은 제2항에 따라 시신을 임시로 매장하거나 화장하여 봉안한 후 2년이 지나도록 시신의 인도를 청구하는 사람이 없을 때에는 다음 각 호의 구분에 따른 방법으로 처리할 수 있다.
　1. 임시로 매장한 경우: 화장 후 자연장을 하거나 일정한 장소에 집단으로 매장
　2. 화장하여 봉안한 경우: 자연장
④ 소장은 병원이나 그 밖의 연구기관이 학술연구상의 필요에 따라 수용자의 시신인도를 신청하면 (ⓔ   )의 유언 또는 상속인의 승낙이 있는 경우에 한하여 인도할 수 있다.
⑤ 소장은 수용자가 사망하면 법무부장관이 정하는 범위에서 화장 · 시신인도 등에 필요한 비용을 인수자에게 (ⓕ   ).

정답
ⓐ 인도
ⓑ 봉안
ⓒ 3일
ⓓ 60일
ⓔ 본인
ⓕ 지급할 수 있다

제4편 교정자문위원회 등

제1장 민간인의 교정참여

제129조【교정자문위원회】

① 수용자의 관리·교정교화 등 사무에 관한 지방교정청장의 자문에 응하기 위하여 (ⓐ)에 교정자문위원회(이하 이 조에서 "위원회"라 한다)를 둔다.

② 위원회는 (ⓑ)의 위원으로 성별을 고려하여 구성하고, 위원장은 위원 중에서 (ⓒ)하며, 위원은 교정에 관한 학식과 경험이 풍부한 외부인사 중에서 (ⓓ)의 추천을 받아 (ⓔ)이 위촉한다.

③ 이 법에 규정된 사항 외에 위원회에 관하여 필요한 사항은 법무부령으로 정한다.

정답
ⓐ 지방교정청
ⓑ 10명 이상 15명 이하
ⓒ 호선
ⓓ 지방교정청장
ⓔ 법무부장관

제130조【교정위원】

① 수용자의 교육·교화·의료, 그 밖에 수용자의 처우를 후원하기 위하여 (ⓐ)에 교정위원을 둘 수 있다.

② 교정위원은 명예직으로 하며 (ⓑ)의 추천을 받아 (ⓒ)이 위촉한다.

정답
ⓐ 교정시설
ⓑ 소장, ⓒ 법무부장관

제131조【기부금품의 접수】

소장은 기관·단체 또는 개인이 수용자의 교화 등을 위하여 교정시설에 자발적으로 기탁하는 금품을 (ⓐ).

정답
ⓐ 받을 수 있다

제5편 벌칙

제132조 【금지물품을 지닌 경우】

① 수용자가 제92조 제2항을 위반하여 소장의 허가 없이 무인비행장치, 전자 · 통신기기를 지닌 경우 (ⓐ)의 벌금에 처한다.

② 수용자가 제92조 제1항 제3호를 위반하여 주류 · 담배 · 화기 · 현금 · 수표를 지닌 경우 (ⓑ) 의 벌금에 처한다.

정답

ⓐ 2년 이하의 징역 또는 2천만원 이하

ⓑ 1년 이하의 징역 또는 1천만원 이하

제133조 【금지물품의 반입】

① 소장의 허가 없이 무인비행장치, 전자 · 통신기기를 교정시설에 반입한 사람은 (ⓐ)의 벌금에 처한다.

② 주류 · 담배 · 화기 · 현금 · 수표 · 음란물 · 사행행위에 사용되는 물품을 수용자에게 전달할 목적으로 교정시설에 반입한 사람은 (ⓑ) 의 벌금에 처한다.

③ 상습적으로 제2항의 죄를 범한 사람은 (ⓒ)의 벌금에 처한다.

정답

ⓐ 3년 이하의 징역 또는 3천만원 이하

ⓑ 1년 이하의 징역 또는 1천만원 이하

ⓒ 2년 이하의 징역 또는 2천만원 이하

제134조 【출석의무 위반 등】

다음 각 호의 어느 하나에 해당하는 행위를 한 수용자는 (ⓐ) 이하의 징역에 처한다.

1. 정당한 사유 없이 제102조 제4항을 위반하여 일시석방 후 (ⓑ)에 교정시설 또는 경찰관서에 출석하지 아니하는 행위
2. 귀휴 · 외부통근, 그 밖의 사유로 소장의 허가를 받아 교도관의 계호 없이 교정시설 밖으로 나간 후에 (ⓒ) 기한까지 돌아오지 아니하는 행위

정답

ⓐ 1년

ⓑ 24시간 이내

ⓒ 정당한 사유 없이

제135조 【녹화 등의 금지】

소장의 허가 없이 교정시설 내부를 녹화 · 촬영한 사람은 (ⓐ) 이하의 벌금에 처한다.

정답

ⓐ 1년 이하의 징역 또는 1천만원

제136조 【미수범】

제133조 및 제135조의 미수범은 처벌한다.

제137조 【몰수】

제132조 및 제133조에 해당하는 금지물품은 몰수한다.

CHAPTER

02 민영교도소 등의 설치 · 운영에 관한 법률 (약칭: 민영교도소법)

【시행 2021. 4. 21.】【법률 제17504호, 2020. 10. 20., 일부개정】

PART 01

제1장 총칙

제1조【목적】

이 법은 「형의 집행 및 수용자의 처우에 관한 법률」 제7조에 따라 교도소 등의 설치 · 운영에 관한 업무의 일부를 민간에 위탁하는 데에 필요한 사항을 정함으로써 교도소 등의 운영의 효율성을 높이고 수용자(收容者)의 처우 향상과 (ⓐ)를 촉진함을 목적으로 한다.

정답

ⓐ 사회복귀

제2조【정의】

이 법에서 사용하는 용어의 뜻은 다음과 같다.

1. "교정업무(矯正業務)"란 「형의 집행 및 수용자의 처우에 관한 법률」 제2조 제4호에 따른 수용자(이하 "수용자"라 한다)의 수용 · 관리, 교정(矯正) · 교화(教化), 직업교육, 교도작업(矯導作業), 분류 · 처우, 그 밖에 「형의 집행 및 수용자의 처우에 관한 법률」에서 정하는 업무를 말한다.
2. "(ⓐ)"란 제3조에 따라 교정업무를 위탁받기로 선정된 자를 말한다.
3. "(ⓑ)"이란 법무부장관으로부터 교정업무를 포괄적으로 위탁받아 교도소 · 소년교도소 또는 구치소 및 그 지소(이하 "교도소등"이라 한다)를 설치 · 운영하는 법인을 말한다.
4. "(ⓒ)"이란 교정법인이 운영하는 교도소등을 말한다.

정답

ⓐ 수탁자(受託者)

ⓑ 교정법인

ⓒ 민영교도소등

제3조【교정업무의 민간 위탁】

① 법무부장관은 필요하다고 인정하면 이 법에서 정하는 바에 따라 교정업무를 공공단체 외의 (ⓐ) 또는 그 기관이나 (ⓑ)에게 위탁할 수 있다. 다만, 교정업무를 포괄적으로 위탁하여 한 개 또는 여러 개의 교도소등을 설치 · 운영하도록 하는 경우에는 (ⓒ)에만 위탁할 수 있다.

② 법무부장관은 교정업무의 수탁자를 선정하는 경우에는 수탁자의 인력 · 조직 · 시설 · 재정능력 · 공신력 등을 종합적으로 검토한 후 적절한 자를 (ⓓ).

③ 제2항에 따른 선정방법, 선정절차, 그 밖에 수탁자의 선정에 관하여 필요한 사항은 (ⓔ)이 정한다.

정답

ⓐ 법인 · 단체, ⓑ 개인

ⓒ 법인

ⓓ 선정하여야 한다

ⓔ 법무부장관

제4조【위탁계약의 체결】

① (ⓐ　　　　)은 교정업무를 위탁하려면 수탁자와 대통령령으로 정하는 방법으로 계약(이하 "위탁계약"이라 한다)을 체결하여야 한다.

② 법무부장관은 필요하다고 인정하면 민영교도소 등의 직원이 담당할 업무와 민영교도소등에 파견된 소속 공무원이 담당할 업무를 (ⓑ　　　)하여 위탁계약을 체결할 수 있다.

③ 법무부장관은 위탁계약을 체결하기 전에 계약 내용을 (ⓒ　　　　　)과 미리 협의하여야 한다.

④ 위탁계약의 기간은 다음 각 호와 같이 하되, 그 기간은 갱신할 수 있다.
1. 수탁자가 교도소 등의 설치비용을 부담하는 경우 : (ⓓ　　　　　)
2. 그 밖의 경우 : (ⓔ　　　　　)

정답
ⓐ 법무부장관
ⓑ 구분
ⓒ 기획재정부장관
ⓓ 10년 이상 20년 이하
ⓔ 1년 이상 5년 이하

제5조【위탁계약의 내용】

① 위탁계약에는 다음 각 호의 사항이 포함되어야 한다.
1. 위탁업무를 수행할 때 수탁자가 제공하여야 하는 (ⓐ　　　　　)의 기준에 관한 사항
2. 수탁자에게 지급하는 위탁의 대가와 그 금액의 (ⓑ　　　　　)방법에 관한 사항
3. 계약기간에 관한 사항과 계약기간의 (ⓒ　　　　　) 및 계약의 해지에 관한 사항
4. 교도작업에서의 (ⓓ　　　　　　　　) 지급에 관한 사항
5. 위탁업무를 (ⓔ　　　)할 수 있는 범위에 관한 사항
6. 위탁수용 대상자의 (ⓕ　　　)에 관한 사항
7. 그 밖에 법무부장관이 필요하다고 인정하는 사항

② 법무부장관은 제1항 제6호에 따른 위탁수용 대상자의 범위를 정할 때에는 수탁자의 관리능력, 교도소 등의 안전과 질서, 위탁수용이 수용자의 사회복귀에 유용한지 등을 고려하여야 한다.

정답
ⓐ 시설과 교정업무
ⓑ 조정 및 지급
ⓒ 수정 · 갱신
ⓓ 작업장려금 · 위로금 및 조위금
ⓔ 재위탁
ⓕ 범위

제6조 【위탁업무의 정지】

① 법무부장관은 수탁자가 이 법 또는 이 법에 따른 명령이나 처분을 위반하면 (ⓐ　　) 이내의 기간을 정하여 위탁업무의 (ⓑ　　　)의 정지를 명할 수 있다.

② 법무부장관은 제1항에 따른 정지명령을 한 경우에는 소속 공무원에게 정지된 위탁업무를 처리하도록 (ⓒ　　　　).

③ 법무부장관은 제1항에 따른 정지명령을 할 때 제2항을 적용하기 어려운 사정이 있으면 그 사정이 해결되어 없어질 때까지 정지명령의 집행을 (ⓓ　　)할 수 있다.

정답

ⓐ 6개월,
ⓑ 전부 또는 일부
ⓒ 하여야 한다
ⓓ 유예

제7조 【위탁계약의 해지】

① 법무부장관은 수탁자가 다음 각 호의 어느 하나에 해당하면 위탁계약을 해지할 수 있다.

1. 제22조 제2항에 따른 (ⓐ　　　　)을 받고 상당한 기간이 지난 후에도 이행하지 아니한 경우
2. 이 법 또는 이 법에 따른 명령이나 처분을 크게 위반한 경우로서 제6조 제1항에 따른 위탁업무의 정지명령으로는 (ⓑ　　)의 목적을 달성할 수 없는 경우
3. 사업 (ⓒ　　)의 현저한 부실 또는 재무구조의 악화, 그 밖의 사유로 이 법에 따른 위탁업무를 계속하는 것이 적합하지 아니하다고 인정되는 경우

② 법무부장관과 수탁자는 위탁계약으로 정하는 바에 따라 계약을 해지 (ⓓ　　　　).

정답

ⓐ 보정명령
ⓑ 감독
ⓒ 경영
ⓓ 할 수 있다

제2장 교정법인

제10조 【교정법인의 정관 변경 등】

① 제3조 제1항 단서에 따라 교정업무를 위탁받은 법인은 위탁계약을 이행하기 전에 법인의 목적사업에 민영교도소 등의 설치 · 운영이 포함되도록 정관(定款)을 (ⓐ   ).

② 제1항에 따른 정관 변경과 교정법인의 정관 변경은 (ⓑ   )의 인가를 받아야 한다. 다만, 대통령령으로 정하는 경미한 사항의 변경은 법무부장관에게 (ⓒ   )하여야 한다.

정답
ⓐ 변경하여야 한다
ⓑ 법무부장관
ⓒ 신고

제11조 【임원】

① 교정법인은 (ⓐ   ) 중에서 위탁업무를 전담하는 자를 선임(選任)하여야 한다.

② 교정법인의 대표자 및 감사와 제1항에 따라 위탁업무를 전담하는 이사(이하 "임원"이라 한다)는 (ⓑ   )의 승인을 받아 취임한다.

③ 교정법인 이사의 (ⓒ   )는 대한민국 국민이어야 하며, 이사의 (ⓓ   )은 교정업무에 종사한 경력이 (ⓔ   ) 이상이어야 한다.

④ 다음 각 호의 어느 하나에 해당하는 자는 교정법인의 임원이 될 수 없으며, 임원이 된 후 이에 해당하게 되면 임원의 직을 상실한다.

1. 「국가공무원법」 제33조 <결격사유> 각 호의 어느 하나에 해당하는 자
2. 제12조 <임원 취임의 취소>에 따라 임원취임 승인이 취소된 후 2년이 지나지 아니한 자
3. 제36조 <징계처분 명령>에 따른 해임명령으로 해임된 후 2년이 지나지 아니한 자

⑤ 교정법인 임원의 임기, 직무, 결원 보충 및 임시이사 선임에 필요한 사항은 (ⓕ   )으로 정한다.

정답
ⓐ 이사
ⓑ 법무부장관
ⓒ 과반수
ⓓ 5분의 1 이상
ⓔ 5년
ⓕ 대통령령

제12조 【임원취임의 승인 취소】

임원이 다음 각 호의 어느 하나에 해당하는 행위를 하면 법무부장관은 취임 승인을 취소할 수 있다.

1. 제13조 <임원 등의 겸직금지>를 위반하여 (ⓐ)하는 경우
2. 제25조 제2항 <수용거절을 할 수 없음>을 위반하여 (ⓑ)하는 경우
3. 제42조 <벌칙>에 따라 징역형 또는 벌금형의 선고를 받아 그 형이 (ⓒ)된 경우
4. 임원 간의 분쟁, 회계부정, 법무부장관에게 허위로 보고하거나 허위자료를 제출하는 행위 또는 정당한 사유 없이 위탁업무 수행을 거부하는 행위 등의 현저한 (ⓓ) 등으로 해당 교정법인의 설립 목적을 달성할 수 없게 한 경우

정답
ⓐ 겸직
ⓑ 수용을 거절
ⓒ 확정
ⓓ 부당행위

제13조 【임원 등의 겸직 금지】

① 교정법인의 대표자는 그 교정법인이 운영하는 (ⓐ)을 겸할 수 없다.

② 이사는 감사나 해당 교정법인이 운영하는 민영교도소 등의 (ⓑ)(민영교도소 등의 장은 (ⓒ)한다)을 겸할 수 없다.

③ 감사는 교정법인의 (ⓓ)(그 교정 법인이 운영하는 민영교도소 등의 직원을 포함한다)을 겸할 수 없다.

정답
ⓐ 민영교도소 등의 장
ⓑ 직원
ⓒ 제외
ⓓ 대표자·이사 또는 직원

제14조 【재산】

① (ⓐ)은 대통령령으로 정하는 기준에 따라 민영교도소 등의 운영에 필요한 기본재산을 갖추어야 한다.

② 교정법인은 기본재산에 대하여 다음 각 호의 행위를 하려면 (ⓑ)의 허가를 받아야 한다. 다만, 대통령령으로 정하는 경미한 사항은 법무부장관에게 (ⓒ)하여야 한다.

1. 매도·증여 또는 교환
2. 용도 변경
3. 담보 제공
4. 의무의 부담이나 권리의 포기

③ 교정법인의 재산 중 교도소등 수용시설로 직접 사용되고 있는 것으로서 대통령령으로 정하는 것은 국가 또는 다른 교정법인 외의 자에게 (ⓓ) 또는 (ⓔ)하거나 (ⓕ)로 제공할 수 없다.

정답
ⓐ 교정법인
ⓑ 법무부장관, ⓒ 신고
ⓓ 매도·증여
ⓔ 교환, ⓕ 담보

제15조【회계의 구분】

① 교정법인의 회계는 그가 운영하는 (ⓐ)에 관한 회계와 (ⓑ)의 일반업무에 관한 회계로 구분한다.

② 제1항에 따른 민영교도소 등의 설치 · 운영에 관한 회계는 (ⓒ) 회계와 (ⓓ)회계로 구분하며, 각 회계의 세입 · 세출에 관한 사항은 대통령령으로 정한다.

③ 제1항에 따른 법인의 일반업무에 관한 회계는 (ⓔ) 업무회계와 (ⓕ)사업회계로 구분할 수 있다.

④ 제2항에 따른 민영교도소 등의 설치 · 운영에 관한 회계의 예산은 민영교도소 등의 장이 편성하여 교정법인의 이사회가 심의 · 의결하고 (ⓖ)이 집행한다.

정답

ⓐ 민영교도소 등의 설치 · 운영
ⓑ 법인
ⓒ 교도작업, ⓓ 일반
ⓔ 일반, ⓕ 수익
ⓖ 민영교도소 등의 장

제3장 민영교도소 등의 설치 · 운영

제20조 【민영교도소 등의 시설】
교정법인이 민영교도소등을 설치 · 운영할 때에는 (ⓐ   )으로 정하는 기준에 따른 시설을 갖추어야 한다.

정답
ⓐ 대통령령

제23조 【운영 경비】
① 법무부장관은 사전에 (ⓐ   )과 협의하여 민영교도소등을 운영하는 교정법인에 대하여 매년 그 교도소 등의 운영에 필요한 경비를 지급한다.
② 제1항에 따른 연간 지급 경비의 기준은 다음 각 호의 사항 등을 고려하여 예산의 범위에서 법무부장관이 정한다.
1. 투자한 고정자산의 가액(價額)
2. 민영교도소 등의 운영 경비
3. 국가에서 직접 운영할 경우 드는 경비

정답
ⓐ 기획재정부장관

PART 01

제25조 【수용자의 처우】
① 교정법인은 위탁업무를 수행할 때 같은 유형의 수용자를 수용 · 관리하는 국가운영의 교도소등과 (ⓐ   )의 교정서비스를 제공하여야 한다.
② 교정법인은 민영교도소등에 수용되는 자에게 특별한 사유가 있다는 이유로 수용을 (ⓑ   ). 다만, 수용 · 작업 · 교화, 그 밖의 처우를 위하여 특별히 필요하다고 인정되는 경우에는 (ⓒ   )에게 수용자의 이송(移送)을 신청할 수 있다.
③ 교정법인의 임직원과 민영교도소 등의 장 및 직원은 수용자에게 특정 (ⓓ   )을 강요하여서는 아니 된다.

정답
ⓐ 동등한 수준 이상
ⓑ 거절할 수 없다
ⓒ 법무부장관
ⓓ 종교나 사상

제26조 【작업 수입】
민영교도소등에 수용된 수용자가 작업하여 생긴 수입은 (ⓐ   )으로 한다.

정답
ⓐ 국고수입

제4장 민영교도소 등의 직원

제29조 【임면 등】

① 교정법인의 (ⓐ　　　)는 민영교도소 등의 직원을 임면(任免)한다. 다만, 민영교도소 등의 장 및 대통령령으로 정하는 직원을 임면할 때에는 (ⓑ　　　) 법무부장관의 승인을 받아야 한다.

② 교정법인의 대표자는 민영교도소 등의 장 외의 직원을 임면할 권한을 민영교도소 등의 장에게 (ⓒ　　　)할 수 있다.

③ 민영교도소 등의 직원의 임용 자격, 임용 방법, 교육 및 징계에 관하여는 (ⓓ　　　　)으로 정한다.

정답
ⓐ 대표자, ⓑ 미리
ⓒ 위임
ⓓ 대통령령

시행령

제20조 【직권면직】

① 교정법인은 민영교도소 등의 직원이 신체적 · 정신적 이상으로 직무를 감당하지 못하거나 인원의 감축으로 정원이 초과되었을 때 또는 위탁업무의 정지명령을 받았거나 위탁계약이 해지되었을 때에는 (ⓐ　　　)으로 면직시킬 수 있다.

② 교정법인이 제1항에 따라 민영교도소 등의 직원을 직권으로 면직시켰을 때에는 (ⓑ　　　) 이내에 그 사실을 (ⓒ　　　　　)에게 보고하여야 한다.

정답
ⓐ 직권
ⓑ 5일, ⓒ 법무부장관

제31조 【제복 착용과 무기 구입】

① 민영교도소 등의 직원은 근무 중 법무부장관이 정하는 (ⓐ　　　)을 입어야 한다.

② 민영교도소 등의 운영에 필요한 무기는 해당 (ⓑ　　　　)의 부담으로 (ⓒ　　　　　)이 구입하여 배정한다.

③ 민영교도소 등의 무기 구입 · 배정에 필요한 사항은 법무부장관이 정한다.

정답
ⓐ 제복
ⓑ 교정법인
ⓒ 법무부장관

제5장 지원 · 감독 등

제32조【지원】
법무부장관은 필요하다고 인정하면 (ⓐ)으로 또는 해당 교정법인이나 민영교도소 등의 장의 신청을 받아 민영교도소등에 소속 공무원을 (ⓑ)하여 업무를 지원하게 할 수 있다.

정답
ⓐ 직권, ⓑ 파견

제33조【감독 등】
① 법무부장관은 민영교도소 등의 업무 및 그와 관련된 교정법인의 업무를 지도 · 감독하며, 필요한 경우 지시나 명령을 할 수 있다. 다만, 수용자에 대한 교육과 교화프로그램에 관하여는 그 (ⓐ)의 의견을 최대한 존중하여야 한다.
② 법무부장관은 제1항에 따른 지도 · 감독상 필요하다고 인정하면 민영교도소등에 소속 공무원을 파견하여 그 민영교도소 등의 업무를 (ⓑ)하게 하여야 한다.
③ 교정법인 및 민영교도소 등의 장은 (ⓒ) 소속 직원의 근무 상황을 감독하고 필요한 교육을 하여야 한다.

정답
ⓐ 교정법인
ⓑ 지도 · 감독
ⓒ 항상

제35조【위탁업무의 감사】
① 법무부장관은 위탁업무의 처리 결과에 대하여 (ⓐ) 감사를 하여야 한다.
② (ⓑ)은 제1항에 따른 감사 결과 위탁업무의 처리가 위법 또는 부당하다고 인정되면 해당 교정법인이나 민영교도소등에 대하여 적절한 시정조치를 명할 수 있으며, 관계 임직원에 대한 인사 조치를 요구할 수 있다.

정답
ⓐ 매년 1회 이상
ⓑ 법무부장관

제36조【징계처분명령 등】
① 법무부장관은 민영교도소 등의 직원이 위탁업무에 관하여 이 법 또는 이 법에 따른 명령이나 처분을 위반하면 그 직원의 (ⓐ)에게 해임이나 정직 · 감봉 등 징계처분을 하도록 (ⓑ).
② 교정법인 또는 민영교도소 등의 장은 제1항에 따른 징계처분명령을 받으면 (ⓒ) 징계처분을 하고 법무부장관에게 보고하여야 한다.

정답
ⓐ 임면권자
ⓑ 명할 수 있다
ⓒ 즉시

CHAPTER

03 교도작업의 운영 및 특별회계에 관한 법률 (약칭: 교도작업법)

【시행 2013. 4. 5.】【법률 제11727호, 2013. 4. 5., 일부개정】

제1조 【목적】
이 법은 교도작업의 관리 및 교도작업특별회계의 설치·운용에 관한 사항을 규정함으로써 효율적이고 합리적인 교도작업의 운영을 도모함을 목적으로 한다.

제2조 【정의】
이 법에서 사용하는 용어의 정의는 다음과 같다.
1. "교도작업"이란 교정시설의 수용자에게 부과하는 작업을 말한다.
2. "공공기관"이란 공공기관의 운영에 관한 법률 제4조부터 제6조까지의 규정에 따라 지정·고시된 기관을 말한다.

제3조 【다른 법률의 적용】
교도작업에 관하여 이 법에 규정된 것을 제외하고는 형의 집행 및 수용자의 처우에 관한 법률을 적용한다.

제4조 【교도작업제품의 공고】
법무부장관은 교도작업으로 생산되는 제품의 종류와 수량을 (ⓐ　　　　　) 까지 공고하여야 한다.

정답
ⓐ 회계연도 개시 1개월 전

시행령

제5조 【교도작업제품의 종류 및 수량의 공고】

① (ⓐ　　　　　)은 제3조에 따라 제출된 생산공급계획과 제4조에 따라 제출된 자료를 검토하고 다음 각 호의 사항을 고려하여 법 제4조에서 정한 기한까지 다음 연도에 생산할 교도작업제품의 종류와 수량을 결정하여 공고하여야 한다.
1. 교정시설의 자체 수요품이 우선적으로 포함될 것
2. 국민생활에 도움이 될 것
3. 특별회계의 건전한 운영에 도움을 줄 수 있을 것

② (ⓑ　　　　　)은 교도작업제품을 공급할 수 없을 때에는 해당 지역 또는 해당 수요기관을 (ⓒ　　　) 공고하여야 한다.

정답
ⓐ 법무부장관
ⓑ 법무부장관
ⓒ 미리

시행규칙

제6조 【교도작업의 종류】

① 영 제6조에 따른 교도작업의 종류는 다음 각 호와 같다

1. (ⓐ　　　): 법 제6조에 따른 민간기업의 참여 없이 교도작업제품을 생산하는 작업
2. (ⓑ　　　): 법 제6조에 따라 교도작업에 참여한 민간기업을 통하여 교도작업제품을 생산하는 작업
3. (ⓒ　　　): 수용자의 노무를 제공하여 교도작업제품을 생산하는 작업
4. (ⓓ　　　): 국가와 제3자 간의 공사 도급계약에 따라 수용자에게 부과하는 작업

② 소장은 제1항에 따른 작업을 중지하려면 (ⓔ　　　)의 승인을 받아야 한다.

정답
ⓐ 직영작업
ⓑ 위탁작업
ⓒ 노무작업
ⓓ 도급작업
ⓔ 지방교정청장

제5조 【교도작업제품의 우선구매】

국가, 지방자치단체 또는 공공기관은 그가 필요로 하는 물품이 제4조에 따라 공고된 것인 경우에는 공고된 제품 중에서 (ⓐ　　　)으로 구매하여야 한다.

정답
ⓐ 우선적

제6조 【교도작업에의 민간참여】

① (ⓐ　　　)은 형의 집행 및 수용자의 처우에 관한 법률 제68조(외부통근작업 등)에 따라 수형자가 외부기업체 등에 통근 작업하거나 교정시설의 안에 설치된 외부기업체의 작업장에서 작업할 수 있도록 민간기업을 참여하게 하여 교도작업을 운영할 수 있다.

② (ⓑ　　　)은 제1항에 따라 민간기업이 참여할 교도작업(이하 이 조에서 "민간참여작업"이라 한다)의 내용을 해당 기업체와의 계약으로 정하고 이에 대하여 법무부장관의 승인(재계약의 경우에는 (ⓒ　　　)의 승인)을 받아야 한다. 다만, 법무부장관이 정하는 (ⓓ　　　)의 계약에 대하여는 그러하지 아니하다.

③ 제1항 및 제2항에 따른 민간기업의 참여 절차, 민간참여작업의 종류, 그 밖에 민간참여작업의운영에 필요한 사항은 형의 집행 및 수용자의 처우에 관한 법률 제68조 제1항의 사항을 고려하여 (ⓔ　　　)이 정한다.

정답
ⓐ 법무부장관
ⓑ 교정시설의 장
ⓒ 지방교정청장
ⓓ 단기
ⓔ 법무부장관

시행규칙

제5조【단기계약】

① 법 제6조 제2항 단서에서 "법무부장관이 정하는 단기의 계약"이란 계약기간이 (ⓐ   )인 계약을 말한다.

② 소장은 제1항에 따른 계약을 체결한 경우에는 지체 없이 (ⓑ   ) 에게 보고하여야 한다.

정답
ⓐ 2개월 이하
ⓑ 법무부장관

시행령

제9조【일반경쟁계약】

특별회계의 세입·세출의 원인이 되는 계약을 담당하는 공무원(이하 "계약담당자"라 한다)은 다음 각 호의 어느 하나에 해당하는 계약으로서 추정가격이 국가를 당사자로 하는 계약에 관한 법률 시행령 제26조 제1항 제5호 가목에 따른 추정가격의 (ⓐ   )를 초과하는 계약을 하려는 경우에는 일반경쟁에 부쳐야 한다.

정답
ⓐ 2배

제10조【수의계약】

계약담당자는 제9조에도 불구하고 다음 각 호의 어느 하나에 해당하는 경우에는 (ⓐ   )으로 할 수 있다.

[추정가격의 2배를 초과하여 일반경쟁 계약의 대상이 되는 경우]

1. (ⓑ   )에 속하거나 속하게 될 재산의 매매
2. (ⓒ   )에 속하는 물건의 구입
3. (ⓓ   ) 과목으로 처리되는 물건의 매도
4. (ⓔ   )으로 처리되는 물건의 구입

[추정가격의 2배를 초과하더라도 수의계약이 가능한 경우]

1. 계약의 성질 또는 목적이 특정된 조건을 필요로 하거나 (ⓕ   ) 이 계약의 성취요건이 되어 대체할 수 없어 경쟁을 할 수 없는 경우
2. (ⓖ   )과 계약을 하는 경우
3. (ⓗ   )으로 인하여 경쟁에 부칠 시간적 여유가 없어 교도작업 및 사업상 지장이 초래된다고 인정되는 경우

정답
ⓐ 수의계약
ⓑ 고정자산
ⓒ 유동자산
ⓓ 잡수익
ⓔ 손실 과목
ⓕ 특정인의 기술 또는 지능
ⓖ 수요기관
ⓗ 예산 또는 자금의 배정 지연

시행규칙

제9조【수의계약의 절차】

① 계약담당자는 계약을 수의계약으로 하려면 교도관직무규칙 제21조에 따른 (ⓐ   )의 심의를 거쳐야 한다.

② 계약담당자가 계약을 수의계약으로 한 경우에는 (ⓑ   )에게 보고하여야 한다.

정답
ⓐ 교도관회의
ⓑ 법무부장관

제7조 【교도작업제품의 민간판매】
교도작업으로 생산된 제품은 민간기업 등에 (ⓐ)판매하거나 (ⓑ) 하여 판매할 수 있다.

정답
ⓐ 직접, ⓑ 위탁

시행령

제7조 【교도작업제품의 판매방법】
(ⓐ)은 교도작업제품의 전시 및 판매를 위하여 필요한 시설을 설치 · 운영하거나 (ⓑ) 등의 방법으로 교도작업제품을 판매할 수 있다.

정답
ⓐ 법무부장관
ⓑ 전자상거래

제8조 【교도작업특별회계의 설치 · 운용】
① 교도작업의 효율적인 운영을 위하여 교도작업특별회계(이하 "특별회계"라 한다)를 설치한다.
② 특별회계는 (ⓐ)이 운용 · 관리한다.

정답
ⓐ 법무부장관

제9조 【특별회계의 세입 · 세출】
① 특별회계의 세입은 다음 각 호와 같다.
1. 교도작업으로 생산된 제품 및 서비스의 판매, 그 밖에 교도작업에 부수되는 (ⓐ)
2. 제10조에 따른 일반회계로부터의 (ⓑ)
3. 제11조에 따른 (ⓒ)

② 특별회계의 세출은 다음 각 호와 같다.
1. 교도작업의 관리, 교도작업 관련 시설의 마련 및 유지 · 보수, 그 밖에 교도작업의 운영을 위하여 (ⓓ)
2. 형의 집행 및 수용자의 처우에 관한 법률 제73조 제2항의 (ⓔ)
3. 형의 집행 및 수용자의 처우에 관한 법률 제74조의 (ⓕ)
4. 수용자의 교도작업 관련 (ⓖ)

정답
ⓐ 수입금
ⓑ 전입금
ⓒ 차입금
ⓓ 필요한 경비
ⓔ 작업장려금
ⓕ 위로금 및 조위금
ⓖ 직업훈련을 위한 경비

제10조 【일반회계로부터의 전입】
특별회계는 세입총액이 세출총액에 미달된 경우 또는 (ⓐ)이나 확장에 필요한 경우에는 예산의 범위에서 (ⓑ)로부터 전입을 받을 수 있다.

정답
ⓐ 시설 개량
ⓑ 일반회계

제11조 【일시 차입 등】

① 특별회계는 지출할 자금이 부족할 경우에는 특별회계의 부담으로 국회의 의결을 받은 금액의 범위에서 (ⓐ　　　)으로 차입하거나 세출예산의 범위에서 수입금 출납공무원 등이 수납한 현금을 (ⓑ　　　) 사용할 수 있다.

② 제1항에 따라 일시적으로 차입하거나 우선 사용한 자금은 해당 회계연도 내에 상환하거나 지출금으로 대체 납입하여야 한다.

정답
ⓐ 일시적, ⓑ 우선

제11조의2 【잉여금의 처리】

특별회계의 결산상 잉여금은 다음 연도의 (ⓐ　　　)에 이입한다.

정답
ⓐ 세입

제12조 【예비비】

특별회계는 예측할 수 없는 예산 외의 지출 또는 예산을 초과하는 지출에 충당하기 위하여 세출예산에 (ⓐ　　　)를 계상할 수 있다

정답
ⓐ 예비비

CHAPTER

04 교도관직무규칙 법무부(교정기획과)

【시행 2023. 1. 11.】【법무부령 제1045호, 2023. 1. 11., 일부개정】

※주요 직무 규칙만 암기 사항으로 정리하였습니다.

제1장 총칙

제1절 _ 통칙

제1조 【목적】

이 규칙은 「형의 집행 및 수용자의 처우에 관한 법률」의 시행을 위하여 (교도관의 직무)에 관한 사항을 정함을 목적으로 한다.

제2조 【정의】

이 규칙에서 사용하는 용어의 뜻은 다음과 같다.

1. "교도관"이란 다음 각 목의 어느 하나에 해당하는 업무를 담당하는 공무원을 말한다.
   가. 수용자의 구금 및 형의 집행
   나. 수용자의 지도, 처우 및 계호(戒護)
   다. 수용자의 보건 및 위생
   라. 수형자의 교도작업 및 직업능력개발훈련
   마. 수형자의 교육 · 교화프로그램 및 사회복귀 지원
   바. 수형자의 분류심사 및 가석방
   사. 교도소 · 구치소 및 그 지소(支所)(이하 "교정시설"이라 한다)의 경계(警戒) 및 운영 · 관리
   아. 그 밖의 교정행정에 관한 사항
2. "교정직교도관"이란 「공무원임용령」 별표 1에 따른 교정직렬공무원을 말한다.
3. "직업훈련교도관"이란 「전문경력관 규정」 제2조제1항에 따른 전문경력관 임용절차에 따라 임용된 사람으로서 「국민 평생 직업능력 개발법」 제33조에 따른 직업능력개발훈련교사를 말한다.
4. "보건위생직교도관"이란 「공무원임용령」 별표 1에 따른 의무 · 약무 · 간호 · 의료기술 · 식품위생직렬공무원을 말하며, 해당 직렬에 따라 각각 의무직교도관, 약무직교도관, 간호직교도관, 의료기술직교도관, 식품위생직교도관으로 한다.
5. "기술직교도관"이란 「공무원임용령」 별표 1에 따른 공업 · 농업 · 시설 · 전산 · 방송통신 · 운전직렬공무원을 말한다.

6. “관리운영직교도관”이란 「공무원임용령」 별표 1에 따른 관리운영직군공무원을 말한다.
7. (ⓐ)이란 직무수행을 할 때 다른 교도관을 지휘 · 감독할 수 있는 직위나 직급에 있는 교도관을 말한다.
8. (ⓑ)란 교정시설의 장(이하 “소장”이라 한다)이 지명하는 교정직 교도관으로서 보안과의 보안업무 전반에 걸쳐 보안과장을 보좌하고, 휴일 또는 야간(당일 오후 6시부터 다음날 오전 9시까지를 말한다. 이하 같다)에 소장을 대리하는 사람을 말한다.

정답
ⓐ “상관”
ⓑ “당직간부”

제2절 _ 근무의 일반원칙

제6조 【직무의 우선순위】

수용자의 도주, 폭행, 소요, 자살 등 구금목적을 해치는 행위에 관한 방지 조치는 (ⓐ) 직무에 우선한다.

정답
ⓐ 다른 모든

제7조 【직무의 처리】

교도관은 직무를 신속 · 정확 · 공정하게 처리하고, 그 결과를 지체 없이 (ⓐ)에게 문서 또는 구두로 보고하여야 한다. 다만, 상관으로부터 특별히 명령받은 직무로서 그 직무처리에 많은 시일이 걸리는 경우에는 그 (ⓑ) 처리상황을 보고하여야 한다.

정답
ⓐ 상관, ⓑ 중간

제8조 【근무장소 이탈금지】

교도관은 (ⓐ)의 허가 없이 또는 정당한 사유 없이 근무장소를 이탈하거나 근무장소 외의 장소에 출입하지 못한다.

정답
ⓐ 상관

제9조 【교도관의 공동근무】

소장은 (ⓐ) 이상의 교도관을 공동으로 근무하게 하는 경우에는 (ⓑ)를 지정하고 직무를 분담시켜 책임한계를 분명히 하여야 한다.

정답
ⓐ 2명, ⓑ 책임자

제10조 【교도관의 지휘 · 감독】

(ⓐ)은 직무수행을 위하여 특히 필요하다고 인정되는 경우에는 그 직무수행에 참여하는 하위직급의 다른 직군 교도관을 지휘 · 감독할 수 있다.

정답
ⓐ 교도관

제12조 【수용자에 대한 호칭】

수용자를 부를 때에는 수용자 (ⓐ)를 사용한다. 다만, 수용자의 심리적 안정이나 교화를 위하여 필요한 경우에는 수용자 (ⓑ)을 함께 부르거나 (ⓒ)만을 부를 수 있다.

정답
ⓐ 번호, ⓑ 번호와 성명
ⓒ 성명

제13조【수용기록부 등의 관리 등】

① 교도관은 수용자의 신상에 변동사항이 있는 경우에는 지체 없이 수용기록부(부속서류를 포함한다), 수용자명부 및 형기종료부 등 관계 서류를 바르게 고쳐 관리 · 보존하여야 한다.

② 교도관은 제1항에 따른 수용자의 신상 관계 서류를 공무상으로 사용하기 위하여 열람 · 복사 등을 하려면 (ⓐ)의 허가를 받아야 한다.

③ 수용자의 신상에 관한 전산자료의 관리 · 보존, 열람 · 출력 등에 관하여는 제1항과 제2항을 준용한다.

정답
ⓐ 상관

제14조【수용자의 손도장 증명】

① 수용자가 작성한 문서로서 해당 수용자의 날인이 필요한 것은 (ⓐ) 엄지손가락으로 손도장을 찍게 한다. 다만, 수용자가 오른손 엄지손가락으로 손도장을 찍을 수 없는 경우에는 (ⓑ) 손가락으로 손도장을 찍게 하고, 그 손도장 옆에 어느 손가락인지를 기록하게 한다.

② 제1항의 경우에는 문서 작성 시 참여한 (ⓒ)이 서명 또는 날인하여 해당 수용자의 손도장임을 증명하여야 한다.

정답
ⓐ 오른손, ⓑ 다른
ⓒ 교도관

제15조【비상소집 응소】

교도관은 천재지변이나 그 밖의 중대한 사태가 발생하여 비상소집 명령을 받은 경우에는 (ⓐ) 소집에 응하여 (ⓑ)의 지시를 받아야 한다.

정답
ⓐ 지체 없이, ⓑ 상관

제16조【소방기구 점검 등】

소장은 교도관으로 하여금 (ⓐ) 소화기 등 소방기구를 점검하게 하고 그 사용법의 교육과 소방훈련을 하게 하여야 한다.

정답
ⓐ 매월 1회 이상

제17조【이송 시 수용기록부 등의 인계】

소장은 다른 교정시설로 수용자를 이송(移送)하는 경우에는 (ⓐ)(부속서류를 포함한다) 등 개별처우에 필요한 자료를 해당 교정시설로 보내야 한다.

정답
ⓐ 수용기록부

제4절 _ 교도관회의

제21조【교도관회의의 설치】

소장의 자문에 응하여 교정행정에 관한 중요한 시책의 집행 방법 등을 심의하게 하기 위하여 (ⓐ) 소속의 교도관회의(이하 이 절에서 "회의"라 한다)를 둔다.

정답
ⓐ 소장

제22조【회의의 구성과 소집】

① 회의는 소장, 부소장 및 각 과의 과장과 소장이 지명하는 6급 이상의 교도관(지소의 경우에는 7급 이상의 교도관)으로 구성된다.

② (ⓐ)은 회의의 의장이 되며, (ⓑ) 회의를 소집하여야 한다.

정답
ⓐ 소장
ⓑ 매주 1회 이상

제2장 교정직교도관의 직무

제1절_직무통칙

제31조 【수용자의 의류 등의 관리】

① 교정직교도관은 수용자가 지급받은 의류, 침구, 그 밖의 생활용품(이하 이 조에서 "의류등"이라 한다)을 낭비하지 아니하도록 지도하여야 한다.
② (ⓐ)은 수용자의 의류등이 오염되거나 파손된 경우에는 (ⓑ)에게 보고하고, 상관의 지시를 받아 교환 · 수리 · 세탁 · 소독 등 적절한 조치를 (ⓒ).

정답
ⓐ 교정직교도관
ⓑ 상관
ⓒ 하여야 한다

제32조 【수용자의 청원 등 처리】

① 교정직교도관은 수용자가 「형의 집행 및 수용자의 처우에 관한 법률」(이하 "법"이라 한다) 제117조에 따른 청원, 「국가인권위원회법」 제31조에 따른 진정 및 「공공기관의 정보공개에 관한 법률」에 따른 정보공개청구 등을 하는 경우에는 (ⓐ)에게 보고하여야 한다.
② 수용자가 상관 등과의 면담을 요청한 경우에는 그 사유를 파악하여 (ⓑ)에게 보고하여야 한다.

정답
ⓐ 상관
ⓑ 상관

제33조 【위생관리 등】

① 교정직교도관은 수용자로 하여금 자신의 신체와 의류를 청결하게 하고, 두발 및 수염을 단정하게 하는 등 위생관리를 (ⓐ) 하도록 지도하여야 한다.
② 교정직교도관은 수용자가 부상을 당하거나 질병에 걸린 경우에는 (ⓑ) 적절한 조치를 하고 (ⓒ) 상관에게 보고하여야 한다.

정답
ⓐ 철저히
ⓑ 즉시, ⓒ 지체 없이

제35조 【인원점검 등】

① 소장은 당직간부의 지휘 아래 교정직교도관으로 하여금 전체 수용자를 대상으로 하는 인원점검을 (ⓐ) 충분한 사이를 두고 하게 하여야 한다.
② 제1항에 따라 인원점검을 한 당직간부는 그 결과를 (ⓑ)에게 보고하여야 한다.
③ 교정직교도관은 자신이 담당하는 수용자를 대상으로 작업을 시작하기 전과 마친 후, 인원변동 시 등에 (ⓒ)로 인원점검을 하여야 한다.
④ 교정직교도관은 수용자가 작업 · 운동 등 동작 중인 경우에는 항상 시선으로 인원에 이상이 있는지를 파악하여야 한다.

정답
ⓐ 매일 2회 이상
ⓑ 소장
ⓒ 수시

제36조【야간 거실문의 개폐】

① 교정직교도관은 일과종료(작업·교육 등 일과를 마치고 수용자를 거실로 들여보낸 다음 거실문을 잠그는 것을 말한다. 이하 같다) 후부터 그 다음날 일과시작(작업·교육 등 일과를 위하여 수용자를 거실에서 나오게 하기 위하여 거실문을 여는 것을 말한다. 이하 같다) 전까지는 (ⓐ)의 허가를 받아 거실문을 여닫거나 수용자를 거실 밖으로 나오게 할 수 있다. 다만, (ⓑ) 발생 등 사태가 급박하여 당직간부의 허가를 받을 시간적 여유가 없는 경우에는 그러하지 아니하다.

② 제1항에 따라 거실문을 여닫거나 수용자를 거실 밖으로 나오게 하는 경우에는 사전에 거실 내 수용자의 동정(動靜)을 확인하여야 하고, 제1항 단서의 경우가 아니면 (ⓒ) 이상의 교정직교도관이 계호하여야 한다.

정답
ⓐ 당직간부
ⓑ 자살, 자해, 응급환자
ⓒ 2명

제37조【징벌대상행위의 보고 등】

① 교정직교도관은 수용자가 법 제107조 각 호의 어느 하나에 해당하는 행위(이하 "징벌대상행위"라 한다)를 하는 경우에는 지체 없이 (ⓐ)에게 보고하여야 한다. 다만, 수용자가 도주, 소요, 폭동 등 특히 중대한 징벌대상행위를 한 경우에는 지체 없이 비상신호나 그 밖의 방법으로 보안과에 알리는 등 체포 및 진압을 위한 모든 수단을 동원함과 동시에 (ⓑ)에게 보고하여야 한다.

② 교정직교도관은 제1항에도 불구하고 도주하는 수용자를 체포할 기회를 잃을 염려가 있는 경우에는 지체 없이 그를 추격하여야 한다.

③ 소장은 수용자의 징벌대상행위에 관하여는 이를 조사하여 사안의 경중에 따라 사건송치, 징벌, 생활지도교육 등 적절한 조치를 하여야 한다.

정답
ⓐ 상관
ⓑ 상관

제38조【재난 시의 조치】

교정직교도관은 천재지변이나 그 밖의 재해가 발생한 경우에는 수용자의 계호를 특히 엄중하게 하고, (ⓐ)의 지휘를 받아 적절한 피난 준비를 하여야 한다. 다만, 상관의 지휘를 받을 시간적 여유가 없는 경우에는 수용자의 생명과 안전을 위한 대피 등의 조치를 최우선적으로 하여야 한다.

정답
ⓐ 상관

제40조【수용자의 호송】

① 교정직교도관이 수용자를 교정시설 밖으로 호송(護送)하는 경우에는 (ⓐ) 호송계획서를 작성하여 (ⓑ)에게 보고하여야 한다.

② 교정직교도관은 수용자의 호송 중 도주 등의 사고가 발생하지 아니하도록 수용자의 동정을 (ⓒ) 파악하여야 한다.

정답
ⓐ 미리, ⓑ 상관
ⓒ 철저히

제41조 【접견 참여 등】

① 교정직교도관이 「형의 집행 및 수용자의 처우에 관한 법률 시행령」(이하 이 조에서 "영"이라 한다) 제62조제1항에 따라 수용자의 접견에 참여하는 경우에는 수용자와 그 상대방의 (ⓐ   )을 자세히 관찰하여야 한다.
② 교정직교도관이 영 제71조에 따라 참고사항을 수용기록부에 기록하는 경우에는 지체 없이 상관에게 보고하여야 하며, 상관의 지시를 받아 관계 과에 통보하는 등 적절한 조치를 하여야 한다.
③ 수용자의 접견에 관한 기록은 수용자의 처우나 그 밖의 공무수행상 필요하여 상관의 허가를 받은 경우를 제외하고는 관계 교도관이 아닌 교도관은 (ⓑ   ) 등을 해서는 아니 된다.

정답
ⓐ 행동 · 대화내용
ⓑ 열람이나 복사

제42조 【정문 근무】

① 정문에 근무하는 교정직교도관(이하 이 조에서 "정문근무자"라 한다)은 정문 출입자와 (ⓐ   ) 물품을 검사 · 단속하여야 한다.
② 정문근무자는 제1항의 검사 · 단속을 할 때 특히 필요하다고 인정하는 경우에는 출입자의 (ⓑ   )을 검사할 수 있다. 이 경우 검사는 필요한 최소한도의 범위에서 하여야 하며, 출입자 중 여성에 대한 검사는 (ⓒ   )이 하여야 한다.
③ 정문근무자는 제1항 또는 제2항의 검사 도중 이상하거나 의심스러운 점을 발견한 경우에는 출입 등을 중지함과 동시에 (ⓓ   )에게 이를 보고하여 상관의 지시를 받아 적절한 조치를 하여야 한다.
④ 정문근무자는 수용자의 취침 시간부터 기상 시간까지는 (ⓔ   )의 허가 없이 정문을 여닫을 수 없다.

정답
ⓐ 반출 · 반입
ⓑ 신체와 휴대품
ⓒ 여성교도관
ⓓ 상관
ⓔ 당직간부

제44조 【사형 집행】

사형집행은 (ⓐ   )의 지시를 받은 교정직교도관이 하여야 한다.

정답
ⓐ 상관

제2절 _ 당직간부의 직무

제49조 【당직간부의 편성】

① 당직간부는 교대근무의 각 부별로 (ⓐ   ) 편성한다. 이 경우 정(正)당직간부는 (ⓑ   ) 부(副)당직간부는 (ⓒ   ) 편성한다.
② 당직간부는 (ⓓ   )으로 임명한다. 다만, 교정시설의 사정에 따라 결원의 범위에서 교위 중 적임자를 선정해 당직간부에 임명할 수 있다.
③ 정당직간부 및 부당직간부의 업무분담에 관하여는 (ⓔ   )이 정한다.

정답
ⓐ 2명 이상, ⓑ 1명
ⓒ 1명 이상
ⓓ 교정관 또는 교감
ⓔ 소장

제50조 【교정직교도관 점검 등】

① 당직간부는 교정직교도관을 점검하여야 하며, 점검이 끝나면 그 결과를 보안과장(이하 이 절에서 "과장"이라 한다)에게 보고하여야 한다.
② 교정직교도관은 점검 면제 통지를 받은 경우가 아니면 점검을 받아야 한다.
③ 교정직교도관 점검 등에 필요한 사항은 (ⓐ)이 정한다.

정답
ⓐ 법무부장관

제51조 【근무상황 순시 · 감독】

(ⓐ)는 보안근무 교정직교도관의 근무배치를 하고, 수시로 보안근무 교정직교도관의 근무상황을 순시 · 감독하여야 하며, 근무배치 및 순시 · 감독 결과를 과장에게 보고하여야 한다.

정답
ⓐ 당직간부

제55조 【비상소집망 점검】

당직간부는 (ⓐ) 교도관의 비상소집망을 확인하여 정확하게 유지하도록 하여야 한다.

정답
ⓐ 매주 1회 이상

제56조 【수용 · 석방사무의 감독】

① (ⓐ)는 교정시설에 수용되거나 교정시설에서 석방되는 사람의 신상을 직접 확인하는 등 수용 및 석방에 관한 사무를 감독하여야 한다.
② (ⓑ)는 법원에서 무죄판결 등 구속영장이 실효되는 판결이 선고되어 즉시 석방되는 사람의 신상을 직접 확인하는 등 석방에 관한 사무를 감독하여야 한다.

정답
ⓐ 당직간부
ⓑ 출정감독자

제3절 _ 사회복귀업무 교도관의 직무

제63조 【교화상담】

① 사회복귀업무 교도관은 수형자 중 환자, 계호상 독거(獨居)수용자 및 징벌자에 대하여 처우상 필요하다고 인정하는 경우에는 수시로 교화상담(수형자 특성을 고려하여 적당한 장소와 시기에 하는 개별적인 교화활동을 말한다. 이하 같다)을 하여야 한다. 다만, 해당 수형자가 환자인 경우에는 의무직교도관(공중보건의를 포함한다)의 의견을 들어야 한다.
② (ⓐ)은 신입수형자와 교화상담을 하여야 한다. 다만, 다른 교정시설로부터 이송되어 온 수형자는 필요하다고 인정되는 경우에 할 수 있다.
③ 사회복귀업무 교도관은 사형확정자나 사형선고를 받은 사람의 심리적 안정을 위하여 수시로 상담을 하여야 하며, 필요하다고 인정하는 경우에는 외부인사와 결연을 주선하여 수용생활이 안정되도록 하여야 한다.
④ 사회복귀업무 교도관은 제1항부터 제3항까지의 규정에 해당하지 아니하는 수형자에 대하여도 다음 각 호의 어느 하나에 해당하는 경우에는 적절한 교화상담을 하여야 한다.
1. 성격형성 과정의 결함으로 인하여 심리적 교정이 필요한 경우

정답
ⓐ 사회복귀업무 교도관

2. 대인관계가 원만하지 못하고 상습적으로 규율을 위반하는 경우
3. 가족의 이산(離散), 재산의 손실 등으로 가정에 문제가 있는 때
4. 가족 등 연고자가 없는 경우
5. 본인의 수용생활로 가족의 생계가 매우 어려운 경우

⑤ 사회복귀업무 교도관이 제1항부터 제4항까지의 규정에 따른 교화상담을 할 때에는 미리 그 수용자의 죄질, 범죄경력, 교육정도, 직업, 나이, 환경, 그 밖의 신상을 파악하여 활용하여야 한다.

제64조 【귀휴등 대상자 보고】

사회복귀업무 교도관은 수형자가 귀휴등의 요건에 해당하고 귀휴등을 허가할 필요가 있다고 인정하는 경우에는 그 사실을 (ⓐ)에게 보고하여야 한다.

정답
ⓐ 상관

제4절 _ 분류심사업무 교도관의 직무

제68조 【분류검사】

(ⓐ)은 개별처우계획을 수립하기 위하여 수형자의 인성, 지능, 적성 등을 측정 · 진단하기 위한 검사를 한다.

정답
ⓐ 분류심사업무 교도관

제3장 기술 · 관리운영 직군 교도관의 직무

제1절_보건위생교도관의 직무

제77조【감염병 환자 및 응급환자의 진료】

① (ⓐ　　　)은 감염병 환자가 발생했거나 발생할 우려가 있는 경우에는 지체 없이 소장에게 보고해야 하며, 그 치료와 예방에 노력해야 한다.
② (ⓑ　　　)은 응급환자가 발생한 경우에는 정상 근무시간이 아니더라도 지체 없이 출근하여 진료해야 한다.

정답
ⓐ 의무관
ⓑ 의무관

제78조【수술의 시행】

의무관은 환자를 치료하기 위하여 수술을 할 필요가 있는 경우에는 (ⓐ　　　) 소장에게 보고하여 허가를 받아야 한다. 다만, 긴급한 경우에는 사후에 보고할 수 있다.

정답
ⓐ 미리

제79조【수용자의 의사에 반하는 의료조치】

① (ⓐ　　　)은 법 제40조제2항<수용자의 의사에 반하는 의료조치>의 조치를 위하여 필요하다고 인정하는 경우에는 의료과에 근무하는 교정직교도관(의료과에 근무하는 교정직교도관이 없거나 부족한 경우에는 당직간부)에게 법 제100조<강제력의 행사>에 따른 조치를 하도록 요청할 수 있다.
② 제1항의 요청을 받은 (ⓑ　　　　　　　　　　)는 특별한 사정이 없으면 요청에 응하여 적절한 조치를 하여야 한다.

정답
ⓐ 의무관
ⓑ 교정직교도관 또는 당직간부

제80조【의약품의 관리】

① (ⓐ　　　　　)은 의약품을 교도관용, 수용자용 등으로 용도를 구분하여 보관해야 한다.
② 제1항에 따른 수용자용 의약품은 예산으로 구입한 것과 수용자 또는 수용자 가족 등이 구입한 것으로 구분하여 보관해야 한다.
③ 유독물은 잠금장치가 된 견고한 용기에 넣어 출입문 잠금장치가 이중으로 되어 있는 장소에 보관 · 관리해야 한다. 다만, 보관장소의 부족 등 부득이한 경우에는 이중 잠금장치가 된 견고한 용기에 넣어 보관 · 관리할 수 있다.
④ 약무직교도관은 천재지변이나 그 밖의 중대한 사태에 대비해 필요한 약품을 확보해야 하며, (ⓑ　　　　　) 그 수량 및 보관상태 등을 점검한 후 점검 결과를 (ⓒ　　　)에게 보고해야 한다.

정답
ⓐ 약무직교도관
ⓑ 월 1회 이상
ⓒ 상관

제81조 【교정직교도관 등에 대한 의료교육】

① 의무관은 의료과 및 의료수용동 등에 근무하는 교정직교도관에 대해 (ⓐ   )은 감염병 예방, 소독, 그 밖의 의료업무 수행에 필요한 소양교육을 해야 한다.

② 의무관은 간병수용자에 대해 간호방법, 구급요법 등 간호에 필요한 사항을 훈련시켜야 한다.

③ 의무관은 교도관에 대해 (ⓑ   ) 간호방법, 심폐소생술, 응급처치 등의 교육을 해야 한다.

정답
ⓐ 월 1회 이상
ⓑ 연 1회 이상

제82조 【사망진단서 작성】

(ⓐ   )은 수용자가 교정시설에서 사망한 경우에는 검시(檢屍)를 하고 (ⓑ   )를 작성하여야 한다.

정답
ⓐ 의무관, ⓑ 사망진단서

제84조 【위생검사】

① (ⓐ   ) 의료수용동의 청결, 온도, 환기, 그 밖의 사항을 확인하여야 한다.

② (ⓑ   )은 교정시설의 모든 설비와 수용자가 사용하는 물품 또는 급식 등에 관하여 (ⓒ   ) 전반적으로 그 위생에 관계된 사항을 확인하여야 하고, 그 결과 특히 중요한 사항은 (ⓓ   )에게 보고하여야 한다.

정답
ⓐ 의무관은 매일 1회 이상
ⓑ 의무관
ⓒ 매주 1회 이상
ⓓ 소장

부칙

이 규칙은 공포한 날부터 시행한다.

MEMO

이준 마법교정학·형사정책
압축암기장

Part

02

형사정책

CHAPTER

01 소년법

【시행 2021. 4. 21】【법률 제17505호, 2020. 10. 20, 일부개정】

제1장 총칙

제1조【목적】

이 법은 반사회성이 있는 소년의 환경 조정과 품행 교정을 위한 보호처분 등의 필요한 조치를 하고, 형사처분에 관한 특별조치를 함으로써 소년이 건전하게 성장하도록 돕는 것을 목적으로 한다.

제2조【소년 및 보호자】

이 법에서 "소년"이란 (ⓐ)를 말하며, "보호자"란 법률상 감호교육을 할 의무가 있는 자 또는 현재 감호하는 자를 말한다.

정답
ⓐ 19세 미만인 자

제2장 보호사건

제1절 _ 통칙

제3조【관할 및 직능】

① 소년 보호사건의 관할은 소년의 (ⓐ)로 한다.
② 소년 보호사건은 가정법원소년부 또는 지방법원소년부(이하 "소년부"라 한다)에 속한다.
③ 소년 보호사건의 심리와 처분 결정은 (ⓑ)가 한다.

정답
ⓐ 행위지 거주지 또는 현재지
ⓑ 소년부 단독판사

제4조【보호의 대상과 송치 및 통고】

① 다음 각 호의 어느 하나에 해당하는 소년은 소년부의 보호사건으로 심리한다.
  1. 죄를 범한 소년
  2. 형벌 법령에 저촉되는 행위를 한 (ⓐ)인 소년
  3. 다음 각 목에 해당하는 사유가 있고 그의 성격이나 환경에 비추어 앞으로 형벌 법령에 저촉되는 행위를 할 우려가 있는 (ⓑ)인 소년
    가. 집단적으로 몰려다니며 주위 사람들에게 불안감을 조성하는 성벽이 있는 것
    나. 정당한 이유 없이 가출하는 것
    다. 술을 마시고 소란을 피우거나 유해환경에 접하는 성벽이 있는 것
② 제1항 제2호(촉법소년) 및 제3호(우범소년)에 해당하는 소년이 있을 때에는 경찰서장은 직접 관할 소년부에 (ⓒ).(의무규정)

정답
ⓐ 10세 이상 14세 미만
ⓑ 10세 이상
ⓒ 송치하여야 한다
ⓓ 통고할 수 있다

③ 제1항 각 호의 어느 하나에 해당하는 소년(범죄 · 우범 · 촉법소년)을 발견한 보호자 또는 학교 · 사회복리시설 · 보호관찰소(보호관찰지소를 포함한다. 이하 같다)의 장은 이를 관할 소년부에 (ⓓ).(재량규정)

제5조 【송치서】

소년 보호사건을 송치하는 경우에는 송치서에 사건 본인의 주거 · 성명 · 생년월일 및 행위의 개요와 가정 상황을 적고, 그 밖의 참고자료를 첨부하여야 한다.

제6조 【이송】

① 보호사건을 송치받은 소년부는 보호의 적정을 기하기 위하여 필요하다고 인정하면 결정으로써 사건을 (ⓐ).

② 소년부는 사건이 그 관할에 속하지 아니한다고 인정하면 결정으로써 그 사건을 관할 소년부에 (ⓑ).

정답

ⓐ 다른 관할 소년부에 이송할 수 있다

ⓑ 이송하여야 한다

제7조 【형사처분 등을 위한 관할 검찰청으로의 송치】

① 소년부는 조사 또는 심리한 결과 (ⓐ) 이상의 형에 해당하는 범죄 사실이 발견된 경우 그 동기와 죄질이 형사처분을 할 필요가 있다고 인정하면 결정으로써 사건을 관할 지방법원에 대응한 검찰청 검사에게 (ⓑ).

② 소년부는 조사 또는 심리한 결과 사건의 본인이 (ⓒ)인 것으로 밝혀진 경우에는 결정으로써 사건을 관할 지방법원에 대응하는 검찰청 검사에게 (ⓓ). 다만, 제51조(소년부의 법원 이송)에 따라 법원에 이송하여야 할 경우에는 그러하지 아니하다.

정답

ⓐ 금고

ⓑ 송치하여야 한다

ⓒ 19세 이상

ⓓ 송치하여야 한다

제8조 【통지】

소년부는 제6조(소년부의 다른 소년부 이송)와 제7조(형사처분 등을 위한 관할 검찰청으로의 송치)에 따른 결정을 하였을 때에는 지체 없이 그 사유를 사건 (ⓐ)에게 알려야 한다.

정답

ⓐ 본인과 그 보호자

제2절 _ 조사와 심리

제9조 【조사 방침】

조사는 의학 · 심리학 · 교육학 · 사회학이나 그 밖의 전문적인 지식을 활용하여 소년과 보호자 또는 참고인의 품행, 경력, 가정 상황, 그 밖의 환경 등을 밝히도록 노력하여야 한다.

소년에 대한 조사제도

- 조사명령(제11조)과 결정 전 조사(보호관찰 등에 관한 법률 제19조의2): (ⓐ)
- 조사의 위촉(제56조)과 판결 전 조사(보호관찰 등에 관한 법률 제19조): (ⓑ)
- 환경조사(보호관찰 등에 관한 법률 제26조): 소년수형자, 보호소년

정답

ⓐ 소년보호사건

ⓑ 소년형사사건

제10조 【진술거부권의 고지】

소년부 또는 조사관이 범죄 사실에 관하여 소년을 조사할 때에는 (ⓐ) 소년에게 (ⓑ) 진술을 거부할 수 있음을 알려야 한다.

정답
ⓐ 미리
ⓑ 불리한

제11조 【조사명령】

① 소년부 판사는 조사관에게 (ⓐ)의 심문이나 그 밖에 필요한 사항을 조사하도록 명(ⓑ).

② 소년부는 제4조 제3항에 따라 통고(보호자 또는 학교 · 사회복리시설 · 보호관찰소의 장의 관할 소년부 통고)된 소년을 심리할 필요가 있다고 인정하면 그 사건을 조사하여야 한다.

정답
ⓐ 사건 본인, 보호자 또는 참고인
ⓑ 할 수 있다

제12조 【전문가의 진단】

(ⓐ)는 조사 또는 심리를 할 때에 정신건강의학과의사 · 심리학자 · 사회사업가 · 교육자나 그 밖의 전문가의 진단, 소년 분류심사원의 분류심사 결과와 의견, 보호관찰소의 조사결과와 의견 등을 고려(ⓑ).

정답
ⓐ 소년부
ⓑ 하여야 한다

제13조 【소환 및 동행영장】

① 소년부 판사는 사건의 조사 또는 심리에 필요하다고 인정하면 기일을 지정하여 (ⓐ)을 소환(ⓑ).

② 사건 본인이나 보호자가 정당한 이유 없이 소환에 응하지 아니하면 소년부 판사는 (ⓒ)을 발부(ⓓ).

정답
ⓐ 사건 본인이나 보호자 또는 참고인
ⓑ 할 수 있다
ⓒ 동행영장
ⓓ 할 수 있다

제14조 【긴급동행영장】

소년부 판사는 사건 본인을 보호하기 위하여 긴급조치가 필요하다고 인정하면 제13조 제1항에 따른 소환 없이 동행영장을 발부(ⓐ).

정답
ⓐ 할 수 있다

제16조 【동행영장의 집행】

① 동행영장은 (ⓐ)이 집행한다.

② 소년부 판사는 소년부 (ⓑ)에게 동행영장을 집행하게 할 수 있다.

③ 동행영장을 집행하면 지체 없이 (ⓒ)에게 알려야 한다.

정답
ⓐ 조사관
ⓑ 법원서기관 · 법원사무관 · 법원주사 · 법원주사보나 보호관찰관 또는 사법경찰관리
ⓒ 보호자나 보조인

제17조【보조인 선임】

① 사건 본인이나 보호자는 소년부 판사의 (ⓐ)를 받아 보조인을 선임(ⓑ).
② (ⓒ)를 보조인으로 선임하는 경우에는 제1항의 허가(소년부 판사의 허가)를 받지 아니하여도 된다.
③ 보조인을 선임함에 있어서는 보조인과 연명날인한 (ⓓ)을 제출하여야 한다. 이 경우 변호사가 아닌 사람을 보조인으로 선임할 경우에는 위 서면에 소년과 보조인과의 관계를 기재하여야 한다.
④ 소년부 판사는 보조인이 심리절차를 (ⓔ)로 지연시키는 등 심리진행을 (ⓕ)하거나 소년의 (ⓖ)에 반하는 행위를 할 우려가 있다고 판단하는 경우에는 보조인 선임의 허가를 (ⓗ).
⑤ 보조인의 선임은 (ⓘ)마다 하여야 한다.
⑥ 「형사소송법」 중 변호인의 권리의무에 관한 규정은 소년 보호사건의 성질에 위배되지 아니하는 한 보조인에 대하여 준용한다.

정답
ⓐ 허가, ⓑ 할 수 있다
ⓒ 보호자나 변호사
ⓓ 서면
ⓔ 고의, ⓕ 방해
ⓖ 이익
ⓗ 취소할 수 있다
ⓘ 심급

제17조의2【국선보조인】

① 소년이 소년분류심사원에 위탁된 경우 보조인이 없을 때에는 법원은 변호사 등 적정한 자를 보조인으로 (ⓙ).
② 소년이 소년분류심사원에 위탁되지 아니하였을 때에도 다음의 경우 법원은 (ⓚ)에 의하거나 소년 또는 보호자의 (ⓛ)에 따라 보조인을 선정(ⓜ).
  1. 소년에게 신체적·정신적 (ⓝ)가 의심되는 경우
  2. (ⓞ)이나 그 밖의 사유로 보조인을 선임할 수 없는 경우
  3. 그 밖에 소년부 판사가 보조인이 필요하다고 인정하는 경우
③ 제1항과 제2항에 따라 선정된 보조인에게 지급하는 비용에 대하여는 「형사소송비용 등에 관한 법률」을 준용한다.

정답
ⓙ 선정하여야 한다
ⓚ 직권, ⓛ 신청
ⓜ 할 수 있다
ⓝ 장애
ⓞ 빈곤

제18조【임시조치】

① 소년부 판사는 사건을 조사 또는 심리하는 데에 필요하다고 인정하면 소년의 감호에 관하여 결정으로써 다음 각 호의 어느 하나에 해당하는 조치를 할 수 있다.
  1. 보호자, 소년을 보호할 수 있는 적당한 자 또는 시설에 위탁: (ⓐ)
  2. 병원이나 그 밖의 요양소에 위탁: (ⓑ)
  3. 소년분류심사원에 위탁: (ⓒ)
② 동행된 소년 또는 제52조 제1항(소년부 송치 시의 신병처리)에 따라 인도된 소년에 대하여는 도착한 때로부터 (ⓓ) 이내에 제1항의 조치를 하여야 한다.
③ 제1항 제1호 및 제2호의 위탁기간은 3개월을, 제1항 제3호의 위탁기간은 1개월을 초과하지 못한다. 다만, 특별히 계속 조치할 필요가 있을 때에는 (ⓔ) 결정으로써 연장할 수 있다.

정답
ⓐ 3개월
ⓑ 3개월
ⓒ 1개월
ⓓ 24시간
ⓔ 한 번에 한하여

PART 02

④ 제1항 제1호 및 제2호의 조치를 할 때에는 보호자 또는 위탁받은 자에게 소년의 감호에 관한 필요 사항을 지시할 수 있다.
⑤ 소년부 판사는 제1항의 결정(임시조치 결정)을 하였을 때에는 소년부 법원서기관 · 법원사무관 · 법원주사 · 법원주사보, 소년분류심사원 소속 공무원, 교도소 또는 구치소 소속 공무원, 보호관찰관 또는 사법경찰관리에게 그 결정을 집행하게 할 수 있다.
⑥ 제1항의 조치(임시조치)는 언제든지 결정으로써 (ⓕ)하거나 (ⓖ)할 수 있다.

정답
ⓕ 취소, ⓖ 변경

제19조 【심리 불개시의 결정】

① 소년부 판사는 송치서와 조사관의 조사보고에 따라 사건의 심리를 개시할 수 없거나 개시할 필요가 없다고 인정하면 심리를 개시하지 아니한다는 결정을 (ⓐ). 이 결정은 (ⓑ)에게 알려야 한다.
② 사안이 가볍다는 이유로 심리를 개시하지 아니한다는 결정을 할 때에는 소년에게 (ⓒ)하거나 보호자에게 소년을 (ⓓ) 관리하거나 교육하도록 고지할 수 있다.
③ 제1항의 결정(심리 불개시의 결정)이 있을 때에는 제18조의 임시조치는 취소된 것으로 본다.
④ 소년부 판사는 소재가 분명하지 아니하다는 이유로 심리를 개시하지 아니한다는 결정을 받은 소년의 소재가 밝혀진 경우에는 그 결정을 취소(ⓔ).

정답
ⓐ 하여야 한다
ⓑ 사건 본인과 보호자
ⓒ 훈계, ⓓ 엄격히
ⓔ 하여야 한다

제20조 【심리 개시의 결정】

① 소년부 판사는 송치서와 조사관의 조사보고에 따라 사건을 심리할 필요가 있다고 인정하면 심리 개시 결정을 (ⓐ).
② 제1항의 결정(심리 개시의 결정)은 사건 본인과 (ⓑ)에게 알려야 한다. 이 경우 심리 개시 사유의 요지와 보조인을 선임할 수 있다는 취지를 아울러 알려야 한다.

정답
ⓐ 하여야 한다
ⓑ 보호자

제21조 【심리 기일의 지정】

① 소년부 판사는 심리 기일을 지정하고 본인과 보호자를 소환(ⓐ). 다만, 필요가 없다고 인정한 경우에는 보호자는 소환하지 (ⓑ).
② 보조인이 선정된 경우에는 보조인에게 (ⓒ)을 알려야 한다.

정답
ⓐ 하여야 한다
ⓑ 아니할 수 있다
ⓒ 심리 기일

제22조 【기일 변경】

소년부 판사는 (ⓐ)에 의하거나 사건 본인, 보호자 또는 보조인의 청구에 의하여 심리 기일을 변경(ⓑ). 기일을 변경한 경우에는 이를 사건 본인, 보호자 또는 (ⓒ)에게 알려야 한다.

정답
ⓐ 직권, ⓑ 할 수 있다
ⓒ 보조인

제23조 【심리의 개시】
① 심리 기일에는 소년부 판사와 서기가 참석하여야 한다.
② 조사관, 보호자 및 보조인은 심리 기일에 출석할 수 있다.

제24조 【심리의 방식】
① 심리는 (ⓐ)하게 하여야 한다.
② 심리는 공개하지 (ⓑ). 다만, 소년부 판사는 적당하다고 인정하는 자에게 참석을 허가할 수 있다.

정답
ⓐ 친절하고 온화
ⓑ 아니한다

제25조의3 【화해권고】
① 소년부 판사는 소년의 품행을 교정하고 피해자를 보호하기 위하여 필요하다고 인정하면 소년에게 피해 변상 등 피해자와의 화해를 권고(ⓐ).
② 소년부 판사는 제1항의 화해를 위하여 필요하다고 인정하면 (ⓑ)을 지정하여 소년, 보호자 또는 참고인을 소환(ⓒ).
③ 소년부 판사는 소년이 제1항의 권고에 따라 피해자와 화해하였을 경우에는 보호처분을 결정할 때 이를 고려(ⓓ).

정답
ⓐ 할 수 있다
ⓑ 기일, ⓒ 할 수 있다
ⓓ 할 수 있다

제29조 【불처분 결정】
① 소년부 판사는 심리 결과 보호처분을 할 수 없거나 할 필요가 없다고 인정하면 그 취지의 (ⓐ)을 하고, 이를 (ⓑ)에게 알려야 한다.
② 제1항의 결정에 관하여는 제19조 제2항과 제3항을 준용한다.

정답
ⓐ 결정,
ⓑ 사건 본인과 보호자

제30조의2 【기록의 열람 · 등사】
소년 보호사건의 기록과 증거물은 소년부 판사의 허가를 받은 경우에만 (ⓐ)하거나 (ⓑ)할 수 있다. 다만, 보조인이 심리 개시 결정 후에 소년 보호사건의 기록과 증거물을 열람하는 경우에는 (ⓒ)의 허가를 받지 아니하여도 된다.

정답
ⓐ 열람, ⓑ 등사
ⓒ 소년부 판사

제31조 【위임규정】
소년 보호사건의 심리에 필요한 사항은 (ⓐ)으로 정한다.

정답
ⓐ 대법원규칙

제3절 _ 보호처분

제32조 【보호처분의 결정】

① 소년부 판사는 심리 결과 보호처분을 할 필요가 있다고 인정하면 결정으로써 다음 각 호의 어느 하나에 해당하는 처분을 하여야 한다.
  1. 보호자 또는 보호자를 대신하여 소년을 보호할 수 있는 자에게 감호 위탁(ⓐ)
  2. 수강명령(ⓑ)(ⓒ)
  3. 사회봉사명령(ⓓ)(ⓔ)
  4. 보호관찰관의 단기 보호관찰(ⓕ)
  5. 보호관찰관의 장기 보호관찰(ⓖ)
  6. 「아동복지법」에 따른 아동복지시설이나 그 밖의 소년보호시설에 감호 위탁(ⓗ)
  7. 병원, 요양소 또는 「보호소년 등의 처우에 관한 법률」에 따른 의료재활소년원에 위탁(ⓘ)
  8. 1개월 이내의 소년원 송치
  9. 단기 소년원 송치(ⓙ)
  10. 장기 소년원 송치(ⓚ)(ⓛ)

② 다음 각 호 안의 처분 상호 간에는 그 전부 또는 일부를 (ⓜ)할 수 있다.
  1. 제1항 제1호 · 제2호 · 제3호 · 제4호 처분
  2. 제1항 제1호 · 제2호 · 제3호 · 제5호 처분
  3. 제1항 제4호 · 제6호 처분
  4. 제1항 제5호 · 제6호 처분
  5. 제1항 제5호 · 제8호 처분

1. 보호자 등에게 감호 위탁 · 수강명령 · 사회봉사명령 · 보호관찰관의 단기 보호관찰 2. 보호자 등에게 감호 위탁 · 수강명령 · 사회봉사명령 · 보호관찰관의 장기 보호관찰 3. 보호관찰관의 단기 보호관찰 · 아동복지시설이나 그 밖의 소년보호시설에 감호 위탁 4. 보호관찰관의 장기 보호관찰 · 아동복지시설이나 그 밖의 소년보호시설에 감호 위탁 5. 보호관찰관의 장기 보호관찰 · 1개월 이내의 소년원 송치

③ 제1항 제3호(사회봉사명령)의 처분은 (ⓝ)의 소년에게만 할 수 있다.

④ 제1항 제2호(수강명령) 및 제10호(장기 소년원 송치)의 처분은 (ⓞ)의 소년에게만 할 수 있다.

⑤ 제1항 각 호의 어느 하나에 해당하는 처분을 한 경우 소년부는 소년을 인도하면서 소년의 교정에 필요한 참고자료를 위탁받는 자나 처분을 집행하는 자에게 넘겨야 한다.

⑥ 소년의 보호처분은 그 소년의 장래 신상에 어떠한 영향도 미치지 아니한다.

정답

ⓐ 6개월 + 6개월
ⓑ 12세 이상
ⓒ 100시간
ⓓ 14세 이상
ⓔ 200시간
ⓕ 1년
ⓖ 2년 + 1년
ⓗ 6개월 + 6개월
ⓘ 6개월 + 6개월
ⓙ 6개월
ⓚ 12세 이상, ⓛ 2년
ⓜ 병합
ⓝ 14세 이상
ⓞ 12세 이상

제32조의2 【보호관찰처분에 따른 부가처분 등】

① 제32조 제1항 제4호(보호관찰관의 단기 보호관찰) 또는 제5호(보호관찰관의 장기 보호관찰)의 처분을 할 때에 (ⓐ)의 기간을 정하여 「보호소년 등의 처우에 관한 법률」에 따른 대안교육 또는 소년의 상담·선도·교화와 관련된 단체나 시설에서의 상담·교육을 받을 것을 (ⓑ)에 명(ⓒ).

② 제32조 제1항 제4호(보호관찰관의 단기 보호관찰) 또는 제5호(보호관찰관의 장기 보호관찰)의 처분을 할 때에 (ⓓ)의 기간을 정하여 야간 등 특정 시간대의 외출을 제한하는 명령을 보호관찰대상자의 (ⓔ)으로 부과(ⓕ).

③ 소년부 판사는 가정상황 등을 고려하여 필요하다고 판단되면 보호자에게 소년원·소년분류심사원 또는 보호관찰소 등에서 실시하는 소년의 보호를 위한 (ⓖ)을 받을 것을 명(ⓗ).

정답
ⓐ 3개월 이내
ⓑ 동시, ⓒ 할 수 있다
ⓓ 1년 이내
ⓔ 준수 사항
ⓕ 할 수 있다
ⓖ 특별교육
ⓗ 할 수 있다

제33조 【보호처분의 기간】

① 제32조 제1항 제1호(보호자 등에게 감호 위탁)·제6호(아동복지시설이나 그 밖의 소년보호시설에 감호 위탁)·제7호(병원, 요양소 또는 의료재활소년원에 위탁)의 위탁기간은 (ⓐ)로 하되, 소년부 판사는 결정으로써 (ⓑ)의 범위에서 한 번에 한하여 그 기간을 연장할 수 있다. 다만, 소년부 판사는 필요한 경우에는 언제든지 결정으로써 그 위탁을 종료시킬 수 있다.

② 제32조 제1항 제4호의 단기 보호관찰기간은 (ⓒ)으로 한다.

③ 제32조 제1항 제5호의 장기 보호관찰기간은 (ⓓ)으로 한다. 다만, 소년부 판사는 보호관찰관의 신청에 따라 결정으로써 (ⓔ)의 범위에서 한 번에 한하여 그 기간을 연장할 수 있다.

④ 제32조 제1항 제2호의 수강명령은 (ⓕ)을, 제32조 제1항 제3호의 사회봉사명령은 (ⓖ)을 초과할 수 없으며, 보호관찰관이 그 명령을 집행할 때에는 사건 본인의 정상적인 생활을 방해하지 아니하도록 하여야 한다.

⑤ 제32조 제1항 제9호에 따라 단기로 소년원에 송치된 소년의 보호기간은 (ⓗ)을 초과하지 못한다.

⑥ 제32조 제1항 제10호에 따라 장기로 소년원에 송치된 소년의 보호기간은 (ⓘ)을 초과하지 못한다.

⑦ 제32조 제1항 제6호(아동복지시설이나 그 밖의 소년보호시설에 감호 위탁)부터 제10호(장기 소년원 송치)까지의 어느 하나에 해당하는 처분을 받은 소년이 시설위탁이나 수용 이후 그 시설을 이탈하였을 때에는 위 처분기간은 진행이 정지되고, 재위탁 또는 재수용된 때로부터 다시 진행한다.

정답
ⓐ 6개월, ⓑ 6개월
ⓒ 1년
ⓓ 2년, ⓔ 1년
ⓕ 100시간
ⓖ 200시간
ⓗ 6개월
ⓘ 2년

제34조 【몰수의 대상】

① 소년부 판사는 제4조 제1항 제1호(범죄소년) · 제2호(촉법소년)에 해당하는 소년에 대하여 제32조의 처분(보호처분)을 하는 경우에는 결정으로써 다음의 물건을 몰수(ⓐ).

1. 범죄 또는 형벌 법령에 저촉되는 행위에 (ⓑ)하거나 제공하려 한 물건
2. 범죄 또는 형벌 법령에 저촉되는 행위로 인하여 (ⓒ) 이로 인하여 (ⓓ)한 물건
3. 제1호와 제2호의 (ⓔ)로 취득한 물건

② 제1항의 몰수는 그 물건이 사건 본인 이외의 자의 소유에 속하지 아니하는 경우에만 할 수 있다. 다만, 사건 본인의 행위가 있은 후 그 정을 알고도 취득한 자가 소유한 경우에는 그러하지 아니하다.

정답
ⓐ 할 수 있다
ⓑ 제공
ⓒ 생기거나, ⓓ 취득
ⓔ 대가

제37조 【처분의 변경】

① 소년부 판사는 위탁받은 자나 보호처분을 집행하는 자의 신청에 따라 결정으로써 제32조의 (ⓐ)과 제32조의2의 (ⓑ)을 변경(ⓒ). 다만, 제32조 제1항 제1호(보호자 등에게 감호 위탁) · 제6호(아동복지시설이나 그 밖의 소년보호시설에 감호 위탁) · 제7호(병원, 요양소 또는 의료재활소년원에 위탁)의 보호처분과 제32조의2 제1항의 부가처분(보호관찰관의 단기 보호관찰 · 장기 보호관찰의 처분을 할 때에 대안교육 또는 상담 · 교육을 받는 부가처분)은 (ⓓ)으로 변경할 수 있다.

② 제1항에 따른 결정을 집행할 때에는 제35조(결정의 집행)를 준용한다.

③ 제1항의 결정은 지체 없이 사건 본인과 보호자에게 알리고 그 취지를 위탁받은 자나 보호처분을 집행하는 자에게 알려야 한다.

정답
ⓐ 보호처분
ⓑ 부가처분
ⓒ 할 수 있다
ⓓ 직권

제38조 【보호처분의 취소】

① 보호처분이 계속 중일 때에 사건 본인이 처분 당시 (ⓐ)인 것으로 밝혀진 경우에는 소년부 판사는 결정으로써 그 보호처분을 취소하고 다음의 구분에 따라 처리(ⓑ).

1. 검사 · 경찰서장의 송치 또는 제4조 제3항의 통고(보호자 또는 학교 · 사회복리시설 · 보호관찰소의 장의 관할 소년부 통고)에 의한 사건인 경우에는 관할 지방법원에 대응하는 검찰청 검사에게 (ⓒ).
2. 제50조(법원의 소년부 송치)에 따라 법원이 송치한 사건인 경우에는 송치한 법원에 (ⓓ).

② 제4조 제1항 제1호 · 제2호의 소년(범죄 · 촉법소년)에 대한 보호처분이 계속 중일 때에 사건 본인이 행위 당시 (ⓔ)으로 밝혀진 경우 또는 제4조 제1항 제3호의 소년(우범소년)에 대한 보호처분이 계속 중일 때에 사건 본인이 처분 당시 (ⓕ)으로 밝혀진 경우에는 소년부 판사는 결정으로써 그 보호처분을 (ⓖ).

정답
ⓐ 19세 이상
ⓑ 하여야 한다
ⓒ 송치한다
ⓓ 이송한다
ⓔ 10세 미만
ⓕ 10세 미만
ⓖ 취소하여야 한다

제39조 【보호처분과 유죄판결】

보호처분이 계속 중일 때에 사건 본인에 대하여 (ⓐ)판결이 확정된 경우에 보호처분을 한 소년부 판사는 그 처분을 존속할 필요가 없다고 인정하면 결정으로써 보호처분을 취소(ⓑ).

정답
ⓐ 유죄, ⓑ 할 수 있다

제40조 【보호처분의 경합】

보호처분이 계속 중일 때에 사건 본인에 대하여 (ⓐ) 보호처분이 있었을 때에는 그 처분을 한 소년부 판사는 이전의 보호처분을 한 소년부에 조회하여 (ⓑ)의 보호처분을 취소(ⓒ).

정답
ⓐ 새로운, ⓑ 어느 하나
ⓒ 하여야 한다

제4절 _ 항고

제43조 【항고】

① 제32조에 따른 보호처분의 결정 및 제32조의2에 따른 부가처분 등의 결정 또는 제37조의 보호처분・부가처분 변경 결정이 다음 각 호의 어느 하나에 해당하면 사건 본인・보호자・보조인 또는 그 법정대리인은 관할 가정법원 또는 지방법원 본원 합의부에 (ⓐ).
1. 해당 결정에 영향을 미칠 (ⓑ)이 있거나 (ⓒ)이 있는 경우
2. (ⓓ)이 현저히 부당한 경우

② 항고를 제기할 수 있는 기간은 (ⓔ)로 한다.

정답
ⓐ 항고할 수 있다
ⓑ 법령 위반
ⓒ 중대한 사실 오인
ⓓ 처분
ⓔ 7일

제44조 【항고장의 제출】

① 항고를 할 때에는 항고장을 (ⓐ)에 제출하여야 한다.

② 항고장을 받은 소년부는 (ⓑ) 이내에 의견서를 첨부하여 항고법원에 송부(ⓒ).

정답
ⓐ 원심 소년부
ⓑ 3일, ⓒ 하여야 한다

제45조 【항고의 재판】

① 항고법원은 항고 절차가 법률에 (ⓐ)되거나 항고가 이유 (ⓑ) 인정한 경우에는 결정으로써 항고를 (ⓒ).

② 항고법원은 항고가 이유가 (ⓓ) 인정한 경우에는 원결정을 (ⓔ)하고 사건을 (ⓕ)에 환송하거나 (ⓖ)에 이송(ⓗ). 다만, 환송 또는 이송할 여유가 없이 급하거나 그 밖에 필요하다고 인정한 경우에는 원결정을 (ⓘ)하고 (ⓙ) 또는 (ⓚ)의 결정을 (ⓛ).

③ 제2항에 따라 항고가 이유가 있다고 인정되어 보호처분의 결정을 다시 하는 경우에는 원결정에 따른 보호처분의 집행 기간은 그 전부를 항고에 따른 보호처분의 집행 기간에 (ⓜ [제32조 제1항 제8호(1개월 이내의 소년원 송치)・제9호(단기 소년원 송치)・제10호(장기 소년원 송치) 처분 상호 간에만 해당한다]).
[즉 제3항은 소년원 송치 처분 상호 간에만 적용됨]

정답
ⓐ 위반, ⓑ 없다고
ⓒ 기각하여야 한다
ⓓ 있다고, ⓔ 취소
ⓕ 원소년부
ⓖ 다른 소년부
ⓗ 하여야 한다, ⓘ 파기
ⓙ 불처분, ⓚ 보호처분
ⓛ 할 수 있다
ⓜ 산입한다

제46조 【집행 정지】
항고는 결정의 집행을 정지시키는 효력이 (ⓐ   ).

정답
ⓐ 없다

제47조 【재항고】
① 항고를 기각하는 결정에 대하여는 그 결정이 법령에 위반되는 경우에만 대법원에 (ⓐ   )를 할 수 있다.
② 제1항의 재항고에 관하여는 제43조 제2항(항고를 제기할 수 있는 기간: 7일) 및 제45조 제3항(집행 기간의 산입)을 준용한다.

정답
ⓐ 재항고

제3장 형사사건

제1절_통칙

제48조【준거법례】

소년에 대한 형사사건에 관하여는 이 법에 특별한 규정이 없으면 일반 형사사건의 예에 따른다.

제49조【검사의 송치】

① (ⓐ)는 소년에 대한 피의사건을 수사한 결과 보호처분에 해당하는 사유가 있다고 인정한 경우에는 사건을 관할 소년부에 (ⓑ).
② (ⓒ)는 제1항에 따라 송치된 사건을 조사 또는 심리한 결과 그 동기와 죄질이 (ⓓ) 이상의 형사처분을 할 필요가 있다고 인정할 때에는 결정으로써 해당 검찰청 검사에게 (ⓔ).
③ 제2항에 따라 송치한 사건은 (ⓕ) 소년부에 (ⓖ).

정답
ⓐ 검사
ⓑ 송치하여야 한다
ⓒ 소년부, ⓓ 금고
ⓔ 송치할 수 있다
ⓕ 다시
ⓖ 송치할 수 없다

제49조의2【검사의 결정 전 조사】

① (ⓐ)는 소년 피의사건에 대하여 소년부 송치, 공소제기, 기소유예 등의 처분을 결정하기 위하여 필요하다고 인정하면 피의자의 주거지 또는 검찰청 소재지를 관할하는 보호관찰소의 장, 소년분류심사원장 또는 소년원장(이하 "보호관찰소장 등"이라 한다)에게 피의자의 품행, 경력, 생활환경이나 그 밖에 필요한 사항에 관한 조사를 요구(ⓑ).
② 제1항의 요구를 받은 보호관찰소장 등은 지체 없이 이를 조사하여 (ⓒ)으로 해당 검사에게 통보하여야 하며, 조사를 위하여 필요한 경우에는 소속 보호관찰관·분류심사관 등에게 피의자 또는 관계인을 출석하게 하여 진술요구를 하는 등의 방법으로 필요한 사항을 조사하게 할 수 있다.
③ 제2항에 따른 조사를 할 때에는 미리 피의자 또는 관계인에게 조사의 취지를 설명하여야 하고, 피의자 또는 관계인의 인권을 존중하며, 직무상 비밀을 엄수하여야 한다.
④ 검사는 보호관찰소장 등으로부터 통보받은 조사 결과를 참고하여 소년피의자를 교화·개선하는 데에 가장 적합한 처분을 결정하여야 한다.

정답
ⓐ 검사, ⓑ 할 수 있다
ⓒ 서면

제49조의3【조건부 기소유예】

검사는 피의자에 대하여 다음 각 호에 해당하는 선도 등을 받게 하고, 피의사건에 대한 공소를 제기하지 (ⓐ). 이 경우 소년과 소년의 친권자·후견인 등 법정대리인의 (ⓑ)를 받아야 한다.

1. (ⓒ)의 선도
2. 소년의 선도·교육과 관련된 단체·시설에서의 (ⓓ) 등

정답
ⓐ 아니할 수 있다,
ⓑ 동의
ⓒ 범죄예방자원봉사위원
ⓓ 상담·교육·활동

PART 02

제50조 【법원의 송치】

(ⓐ)은 소년에 대한 피고사건을 심리한 결과 보호처분에 해당할 사유가 있다고 인정하면 결정으로써 사건을 관할 소년부에 (ⓑ).

정답
ⓐ 법원
ⓑ 송치하여야 한다

제51조 【이송】

(ⓐ)는 제50조에 따라 송치받은 사건을 조사 또는 심리한 결과 사건의 본인이 (ⓑ)인 것으로 밝혀지면 결정으로써 송치한 법원에 사건을 (ⓒ).

정답
ⓐ 소년부, ⓑ 19세 이상
ⓒ 다시 이송하여야 한다

제52조 【소년부 송치 시의 신병 처리】

① 제49조 제1항(검사의 소년부 송치)이나 제50조(법원의 소년부 송치)에 따른 소년부 송치결정이 있는 경우에는 소년을 구금하고 있는 시설의 장은 검사의 이송 지휘를 받은 때로부터 법원 소년부가 있는 시·군에서는 (ⓐ) 이내에, 그 밖의 시·군에서는 (ⓑ) 이내에 소년을 소년부에 인도하여야 한다. 이 경우 구속영장의 효력은 소년부 판사가 제18조 제1항에 따른 소년의 감호에 관한 결정을 한 때에 상실한다.

② 제1항에 따른 인도와 결정은 구속영장의 효력기간 내에 이루어져야 한다.

정답
ⓐ 24시간, ⓑ 48시간

제53조 【보호처분의 효력】

제32조의 보호처분을 받은 소년에 대하여는 그 심리가 결정된 사건은 (ⓐ) 공소를 제기하거나 소년부에 송치(ⓑ). 다만, 제38조 제1항 제1호의 경우(검사·경찰서장의 송치 또는 보호자, 학교·사회복리시설·보호관찰소의 장의 관할 소년부 통고에 의한 사건의 보호처분이 계속 중일 때에 사건 본인이 처분 당시 19세 이상인 것으로 밝혀져 소년부 판사가 결정으로써 그 보호처분을 취소하고 검찰청 검사에게 송치한 경우)에는 공소를 제기할 수 있다.

정답
ⓐ 다시, ⓑ 할 수 없다

제54조 【공소시효의 정지】

제20조에 따른 (소년 보호사건에 대한)심리 개시 결정이 있었던 때로부터 그 사건에 대한 보호처분의 결정이 확정될 때까지 공소시효는 그 진행이 (ⓐ)된다.

정답
ⓐ 정지

제55조 【구속영장의 제한】

① 소년에 대한 구속영장은 (ⓐ) 경우가 아니면 발부하지 (ⓑ).

② 소년을 구속하는 경우에는 특별한 사정이 없으면 다른 피의자나 피고인과 (ⓒ)하여 수용하여야 한다.

정답
ⓐ 부득이한, ⓑ 못한다
ⓒ 분리

제2절_심판

제56조【조사의 위촉】

법원은 소년에 대한 형사사건에 관하여 필요한 사항을 조사하도록 조사관에게 (ⓐ　　　)할 수 있다.

※ 형사사건: 조사의 위촉, 보호사건: 조사명령(제11조)

정답
ⓐ 위촉

제57조【심리의 분리】

소년에 대한 형사사건의 심리는 다른 피의사건과 관련된 경우에도 심리에 지장이 없으면 그 절차를 (ⓐ　　　)하여야 한다.

정답
ⓐ 분리

제58조【심리의 방침】

① 소년에 대한 형사사건의 심리는 (ⓐ　　　　　　)하게 하여야 한다.

② 제1항의 심리에는 소년의 심신상태, 품행, 경력, 가정상황, 그 밖의 환경 등에 대하여 정확한 사실을 밝힐 수 있도록 특별히 유의하여야 한다.

정답
ⓐ 친절하고 온화

제59조【사형 및 무기형의 완화】

(ⓐ　　　　　　　　)인 소년에 대하여 사형 또는 무기형으로 처할 경우에는 (ⓑ　　　)의 유기징역으로 한다.

※ 특정강력범죄를 범한 당시 18세 미만인 소년을 사형 또는 무기형에 처하여야 할 때에는 「소년법」 제59조에도 불구하고 그 형을 (ⓒ　　　)의 유기징역으로 한다(특정강력범죄법 제4조 제1항).

정답
ⓐ 죄를 범할 당시 18세 미만, ⓑ 15년
ⓒ 20년

제60조【부정기형】

① 소년이 법정형으로 장기 (ⓐ　　　) 이상의 유기형에 해당하는 죄를 범한 경우에는 그 형의 범위에서 장기와 단기를 정하여 선고한다. 다만, 장기는 (ⓑ　　　), 단기는 (ⓒ　　　)을 초과하지 못한다.

※ 특정강력범죄를 범한 소년에 대하여 부정기형을 선고할 때에는 「소년법」 제60조 제1항 단서에도 불구하고 장기는 (ⓓ　　　), 단기는 (ⓔ　　　)을 초과하지 못한다(특정강력범죄법 제4조 제2항).

② 소년의 특성에 비추어 상당하다고 인정되는 때에는 그 형을 (ⓕ　　　)할 수 있다.

③ 형의 집행유예나 선고유예를 선고할 때에는 제1항을 적용하지 아니한다.

④ 소년에 대한 부정기형을 집행하는 기관의 장은 형의 단기가 지난 소년범의 행형 성적이 양호하고 교정의 목적을 달성하였다고 인정되는 경우에는 관할 검찰청 검사의 지휘에 따라 그 형의 집행을 (ⓖ　　　)시킬 수 있다.

정답
ⓐ 2년
ⓑ 10년, ⓒ 5년
ⓓ 15년, ⓔ 7년
ⓕ 감경
ⓖ 종료

제62조 【환형처분의 금지】
(ⓐ)인 소년에게는 「형법」 제70조(노역장 유치)에 따른 (ⓑ)선고(환형유치선고)를 하지 못한다. 다만, 판결선고 전 구속되었거나 제18조 제1항 제3호(소년분류심사원에 위탁)의 조치가 있었을 때에는 그 구속 또는 위탁의 기간에 해당하는 기간은 노역장에 유치된 것으로 보아 「형법」 제57조(판결선고 전 구금일수의 통산)를 적용할 수 있다.

정답
ⓐ (처분시)18세 미만
ⓑ 유치

제63조 【징역 · 금고의 집행】
징역 또는 금고를 선고받은 소년에 대하여는 특별히 설치된 교도소 또는 일반교도소 안에 특별히 (ⓐ)된 장소에서 그 형을 집행한다. 다만, 소년이 형의 집행 중에 (ⓑ)가 되면 일반 교도소에서 집행할 수 있다.

정답
ⓐ 분리, ⓑ 23세

제64조 【보호처분과 형의 집행】
보호처분이 계속 중일 때에 징역, 금고 또는 구류를 선고받은 소년에 대하여는 먼저 그 (ⓐ)을 집행한다.

정답
ⓐ 형

제65조 【가석방】
징역 또는 금고를 선고받은 소년에 대하여는 다음 각 호의 기간이 지나면 가석방을 허가할 수 있다.
1. 무기형의 경우에는 (ⓐ)
2. 15년 유기형의 경우에는 (ⓑ)
3. 부정기형의 경우에는 (ⓒ)

정답
ⓐ 5년
ⓑ 3년
ⓒ 단기의 3분의 1

제66조 【가석방 기간의 종료】
징역 또는 금고를 선고받은 소년이 가석방된 후 그 처분이 취소되지 아니하고 가석방 전에 집행을 받은 기간과 (ⓐ) 기간이 지난 경우에는 형의 집행을 (ⓑ)한 것으로 한다. 다만, 제59조의 형기(죄를 범할 당시 18세 미만인 소년에 대하여 사형 또는 무기형으로 처할 경우에는 15년의 유기징역) 또는 제60조 제1항에 따른 장기(소년이 법정형으로 장기 2년 이상의 유기형에 해당하는 죄를 범한 경우에 선고된 부정기형의 장기)의 기간이 (ⓒ) 지난 경우에는 그 때에 형의 집행을 (ⓓ)한 것으로 한다.

정답
ⓐ 같은, ⓑ 종료
ⓒ 먼저, ⓓ 종료

제67조 【자격에 관한 법령의 적용】
① 소년이었을 때 범한 죄에 의하여 형의 선고 등을 받은 자에 대하여 다음 각 호의 경우 자격에 관한 법령을 적용할 때 장래에 향하여 형의 선고를 받지 아니한 것으로 본다.
  1. 형을 선고받은 자가 그 집행을 종료하거나 면제받은 경우
  2. 형의 선고유예나 집행유예를 선고받은 경우
② 제1항에도 불구하고 형의 선고유예가 실효되거나 집행유예가 실효 · 취소된 때에는 그 때에 형을 선고받은 것으로 본다.

제4장 벌칙

제68조【보도 금지】

① 이 법에 따라 조사 또는 심리 중에 있는 보호사건이나 형사사건에 대하여는 성명·연령·직업·용모 등으로 비추어 볼 때 그 자가 당해 사건의 당사자라고 미루어 짐작할 수 있는 정도의 사실이나 사진을 신문이나 그 밖의 출판물에 싣거나 방송할 수 없다.

② 제1항을 위반한 다음 각 호의 자는 1년 이하의 징역 또는 1천만원 이하의 벌금에 처한다.

1. 신문: 편집인 및 발행인
2. 그 밖의 출판물: 저작자 및 발행자
3. 방송: 방송편집인 및 방송인

제69조【나이의 거짓 진술】

(ⓐ)이 고의로 나이를 거짓으로 진술하여 보호처분이나 소년 형사처분을 받은 경우에는 (ⓑ)의 징역에 처한다.

정답

ⓐ 성인

ⓑ 1년 이하

제70조【조회 응답】

① 소년 보호사건과 관계있는 기관은 그 사건 내용에 관하여 재판, 수사 또는 군사상 필요한 경우 외의 어떠한 조회에도 응하여서는 아니 된다.

② 제1항을 위반한 자는 1년 이하의 징역 또는 1천만원 이하의 벌금에 처한다.

제71조【소환의 불응 및 보호자 특별교육명령 불응】

다음 각 호의 어느 하나에 해당하는 자에게는 300만원 이하의 과태료를 부과한다.

1. 제13조 제1항에 따른 소환(소년부 판사의 사건 본인·보호자·참고인 소환)에 정당한 이유 없이 응하지 아니한 자
2. 제32조의2 제3항의 (소년부 판사의 보호자에 대한)특별교육명령에 정당한 이유 없이 응하지 아니한 자

CHAPTER

02 보호소년법

【시행 2022. 2. 18】【법률 제18425호, 2021. 8. 17, 타법개정】

제1장 총칙

제1조 【목적】

이 법은 보호소년 등의 처우 및 교정교육과 소년원과 소년분류심사원의 조직, 기능 및 운영에 관하여 필요한 사항을 규정함을 목적으로 한다.

제1조의2 【정의】

이 법에서 사용하는 용어의 뜻은 다음과 같다.

1. (ⓐ)소년	「소년법」 제32조 제1항 제7호(병원, 요양소 또는 의료재활소년원에 위탁보호탁), 제8호(1개월 이내의 소년원 송치), 제9호(단기 소년원 송치), 제10호(장기 소년원 송치)의 규정에 따라 가정법원소년부 또는 지방법원소년부(법원소년부)로부터 위탁되거나 송치된 소년을 말한다.
2. (ⓑ)소년	「소년법」 제18조 제1항 제3호(임시조치 - 소년분류심사원에 위탁)에 따라 법원소년부로부터 위탁된 소년을 말한다.
3. (ⓒ)소년	「보호관찰 등에 관한 법률」 제42조(유치) 제1항에 따라 유치된 소년을 말한다.
4. 보호소년 등	보호소년, 위탁소년 또는 유치소년을 말한다.

정답
ⓐ 보호
ⓑ 위탁
ⓒ 유치

제4조 【관장 및 조직】

① 소년원과 소년분류심사원은 (ⓐ)이 관장한다.

② 소년원과 소년분류심사원의 명칭, 위치, 직제, 그 밖에 필요한 사항은 (ⓑ)으로 정한다.

정답
ⓐ 법무부장관
ⓑ 대통령령

제5조 【소년원의 분류 등】

① (ⓐ)은 보호소년의 처우상 필요하다고 인정하면 대통령령으로 정하는 바에 따라 소년원을 초·중등교육, 직업능력개발훈련, 의료재활 등 기능별로 분류하여 운영하게 할 수 있다.

② 법무부장관은 제1항에 따라 의료재활 기능을 전문적으로 수행하는 소년원을 (ⓑ)으로 운영한다.

정답
ⓐ 법무부장관
ⓑ 의료재활소년원

제6조 【소년원 등의 규모 등】

① 신설하는 소년원 및 소년분류심사원은 수용정원이 (ⓐ　　　) 이내의 규모가 되도록 하여야 한다. 다만, 소년원 및 소년분류심사원의 기능·위치나 그 밖의 사정을 고려하여 그 규모를 (ⓑ　　　　　).

② 보호소년 등의 개별적 특성에 맞는 처우를 위하여 소년원 및 소년분류심사원에 두는 생활실은 대통령령으로 정하는 바에 따라 (ⓒ　　　)로 구성하여야 한다.

③ 소년원 및 소년분류심사원의 생활실이나 그 밖의 수용생활을 위한 설비는 그 목적과 기능에 맞도록 설치되어야 한다.

④ 소년원 및 소년분류심사원의 생활실은 보호소년 등의 건강한 생활과 성장을 위하여 적정한 수준의 공간과 채광·통풍·난방을 위한 시설이 (ⓓ　　　　　).

정답
ⓐ 150명
ⓑ 증대할 수 있다
ⓒ 소규모
ⓓ 갖추어져야 한다

시행령

제5조의2 【생활실 수용정원】

법 제6조 제2항에 따라 소년원 또는 소년분류심사원(이하 "소년원 등"이라 한다)에 두는 생활실의 수용정원은 (ⓐ　　　)로 한다. 다만, 소년원 등의 기능·위치나 그 밖의 사정을 고려하여 수용인원을 (ⓑ　　　　　).

정답
ⓐ 4명 이하
ⓑ 증대할 수 있다

제2장 수용·보호

제7조 【수용절차】

① 보호소년 등을 소년원이나 소년분류심사원에 수용할 때에는 법원소년부의 (ⓐ　　　), 법무부장관의 (ⓑ　　　) 또는 지방법원 판사의 (ⓒ　　　)에 의하여야 한다.

② 원장은 새로 수용된 보호소년 등에 대하여 (ⓓ　　　) 건강진단과 위생에 필요한 조치를 하여야 한다.

③ 원장은 새로 수용된 보호소년 등의 (ⓔ　　　)나 보호소년 등이 지정하는 자(이하 "보호자 등"이라 한다)에게 지체 없이 수용 사실을 알려야 한다.

정답
ⓐ 결정서
ⓑ 이송허가서
ⓒ 유치허가장
ⓓ 지체 없이
ⓔ 보호자

PART 02

제8조【분류처우】

① 원장은 보호소년 등의 정신적 · 신체적 상황 등 개별적 특성을 고려하여 생활실을 (ⓐ)하는 등 적합한 처우를 하여야 한다.
② 보호소년 등은 다음 각 호의 기준에 따라 (ⓑ) 수용한다.
1. (ⓒ)
2. (ⓓ)
③ 「소년법」 제32조 제1항 제7호(병원, 요양소 또는 의료재활소년원에 위탁)의 처분을 받은 보호소년은 (ⓔ)에 해당하는 소년원에 수용하여야 한다.
④ 원장은 보호소년 등이 희망하거나 특별히 보호소년 등의 (ⓕ)에 맞는 처우가 필요한 경우 보호소년 등을 혼자 생활하게 할 수 있다.

정답
ⓐ 구분
ⓑ 분리
ⓒ 남성과 여성
ⓓ 보호소년, 위탁소년 및 유치소년
ⓔ 의료재활소년원
ⓕ 개별적 특성

제9조【보호처분의 변경 등】

① (ⓐ)은 보호소년이 다음 각 호의 어느 하나에 해당하는 경우에는 소년원 소재지를 관할하는 법원소년부에 「소년법」 제37조(처분의 변경)에 따른 보호처분의 (ⓑ).
1. (ⓒ)로 판명되어 수용하기 위험하거나 장기간 치료가 필요하여 교정교육의 실효를 거두기가 어렵다고 판단되는 경우
2. 심신의 (ⓓ)가 현저하거나 임신 또는 출산(유산 · 사산한 경우를 포함한다), 그 밖의 사유로 (ⓔ)가 필요한 경우
3. (ⓕ)를 현저히 문란하게 하는 보호소년에 대한 교정교육을 위하여 보호기간을 연장할 필요가 있는 경우
② (ⓖ)은 위탁소년이 제1항 각 호의 어느 하나에 해당하는 경우에는 위탁 결정을 한 법원소년부에 「소년법」 제18조(임시조치)에 따른 (ⓗ)의 취소, 변경 또는 연장에 관한 의견을 제시할 수 있다.
③ (ⓘ)은 유치소년이 제1항 제1호 또는 제2호에 해당하는 경우에는 유치 허가를 한 지방법원 판사 또는 소년분류심사원 소재지를 관할하는 법원소년부에 (ⓙ)의 취소에 관한 의견을 제시할 수 있다.
④ 제3항에 따른 의견 제시 후 지방법원 판사 또는 법원소년부 판사의 유치 허가 취소 결정이 있으면 소년분류심사원장은 그 유치소년을 관할하는 (ⓚ)에게 이를 (ⓛ) 통보하여야 한다.
⑤ 제1항에 따른 보호처분의 변경을 할 경우 보호소년이 (ⓜ) 경우에도 「소년법」 제2조(소년 및 보호자의 정의) 및 제38조(보호처분의 취소) 제1항에도 불구하고 같은 법 제2장의 보호사건 규정을 적용한다.

정답
ⓐ 소년원장
ⓑ 변경을 신청할 수 있다
ⓒ 중환자
ⓓ 장애, ⓔ 특별한 보호
ⓕ 시설의 안전과 수용질서
ⓖ 소년분류심사원장
ⓗ 임시조치
ⓘ 소년분류심사원장
ⓙ 유치 허가
ⓚ 보호관찰소장, ⓛ 즉시
ⓜ 19세 이상인

제10조【원장의 면접】
원장은 보호소년 등으로부터 처우나 일신상의 사정에 관한 의견을 듣기 위하여 수시로 보호소년 등과 (ⓐ)을 하여야 한다.

정답
ⓐ 면접

제11조【청원】
보호소년 등은 그 처우에 대하여 불복할 때에는 (ⓐ)에게 (ⓑ)로 청원할 수 있다.

정답
ⓐ 법무부장관, ⓑ 문서

제12조【이송】
① 소년원장은 분류수용, 교정교육상의 필요, 그 밖의 이유로 보호소년을 다른 소년원으로 이송하는 것이 적당하다고 인정하면 (ⓐ)의 허가를 받아 이송(ⓑ).
② 「소년법」 제32조 제1항 제7호(병원, 요양소 또는 의료재활소년원에 위탁)의 처분을 받은 보호소년은 의료재활소년원에 해당하지 아니하는 소년원으로 이송(ⓒ).

정답
ⓐ 법무부장관
ⓑ 할 수 있다
ⓒ 할 수 없다

제13조【비상사태 등의 대비】
① 원장은 천재지변이나 그 밖의 재난 또는 비상사태에 대비하여 계획을 수립하고 보호소년 등에게 대피훈련 등 필요한 훈련을 실시(ⓐ).
② 원장은 천재지변이나 그 밖의 재난 또는 비상사태가 발생한 경우에 그 시설 내에서는 안전한 대피방법이 없다고 인정될 때에는 보호소년 등을 (ⓑ)으로 적당한 장소로 (ⓒ).

정답
ⓐ 하여야 한다
ⓑ 일시적
ⓒ 긴급 이송할 수 있다

제14조의2 【보호장비의 사용】

① 보호장비의 종류는 다음 각 호와 같다.
1. (ⓐ)
2. (ⓑ)
3. (ⓒ)
4. (ⓓ)
5. (ⓔ)
6. (ⓕ)

② 원장은 다음 각 호의 어느 하나에 해당하는 경우에는 소속 공무원으로 하여금 보호소년 등에 대하여 (ⓖ)를 사용하게 할 수 있다.
1. 이탈 · 난동 · 폭행 · 자해 · 자살을 (ⓗ)하기 위하여 필요한 경우
2. 법원 또는 검찰의 조사 · 심리, 이송, 그 밖의 사유로 (ⓘ)하는 경우
3. 그 밖에 소년원 · 소년분류심사원의 (ⓙ)를 해칠 우려가 현저한 경우

③ 원장은 다음 각 호의 어느 하나에 해당하는 경우에는 소속 공무원으로 하여금 보호소년 등에 대하여 수갑, 포승 또는 보호대 외에 (ⓚ)를 사용하게 할 수 있다.
1. 이탈, 자살, 자해하거나 (ⓛ)하려고 하는 때
2. 다른 사람에게 (ⓜ)를 가하거나 가하려고 하는 때
3. (ⓝ)으로 소속 공무원의 정당한 (ⓞ)을 방해하는 때
4. 소년원 · 소년분류심사원의 설비 · 기구 등을 (ⓟ)하거나 손괴하려고 하는 때
5. 그 밖에 시설의 (ⓠ)를 크게 해치는 행위를 하거나 하려고 하는 때

④ 제3항에 따라 가스총이나 전자충격기를 사용하려면 (ⓡ)에 상대방에게 이를 (ⓢ)하여야 한다. 다만, 상황이 (ⓣ)하여 경고할 시간적인 여유가 없는 때에는 그러하지 아니하다.

⑤ 원장은 보호소년 등이 (ⓤ)할 우려가 큰 경우에는 소속 공무원으로 하여금 보호소년 등에게 (ⓥ)를 사용하게 할 수 있다.

⑥ 보호장비는 (ⓦ)에서 사용하여야 하며, 보호장비를 사용할 필요가 없게 되었을 때에는 (ⓧ) 사용을 중지하여야 한다.

⑦ 보호장비는 징벌의 수단으로 사용되어서는 (ⓨ).

⑧ 보호장비의 사용방법 및 관리에 관하여 필요한 사항은 법무부령으로 정한다.

정답

ⓐ 수갑
ⓑ 포승
ⓒ 가스총
ⓓ 전자충격기
ⓔ 머리보호장비
ⓕ 보호대
ⓖ 수갑, 포승 또는 보호대
ⓗ 방지
ⓘ 호송
ⓙ 안전이나 질서
ⓚ 가스총이나 전자충격기
ⓛ 이탈, 자살, 자해
ⓜ 위해
ⓝ 위력, ⓞ 직무집행
ⓟ 손괴
ⓠ 안전 또는 질서
ⓡ 사전, ⓢ 경고
ⓣ 급박
ⓤ 자해, ⓥ 머리보호장비
ⓦ 필요한 최소한의 범위
ⓧ 지체 없이
ⓨ 아니 된다

제14조의3 【전자장비의 설치 · 운영】

① 소년원 및 소년분류심사원에는 보호소년 등의 이탈 · 난동 · 폭행 · 자해 · 자살, 그 밖에 보호소년 등의 생명 · 신체를 해치거나 시설의 안전 또는 질서를 해치는 행위(이하 이 조에서 "자해 등"이라 한다)를 방지하기 위하여 (ⓐ　　　　　)의 범위에서 전자장비를 설치하여 운영(ⓑ　　　　　).

② 보호소년 등이 사용하는 목욕탕, 세면실 및 화장실에 전자영상장비를 설치하여 운영하는 것은 (ⓒ　　　) 등의 우려가 큰 때에만 (ⓓ　　　　　). 이 경우 전자영상장비로 보호소년 등을 감호할 때에는 여성인 보호소년 등에 대해서는 (ⓔ　　　)인 소속 공무원만, 남성인 보호소년 등에 대해서는 (ⓕ　　)인 소속 공무원만이 참여하여야 한다.

③ 제1항 및 제2항에 따라 전자장비를 설치 · 운영할 때에는 보호소년 등의 (ⓖ　　　)이 침해되지 아니하도록 하여야 한다.

④ 전자장비의 종류 · 설치장소 · 사용방법 및 녹화기록물의 관리 등에 필요한 사항은 법무부령으로 정한다.

정답
ⓐ 필요한 최소한
ⓑ 할 수 있다
ⓒ 자해, ⓓ 할 수 있다
ⓔ 여성, ⓕ 남성
ⓖ 인권

제14조의4 【규율 위반 행위】

보호소년 등은 다음 각 호의 행위를 하여서는 아니 된다.

1. 「형법」, 「폭력행위 등 처벌에 관한 법률」, 그 밖의 (ⓐ　　　　)에 저촉되는 행위
2. 생활의 편의 등 자신의 요구를 관철할 목적으로 (ⓑ　　　)하는 행위
3. 소년원 · 소년분류심사원의 안전 또는 질서를 해칠 목적으로 (ⓒ　　　)를 조직하거나 그 단체에 가입하거나 (ⓓ　　　)을 선동하는 행위
4. (ⓔ　　　)을 반입하거나 이를 제작 · 소지 · 사용 · 수수 · 교환 또는 은닉하는 행위
5. 정당한 사유 없이 (ⓕ　　　) 등을 거부하거나 게을리하는 행위
6. 그 밖에 시설의 (ⓖ　　　) 유지를 위하여 법무부령으로 정하는 규율을 위반하는 행위

정답
ⓐ 형사 법률
ⓑ 자해
ⓒ 단체, ⓓ 다중
ⓔ 금지물품
ⓕ 교육
ⓖ 안전과 질서

제15조【징계】

① 원장은 보호소년 등이 제14조의4(규율 위반 행위) 각 호의 어느 하나에 해당하는 행위를 하면 제15조의2(보호소년 등 처우 · 징계위원회) 제1항에 따른 보호소년 등 처우 · 징계위원회의 의결에 따라 다음 각 호의 어느 하나에 해당하는 징계를 할 수 있다.

1. (ⓐ)
2. (ⓑ)
3. (ⓒ)
4. (ⓓ)
5. 20일 이내의 (ⓔ)
6. 20일 이내의 (ⓕ)
7. 20일 이내의 기간 동안 지정된 실 안에서 (ⓖ)하게 하는 것

② 제1항 제3호부터 제6호까지의 처분은 (ⓗ) 부과할 수 있다.

③ 제1항 제7호(20일 이내의 기간 동안 지정된 실 안에서 근신)의 처분은 (ⓘ)의 보호소년 등에게는 부과하지 못한다.

④ 원장은 제1항 제7호의 처분을 받은 보호소년 등에게 개별적인 체육활동 시간을 보장하여야 한다. 이 경우 (ⓙ) 실외운동을 할 수 있도록 (ⓚ).

⑤ 제1항 제7호의 처분을 받은 보호소년 등에게는 그 기간 중 같은 항 제4호부터 제6호까지의 처우 제한이 (ⓛ) 부과된다. 다만, 원장은 보호소년 등의 교화 또는 건전한 사회복귀를 위하여 특히 필요하다고 인정하면 (ⓜ)를 허가할 수 있다.

⑥ 소년원장은 보호소년이 제1항 각 호의 어느 하나에 해당하는 징계를 받은 경우에는 법무부령으로 정하는 기준에 따라 교정성적 점수를 (ⓝ) 한다.

⑦ 징계는 당사자의 심신상황을 고려하여 교육적으로 하여야 한다.

⑧ 원장은 보호소년 등에게 제1항에 따라 징계를 한 경우에는 지체 없이 그 사실을 (ⓞ)에게 통지(ⓟ)

⑨ (ⓠ)은 징계를 받은 보호소년 등의 (ⓡ)와 상담을 할 수 있다.

정답

ⓐ 훈계
ⓑ 원내 봉사활동
ⓒ 서면 사과
ⓓ 20일 이내의 텔레비전 시청 제한
ⓔ 단체 체육활동 정지
ⓕ 공동행사 참가 정지
ⓖ 근신
ⓗ 함께
ⓘ 14세 미만
ⓙ 매주 1회 이상
ⓚ 하여야 한다
ⓛ 함께
ⓜ 텔레비전 시청, 단체 체육활동 또는 공동행사 참가
ⓝ 빼야
ⓞ 보호자
ⓟ 하여야 한다
ⓠ 원장, ⓡ 보호자

제15조의2 【보호소년 등 처우 · 징계위원회】

① 보호소년 등의 처우에 관하여 원장의 자문에 응하게 하거나 징계대상자에 대한 징계를 심의 · 의결하기 위하여 소년원 및 소년분류심사원에 보호소년 등 처우 · 징계위원회를 둔다.

② 제1항에 따른 보호소년 등 처우 · 징계위원회(이하 "위원회"라 한다)는 위원장을 (ⓐ)한 (ⓑ)의 위원으로 구성하고, 민간위원은 (ⓒ)으로 한다.

③ 위원회가 징계대상자에 대한 징계를 심의 · 의결하는 경우에는 (ⓓ)의 민간위원이 해당 심의 · 의결에 참여하여야 한다.

④ 위원회는 소년보호에 관한 학식과 경험이 풍부한 외부인사로부터 의견을 들을 수 있다.

⑤ 제1항부터 제4항까지에서 규정한 사항 외에 위원회의 구성과 운영 등에 필요한 사항은 대통령령으로 정한다.

⑥ 위원회의 위원 중 공무원이 아닌 사람은 「형법」 제127조(공무상 비밀의 누설) 및 제129조부터 제132조(수뢰 · 사전수뢰, 제3자 뇌물제공, 수뢰후 부정처사 · 사후수뢰, 알선수뢰)까지의 규정을 적용할 때에는 공무원으로 본다.

정답
ⓐ 포함,
ⓑ 5명 이상 11명 이하
ⓒ 1명 이상
ⓓ 1명 이상

제16조 【포상】

① 원장은 교정성적이 우수하거나 품행이 타인의 모범이 되는 보호소년 등에게 (ⓐ)을 할 수 있다.

② 원장은 제1항에 따라 포상을 받은 보호소년 등에게는 특별한 처우를 할 수 있다.

정답
ⓐ 포상

제18조 【면회 · 편지 · 전화통화】

① 원장은 비행집단과 교제하고 있다고 의심할 만한 상당한 이유가 있는 경우 등 보호소년 등의 보호 및 교정교육에 지장이 있다고 인정되는 경우 외에는 보호소년 등의 면회를 (ⓐ 　　　　). 다만, 제15조 제1항 제7호(20일 이내의 기간 동안 지정된 실 안에서 근신)의 징계를 받은 보호소년 등에 대한 면회는 그 상대방이 (ⓑ 　　)이나 (ⓒ 　　)(이하 "변호인 등"이라 한다) 또는 (ⓓ 　　)인 경우에 (ⓔ 　　)하여 허가할 수 있다.

② 보호소년 등이 면회를 할 때에는 소속 공무원이 (ⓕ 　　)하여 보호소년 등의 보호 및 교정교육에 지장이 없도록 지도할 수 있다. 이 경우 소속 공무원은 보호소년 등의 보호 및 교정교육에 지장이 있다고 인정되는 경우에는 면회를 (ⓖ 　　　　).

③ 제2항 전단에도 불구하고 보호소년 등이 (ⓗ 　　) 등과 면회를 할 때에는 소속 공무원이 참석하지 아니한다. 다만, 보이는 거리에서 보호소년 등을 지켜볼 수 있다.

④ 원장은 (ⓘ 　　)으로 비행을 저지른 관계에 있는 사람의 편지인 경우 등 보호소년 등의 보호 및 교정교육에 지장이 있다고 인정되는 경우에는 보호소년 등의 편지 왕래를 (ⓙ 　　)할 수 있으며, 편지의 내용을 (ⓚ 　　)할 수 있다.

⑤ 제4항에도 불구하고 보호소년 등이 (ⓛ 　　) 등과 주고받는 편지는 제한하거나 검사할 수 (ⓜ 　　). 다만, 상대방이 변호인 등임을 확인할 수 없는 때에는 (ⓝ 　　)로 한다.

⑥ 원장은 공범 등 교정교육에 해가 된다고 인정되는 사람과의 전화통화를 제한하는 등 보호소년 등의 보호 및 교정교육에 지장을 주지 아니하는 범위에서 가족 등과 전화통화를 (ⓞ 　　　　).

⑦ 제1항과 제2항에 따른 면회 허가의 제한과 면회 중지, 제4항에 따른 편지 왕래의 제한 및 제6항에 따른 전화통화의 제한 사유에 관한 구체적인 범위는 대통령령으로 정한다.

⑧ 제6항에 따른 전화통화를 위하여 소년원 및 소년분류심사원에 설치하는 전화기의 운영에 필요한 사항은 법무부장관이 정한다.

정답

ⓐ 허가하여야 한다,
ⓑ 변호인, ⓒ 보조인
ⓓ 보호자, ⓔ 한정
ⓕ 참석
ⓖ 중지할 수 있다
ⓗ 변호인
ⓘ 공동, ⓙ 제한
ⓚ 검사
ⓛ 변호인
ⓜ 없다, ⓝ 예외
ⓞ 허가할 수 있다

시행령

제38조【면회허가의 제한】

원장은 보호소년 등을 면회하려는 사람이 다음 각 호의 어느 하나에 해당한다고 인정되면 면회를 허가하지 않을 수 있다.

1. (ⓐ)과 교제하고 있거나 특정 비행집단에 소속되어 있다고 의심할 만한 상당한 이유가 있는 경우
2. 보호소년 등과 소년원 등에서 함께 수용된 적이 있는 사람으로서 그와 (ⓑ)하는 것이 보호소년 등의 교육에 지장을 줄 수 있다고 판단되는 경우
3. 보호소년 등의 보호자 등 없이 (ⓒ)으로 면회하려는 경우. 다만, 학교 교사, 소년보호위원 또는 자원봉사자 등 교정교육에 도움이 된다고 인정되거나 보호소년 등과 사실혼 관계에 있다고 인정되는 경우는 제외한다.
4. 그 밖에 보호소년 등과의 관계가 (ⓓ)하거나 음주·폭언·폭행 등으로 보호소년 등의 교육에 해가 될 수 있다고 판단되는 경우

정답
ⓐ 비행집단
ⓑ 교류
ⓒ 단독
ⓓ 불명확

제19조【외출】

소년원장은 보호소년에게 다음 각 호의 어느 하나에 해당하는 사유가 있을 때에는 본인이나 보호자 등의 (ⓐ)에 따라 또는 (ⓑ)으로 외출을 허가할 수 있다.

1. 직계존속이 (ⓒ)하거나 (ⓓ)하였을 때
2. 직계존속의 (ⓔ) 또는 형제자매의 (ⓕ)가 있을 때
3. 천재지변이나 그 밖의 사유로 가정에 인명 또는 재산상의 (ⓖ) 가 발생하였을 때
4. 병역, 학업, 질병 등의 사유로 (ⓗ)이 필요할 때
5. 그 밖에 (ⓘ)상 특히 필요하다고 인정할 때

정답
ⓐ 신청, ⓑ 직권
ⓒ 위독, ⓓ 사망
ⓡ 회갑, ⓕ 혼례
ⓖ 중대한 피해
ⓗ 외출, ⓘ 교정교육

제20조【환자의 치료】

① 원장은 보호소년 등이 질병에 걸리면 지체 없이 적정한 치료를 받도록 (ⓐ).
② 원장은 소년원이나 소년분류심사원에서 제1항에 따른 치료를 하는 것이 곤란하다고 인정되면 (ⓑ) 의료기관에서 치료를 받게 (ⓒ).
③ 원장은 보호소년 등이나 그 보호자 등이 자비로 치료받기를 원할 때에는 이를 허가(ⓓ).
④ 소년원 및 소년분류심사원에 근무하는 간호사는 「의료법」 제27조(무면허 의료행위 등 금지)에도 불구하고 야간 또는 공휴일 등 의사가 진료할 수 없는 경우 대통령령으로 정하는 경미한 의료행위를 (ⓔ).

정답
ⓐ 하여야 한다
ⓑ 외부, ⓒ 할 수 있다
ⓓ 할 수 있다
ⓔ 할 수 있다

PART 02

제21조【감염병의 예방과 응급조치】

① 원장은 소년원이나 소년분류심사원에서 감염병이 발생하거나 발생할 우려가 있을 때에는 이에 대한 상당한 조치를 (ⓐ 　　　　).

② 원장은 보호소년 등이 감염병에 걸렸을 때에는 지체 없이 (ⓑ 　　) 수용하고 필요한 응급조치를 (ⓒ 　　　　).

정답
ⓐ 하여야 한다
ⓑ 격리, ⓒ 하여야 한다

제22조【금품의 보관 및 반환】

① 원장은 보호소년 등이 갖고 있던 금전, 의류, 그 밖의 물품을 보관하는 경우에는 이를 안전하게 관리하고 보호소년 등에게 (ⓐ 　　)을 내주어야 한다.

② 원장은 보호소년 등의 퇴원, 임시퇴원, 사망, 이탈 등의 사유로 금품을 계속 보관할 필요가 없게 되었을 때에는 (ⓑ 　　　　) 등에게 반환하여야 한다.

③ 제2항에 따라 반환되지 아니한 금품은 퇴원, 임시퇴원, 사망, 이탈 등의 사유가 발생한 날부터 (ⓒ 　　　)에 본인이나 보호자 등이 반환 요청을 하지 아니하면 국고에 귀속하거나 폐기한다.

정답
ⓐ 수령증
ⓑ 본인이나 보호자
ⓒ 1년 이내

제23조【친권 또는 후견】

(ⓐ 　　)은 미성년자인 보호소년 등이 친권자나 후견인이 없거나 있어도 그 권리를 행사할 수 없을 때에는 (ⓑ 　　)의 허가를 받아 그 보호소년 등을 위하여 친권자나 후견인의 직무를 행사(ⓒ 　　　　).

정답
ⓐ 원장, ⓑ 법원
ⓒ 할 수 있다

제3장 분류심사

제27조【분류심사 결과 등의 통지】

① (ⓐ)은 제3조 제2항 제1호부터 제4호까지의 규정(위탁·유치소년의 분류심사, 전문가 진단의 일환으로 법원소년부가 상담조사를 의뢰한 소년의 상담과 조사, 소년 피의사건에 대하여 검사가 조사를 의뢰한 소년의 품행 및 환경 등의 조사)에 따른 분류심사 또는 조사 결과와 의견 등을 각각 (ⓑ) 또는 (ⓒ)에게 통지(ⓓ).

② 소년분류심사원장은 제3조 제2항 제1호부터 제3호까지에 규정된 소년(위탁·유치소년, 전문가 진단의 일환으로 법원소년부가 상담조사를 의뢰한 소년)이 보호처분의 결정을 받으면 그 소년의 분류심사 결과 및 의견 또는 상담조사 결과 및 의견을 지체 없이 그 처분을 집행하는 소년원이나 보호관찰소에서 정보시스템으로 열람할 수 있도록 통지하여야 한다.

③ 소년분류심사원장은 제3조 제2항 제5호에 따른 분류심사(제1호부터 제4호까지의 규정에 해당되지 아니하는 소년으로서 소년원장이나 보호관찰소장이 의뢰한 소년의 분류심사) 또는 제26조에 따른 청소년심리검사 등을 하였을 때에는 그 결과를 각각 분류심사 또는 심리검사 등을 의뢰한 자에게 통지하고 필요한 의견을 제시할 수 있다.

정답

ⓐ 소년분류심사원장
ⓑ 법원소년부
ⓒ 검사, ⓓ 하여야 한다

제4장 교정교육 등

제31조【학적관리】

① (ⓐ)이 소년원학교에 입교하면 「초·중등교육법」에 따라 입학·전학 또는 편입학한 것으로 본다.

② 「초·중등교육법」 제2조의 학교(초등학교·공민학교, 중학교·고등공민학교, 고등학교·고등기술학교, 특수학교)에서 재학하던 중 소년분류심사원에 위탁되거나 유치된 소년 및 「소년법」 제32조 제1항 제8호(1개월 이내의 소년원 송치)의 처분을 받은 소년의 수용기간은 그 학교의 수업일수로 계산한다.

③ 소년원학교장은 보호소년이 입교하면 그 사실을 보호소년이 최종적으로 재학했던 학교(이하 "전적학교"라 한다)의 장에게 통지하고 그 보호소년의 학적에 관한 자료를 보내줄 것을 요청할 수 있다.

④ 제3항에 따른 요청을 받은 전적학교의 장은 교육의 계속성을 유지하는 데에 필요한 학적사항을 지체 없이 소년원학교장에게 보내야 한다.

정답

ⓐ 보호소년

제32조 【다른 학교로의 전학 · 편입학】
보호소년이 소년원학교에서 교육과정을 밟는 중에 소년원에서 퇴원하거나 임시퇴원하여 전적학교 등 다른 학교에 전학이나 편입학을 신청하는 경우 전적학교 등 다른 학교의 장은 정당한 사유를 제시하지 아니하는 한 이를 (ⓐ   ).

정답
ⓐ 허가하여야 한다

시행령

제34조 【전적학교의 졸업장 수여】

① 소년원학교에서 교육과정을 마친 보호소년이 (ⓐ   )의 졸업장 취득을 희망하는 경우 소년원학교장은 전적학교의 장에게 학적사항을 통지하고 졸업장의 발급을 요청(ⓑ   ).

② 제1항에 따른 요청을 받은 전적학교의 장은 정당한 사유를 제시하지 아니하는 한 졸업장을 발급(ⓒ   ). 이 경우 그 보호소년에 관한 소년원학교의 학적사항은 전적학교의 학적사항으로 본다.

정답
ⓐ 전적학교
ⓑ 할 수 있다
ⓒ 하여야 한다

제37조 【통근취업】

① 소년원장은 보호소년이 직업능력개발훈련과정을 마쳤을 때에는 산업체에 통근취업하게 할 수 있다.

② 소년원장은 보호소년이 제1항에 따라 취업을 하였을 때에는 해당 산업체로 하여금 「근로기준법」을 지키게 하고, 보호소년에게 지급되는 보수는 (ⓐ   )에게 지급(ⓑ   ).

정답
ⓐ 전부 본인
ⓑ 하여야 한다

제5장 출원

제43조【퇴원】

① 소년원장은 보호소년이 (ⓐ)가 되면 퇴원시켜야 한다.

② 소년원장은 「소년법」 제32조 제1항 제8호(1개월 이내의 소년원 송치) 또는 제33조 제1항(보호자 또는 보호자를 대신하여 소년을 보호할 수 있는 자에게 감호 위탁, 아동복지시설이나 그 밖의 소년보호시설에 감호 위탁, 병원·요양소 또는 의료재활소년원에 위탁: 6개월. 6개월 연장 가능)·제5항(단기 소년원 송치: 6개월)·제6항(장기 소년원 송치: 2년)에 따라 수용상한기간에 도달한 보호소년은 (ⓑ) 퇴원시켜야 한다.

③ 소년원장은 교정성적이 양호하며 교정의 목적을 이루었다고 인정되는 보호소년[「소년법」 제32조 제1항 제8호(1개월 이내의 소년원 송치)에 따라 송치된 보호소년은 제외한다]에 대하여는 「보호관찰 등에 관한 법률」에 따른 보호관찰심사위원회에 (ⓒ)을 신청(ⓓ).

④ 위탁소년 또는 유치소년의 소년분류심사원 퇴원은 (ⓔ)에 의하여야 한다.

정답

ⓐ 22세
ⓑ 즉시
ⓒ 퇴원, ⓓ 하여야 한다
ⓔ 법원소년부의 결정서

제44조【임시퇴원】

소년원장은 교정성적이 양호한 자 중 보호관찰의 필요성이 있다고 인정되는 보호소년[「소년법」 제32조 제1항 제8호(1개월 이내의 소년원 송치)에 따라 송치된 보호소년은 (ⓐ)한다]에 대하여는 「보호관찰 등에 관한 법률」 제22조 제1항에 따라 보호관찰심사위원회에 (ⓑ)을 신청하여야 한다.

정답

ⓐ 제외, ⓑ 임시퇴원

제45조의2【사회정착지원】

① 원장은 출원하는 보호소년 등의 성공적인 사회정착을 위하여 장학·원호·취업알선 등 필요한 지원을 할 수 있다.

② 제1항에 따른 사회정착지원(이하 이 조에서 "사회정착지원"이라 한다)의 기간은 (ⓐ)로 하되, (ⓑ)의 범위에서 (ⓒ) 그 기간을 연장할 수 있다.

③ 원장은 제51조에 따른 소년보호협회 및 제51조의2에 따른 소년보호위원에게 사회정착지원에 관한 협조를 요청할 수 있다.

④ 사회정착지원의 절차와 방법 등에 관하여 필요한 사항은 법무부령으로 정한다.

정답

ⓐ 6개월 이내,
ⓑ 6개월 이내,
ⓒ 한 번에 한하여

제46조 【퇴원자 또는 임시퇴원자의 계속 수용】
① 퇴원 또는 임시퇴원이 허가된 보호소년이 질병에 걸리거나 본인의 편익을 위하여 필요하면 (ⓐ)에 의하여 (ⓑ) 수용할 수 있다.
② 소년원장은 제1항에 따른 계속 수용의 사유가 소멸되면 지체 없이 보호소년을 (ⓒ)에게 인도(ⓓ).
③ 소년원장은 제1항에 따라 임시퇴원이 허가된 보호소년을 계속 수용할 때에는 그 사실을 (ⓔ)에게 통지(ⓕ).

정답
ⓐ 본인의 신청
ⓑ 계속
ⓒ 보호자 등
ⓓ 하여야 한다
ⓔ 보호관찰소장
ⓕ 하여야 한다

제47조 【물품 또는 귀가여비의 지급】
소년원장은 보호소년이 퇴원허가 또는 임시퇴원허가를 받거나 「소년법」 제37조 제1항(보호처분과 부가처분의 변경)에 따라 처분변경 결정을 받았을 때에는 필요한 경우 (ⓐ) 또는 (ⓑ)를 지급(ⓒ).

정답
ⓐ 물품, ⓑ 귀가여비
ⓒ 할 수 있다

제48조 【임시퇴원 취소자의 재수용】
① 소년원장은 「보호관찰 등에 관한 법률」 제48조(가석방 및 임시퇴원의 취소)에 따라 임시퇴원이 취소된 자는 지체 없이 (ⓐ).
② 제1항에 따라 재수용된 자의 수용기간은 (ⓑ)으로 한다.
③ 제1항에 따라 재수용된 자는 새로 수용된 보호소년에 준하여 처우를 한다.

정답
ⓐ 재수용하여야 한다
ⓑ 수용상한기간 중 남은 기간

제6장 보칙

제52조 【소년분류심사원이 설치되지 아니한 지역에서의 소년분류심사원의 임무수행】
소년분류심사원이 설치되지 아니한 지역에서는 소년분류심사원이 설치될 때까지 소년분류심사원의 임무는 (ⓐ)이 수행하고, 위탁소년 및 유치소년은 소년원의 (ⓑ)에 수용한다.

정답
ⓐ 소년원
ⓑ 구획된 장소

CHAPTER

03 보호관찰법

【시행 2022. 1. 21】【법률 제18299호, 2021. 7. 20, 일부개정】

제1장 총칙

제1조【목적】

이 법은 죄를 지은 사람으로서 재범 방지를 위하여 보호관찰, 사회봉사, 수강 및 갱생보호 등 체계적인 사회 내 처우가 필요하다고 인정되는 사람을 지도하고 보살피며 도움으로써 건전한 사회 복귀를 촉진하고, 효율적인 범죄예방 활동을 전개함으로써 개인 및 공공의 복지를 증진함과 아울러 사회를 보호함을 목적으로 한다.

제3조【대상자】

① 보호관찰을 받을 사람(이하 "보호관찰 대상자"라 한다)은 다음 각 호와 같다.

1. 「형법」 제59조의2에 따라 보호관찰을 조건으로 형의 (ⓐ   )를 받은 사람
2. 「형법」 제62조의2에 따라 보호관찰을 조건으로 형의 (ⓑ   )를 선고받은 사람
3. 「형법」 제73조의2 또는 이 법 제25조에 따라 보호관찰을 조건으로 (ⓒ   )
4. 「소년법」 제32조 제1항 제4호(보호관찰관의 (ⓓ   ) 보호관찰) 및 제5호(보호관찰관의 (ⓔ   ) 보호관찰)의 보호처분을 받은 사람
5. 다른 법률에서 이 법에 따른 보호관찰을 받도록 규정된 사람

② 사회봉사 또는 수강을 하여야 할 사람(이하 "사회봉사·수강명령 대상자"라 한다)은 다음 각 호와 같다.

1. 「형법」 제62조의2에 따라 사회봉사 또는 수강을 조건으로 형의 (ⓕ   )를 선고받은 사람
2. 「소년법」 제32조에 따라 (ⓖ   )을 받은 사람
3. (ⓗ   )에서 이 법에 따른 사회봉사 또는 수강을 받도록 규정된 사람

③ (ⓘ   )(이하 "갱생보호 대상자"라 한다)은 형사처분 또는 보호처분을 받은 사람으로서 자립갱생을 위한 숙식 제공, 주거 지원, 창업 지원, 직업훈련 및 취업 지원 등 보호의 필요성이 인정되는 사람으로 한다.

PART 02

정답

ⓐ 선고유예
ⓑ 집행유예
ⓒ 가석방되거나 임시퇴원된 사람
ⓓ 단기, ⓔ 장기
ⓕ 집행유예
ⓖ 사회봉사명령 또는 수강명령
ⓗ 다른 법률
ⓘ 갱생보호를 받을 사람

제2장 보호관찰기관

제1절 _ 보호관찰 심사위원회

제5조 【설치】

① 보호관찰에 관한 사항을 심사 · 결정하기 위하여 (ⓐ) 소속으로 보호관찰 심사위원회(이하 "심사위원회"라 한다)를 둔다.

② 심사위원회는 고등검찰청 소재지 등 대통령령으로 정하는 지역에 설치한다.

정답
ⓐ 법무부장관

제6조 【관장 사무】

심사위원회는 이 법에 따른 다음 각 호의 사항을 심사 · 결정한다.

1. (ⓐ)과 그 (ⓑ)에 관한 사항
2. (ⓒ) 임시퇴원의 취소 및 「보호소년 등의 처우에 관한 법률」 제43조 제3항에 따른 보호소년의 (ⓓ)(이하 "퇴원"이라 한다)에 관한 사항
3. 보호관찰의 (ⓔ)와 그 취소에 관한 사항
4. 보호관찰의 (ⓕ)와 그 취소에 관한 사항
5. 가석방 중인 사람의 (ⓖ)에 관한 사항
6. 이 법 또는 다른 법령에서 심사위원회의 (ⓗ)로 규정된 사항
7. 제1호부터 제6호까지의 사항과 관련된 사항으로서 (ⓘ)

정답
ⓐ 가석방, ⓑ 취소
ⓒ 임시퇴원, ⓓ 퇴원
ⓔ 임시해제
ⓕ 정지
ⓖ 부정기형의 종료
ⓗ 관장 사무
ⓘ 위원장이 회의에 부치는 사항

제7조 【구성】

① 심사위원회는 위원장을 포함하여 (ⓐ)의 위원으로 구성한다.

② 심사위원회의 위원장은 (ⓑ) 중에서 (ⓒ)이 임명한다.

③ 심사위원회의 위원은 판사, 검사, 변호사, 보호관찰소장, 지방교정청장, 교도소장, 소년원장 및 보호관찰에 관한 지식과 경험이 풍부한 사람 중에서 (ⓓ)이 임명하거나 위촉한다.

④ 심사위원회의 위원 중 (ⓔ)의 상임위원을 둔다.

정답
ⓐ 5명 이상 9명 이하
ⓑ 고등검찰청 검사장 또는 고등검찰청 소속 검사
ⓒ 법무부장관
ⓓ 법무부장관
ⓔ 3명 이내

제8조 【위원의 임기】

위원의 임기는 (ⓐ)으로 하되, 연임할 수 있다. 다만, 공무원인 비상임위원의 임기는 그 직위에 있는 기간으로 한다.

정답
ⓐ 2년

제12조 【의결 및 결정】

① 심사위원회의 회의는 재적위원 (ⓐ)으로 개의하고, 출석위원 (ⓑ)으로 의결한다.

② 제1항에도 불구하고 회의를 개최할 시간적 여유가 없는 등 부득이한 경우로서 대통령령으로 정하는 경우에는 서면으로 의결할 수 있다. 이 경우 재적위원 (ⓒ)으로 의결한다.

③ 심사위원회의 회의는 (ⓓ)로 한다.

④ 결정은 이유를 붙이고 심사한 위원이 서명 또는 기명날인한 문서로 한다.

정답
ⓐ 과반수의 출석
ⓑ 과반수의 찬성
ⓒ 과반수의 찬성
ⓓ 비공개

제2절 _ 보호관찰소

제14조 【보호관찰소의 설치】

① 보호관찰, 사회봉사, 수강 및 갱생보호에 관한 사무를 관장하기 위하여 (ⓐ) 소속으로 보호관찰소를 둔다.

② 보호관찰소의 사무 일부를 처리하게 하기 위하여 그 관할 구역에 보호관찰지소를 둘 수 있다.

정답
ⓐ 법무부장관

제15조 【보호관찰소의 관장 사무】

보호관찰소(보호관찰지소를 포함한다. 이하 같다)는 다음 각 호의 사무를 관장한다.

1. (ⓐ)의 집행
2. (ⓑ)
3. 검사가 보호관찰관이 선도함을 조건으로 공소제기를 유예하고 위탁한 (ⓒ)
4. 제18조에 따른 범죄예방 자원봉사위원에 대한 (ⓓ)
5. (ⓔ)
6. 이 법 또는 다른 법령에서 보호관찰소의 (ⓕ)로 규정된 사항

정답
ⓐ 보호관찰, 사회봉사명령 및 수강명령
ⓑ 갱생보호
ⓒ 선도 업무
ⓓ 교육훈련 및 업무지도
ⓔ 범죄예방활동
ⓕ 관장 사무

제16조 【보호관찰관】

① 보호관찰소에는 제15조 각 호의 사무를 처리하기 위하여 (ⓐ)을 둔다.

② 보호관찰관은 형사정책학, 행형학, 범죄학, 사회사업학, 교육학, 심리학, 그 밖에 보호관찰에 필요한 전문적 지식을 갖춘 사람이어야 한다.

정답
ⓐ 보호관찰관

제17조 【보호관찰소의 명칭 등】

보호관찰소의 명칭, 관할 구역, 조직 및 정원, 그 밖에 필요한 사항은 (ⓐ)으로 정한다.

정답
ⓐ 대통령령

제3장 보호관찰

제1절_판결 전 조사

제19조 【판결 전 조사】

① (ⓐ　　　)은 피고인에 대하여 「형법」 제59조의2(선고유예시 보호관찰) 및 제62조의2(집행유예시 보호관찰, 사회봉사 · 수강명령)에 따른 보호관찰, 사회봉사 또는 수강을 명하기 위하여 필요하다고 인정하면 그 법원의 소재지 또는 피고인의 주거지를 관할하는 (ⓑ　　　　　)에게 범행 동기, 직업, 생활환경, 교우관계, 가족상황, 피해회복 여부 등 피고인에 관한 사항의 조사를 요구(ⓒ　　　　　　).

② 제1항의 요구를 받은 보호관찰소의 장은 지체 없이 이를 조사하여 (ⓓ　　)으로 해당 법원에 알려야 한다. 이 경우 필요하다고 인정하면 피고인이나 그 밖의 관계인을 소환하여 심문하거나 소속 보호관찰관에게 필요한 사항을 조사하게 (ⓔ　　　　　).

③ 법원은 제1항의 요구를 받은 (ⓕ　　　　　)에게 조사진행상황에 관한 보고를 요구할 수 있다.

정답
ⓐ 법원,
ⓑ 보호관찰소의 장
ⓒ 할 수 있다
ⓓ 서면, ⓔ 할 수 있다
ⓕ 보호관찰소의 장

제19조의2 【결정 전 조사】

① (ⓐ　　　)은 「소년법」 제12조(전문가의 진단)에 따라 소년 보호사건에 대한 조사 또는 심리를 위하여 필요하다고 인정하면 그 법원의 소재지 또는 소년의 주거지를 관할하는 (ⓑ　　　　)에게 소년의 품행, 경력, 가정상황, 그 밖의 환경 등 필요한 사항에 관한 조사를 의뢰(ⓒ　　　　　　).

② 제1항의 의뢰를 받은 보호관찰소의 장은 지체 없이 조사하여 (ⓓ　　)으로 법원에 통보하여야 하며, 조사를 위하여 필요한 경우에는 (ⓔ　　　　　)을 소환하여 심문하거나 소속 (ⓕ　　　　)으로 하여금 필요한 사항을 조사하게 (ⓖ　　　　　).

정답
ⓐ 법원
ⓑ 보호관찰소의 장
ⓒ 할 수 있다
ⓓ 서면
ⓔ 소년 또는 관계인
ⓕ 보호관찰관
ⓖ 할 수 있다

제2절_형의 선고유예 및 집행유예와 보호관찰

제20조 【판결의 통지 등】

① 법원은 「형법」 제59조의2(선고유예시 보호관찰) 또는 제62조의2(집행유예시 보호관찰, 사회봉사 · 수강명령)에 따라 보호관찰을 명하는 판결이 확정된 때부터 (ⓐ　　　)에 판결문 등본 및 준수사항을 적은 (ⓑ　　　)을 피고인의 주거지를 관할하는 (ⓒ　　　　　)에게 보내야 한다.

② 제1항의 경우 법원은 그 의견이나 그 밖에 보호관찰에 참고가 될 수 있는 자료를 첨부할 수 있다.

③ (ⓓ　　　)은 제1항의 통지를 받은 보호관찰소의 장에게 보호관찰 상황에 관한 보고를 요구할 수 있다.

정답
ⓐ 3일 이내, ⓑ 서면
ⓒ 보호관찰소의 장
ⓓ 법원

제3절_가석방 및 임시퇴원

제21조【교도소장 등의 통보의무】

① 교도소·구치소·소년교도소의 장은 (ⓐ 　　　　　)을 선고받은 소년(이하 "소년수형자"라 한다)이 「소년법」 제65조 각 호의 기간(무기형의 경우에는 5년, 15년 유기형의 경우에는 3년, 부정기형의 경우에는 단기의 3분의 1)을 지나면 그 교도소·구치소·소년교도소의 소재지를 관할하는 (ⓑ 　　　)에 그 사실을 통보(ⓒ 　　　　).

② 소년원장은 보호소년이 수용된 후 (ⓓ 　　　)이 지나면 그 소년원의 소재지를 관할하는 심사위원회에 그 사실을 통보(ⓔ 　　　　).

정답
ⓐ 징역 또는 금고의 형
ⓑ 심사위원회
ⓒ 하여야 한다
ⓓ 6개월,
ⓔ 하여야 한다

제22조【가석방·퇴원 및 임시퇴원의 신청】

① 교도소·구치소·소년교도소 및 소년원(이하 "수용기관"이라 한다)의 장은 「소년법」 제65조 각 호의 기간(무기형의 경우에는 5년, 15년 유기형의 경우에는 3년, 부정기형의 경우에는 단기의 3분의 1)이 지난 소년수형자 또는 수용 중인 보호소년에 대하여 법무부령으로 정하는 바에 따라 관할 심사위원회에 가석방, 퇴원 또는 임시퇴원 심사를 신청(ⓐ 　　　　　).

② 제1항의 신청을 할 때에는 제26조 또는 제27조에 따라 통지받은 환경조사 및 환경개선활동 결과를 고려하여야 한다.

정답
ⓐ 할 수 있다

제23조【가석방·퇴원 및 임시퇴원의 심사와 결정】

① (ⓐ 　　　)는 제22조 제1항에 따른 신청(가석방·퇴원 및 임시퇴원의 신청)을 받으면 소년수형자에 대한 가석방 또는 보호소년에 대한 퇴원·임시퇴원이 적절한지를 심사하여 결정한다.

② 심사위원회는 제21조에 따른 통보를 받은 사람에 대하여는 제22조 제1항에 따른 신청이 없는 경우에도 (ⓑ 　　)으로 가석방·퇴원 및 임시퇴원이 적절한지를 심사하여 결정할 수 있다.

③ 심사위원회는 제1항 또는 제2항에 따라 소년수형자의 가석방이 적절한지를 심사할 때에는 (ⓒ 　　　　)의 필요성을 심사하여 결정한다.

④ 심사위원회는 제1항부터 제3항까지의 규정에 따라 심사·결정을 할 때에는 본인의 인격, 교정성적, 직업, 생활태도, 가족관계 및 재범 위험성 등 모든 사정을 고려하여야 한다.

정답
ⓐ 심사위원회
ⓑ 직권
ⓒ 보호관찰

제25조【법무부장관의 허가】

심사위원회는 제23조에 따른 심사 결과 가석방, 퇴원 또는 임시퇴원이 적절하다고 결정한 경우 및 제24조에 따른 심사 결과 보호관찰이 필요없다고 결정한 경우에는 결정서에 관계 서류를 첨부하여 법무부장관에게 이에 대한 허가를 (ⓐ 　　　　　　), 법무부장관은 심사위원회의 결정이 정당하다고 인정하면 이를 허가(ⓑ 　　　　).

정답
ⓐ 신청하여야 하며
ⓑ 할 수 있다

제4절 _ 환경조사 및 환경개선활동

제26조 【환경조사】

① 수용기관 · 병원 · 요양소 · 「보호소년 등의 처우에 관한 법률」에 따른 (ⓐ) 은 소년수형자 및 「소년법」 제32조 제1항 제7호(병원, 요양소 또는 의료재활소년원에 위탁) · 제9호(단기 소년원 송치) · 제10호(장기 소년원 송치)의 보호처분 중 어느 하나에 해당하는 처분을 받은 사람(이하 "수용자"라 한다)을 수용한 경우에는 지체 없이 거주예정지를 관할하는 (ⓑ)에게 신상조사서를 보내 환경조사를 의뢰(ⓒ).

② 제1항에 따라 환경조사를 의뢰받은 (ⓓ)은 수용자의 범죄 또는 비행의 동기, 수용 전의 직업, 생활환경, 교우관계, 가족상황, 피해회복 여부, 생계대책 등을 조사하여 (ⓔ)에게 알려야 한다. 이 경우 필요하다고 인정하면 수용자를 면담하거나 (ⓕ)을 소환하여 심문하거나 소속 보호관찰관에게 필요한 사항을 조사하게 (ⓖ).

정답
ⓐ 의료재활소년원의 장
ⓑ 보호관찰소의 장
ⓒ 하여야 한다
ⓓ 보호관찰소의 장
ⓔ 수용기관의 장
ⓕ 관계인
ⓖ 할 수 있다

제5절 _ 보호관찰

제29조 【보호관찰의 개시 및 신고】

① 보호관찰은 법원의 판결이나 결정이 (ⓐ) 또는 (ⓑ) 부터 시작된다.

② 보호관찰 대상자는 대통령령으로 정하는 바에 따라 주거, 직업, 생활계획, 그 밖에 필요한 사항을 관할 (ⓒ)에게 신고하여야 한다.

정답
ⓐ 확정된 때
ⓑ 가석방 · 임시퇴원된 때
ⓒ 보호관찰소의 장

제30조 【보호관찰의 기간】

보호관찰 대상자는 다음 각 호의 구분에 따른 기간에 보호관찰을 받는다.

1. 보호관찰을 조건으로 형의 선고유예를 받은 사람: (ⓐ)
2. 보호관찰을 조건으로 형의 집행유예를 선고받은 사람: (ⓑ) 다만, 법원이 보호관찰 기간을 따로 정한 경우에는 그 기간
3. 가석방자: 「형법」 제73조의2<가석방의 기간 및 보호관찰> 또는 「소년법」 제66조<가석방 기간의 종료)에 규정된 기간<형법 제73조의2 - 무기형에 있어서는 10년으로 하고 유기형에 있어서는 남은 형기, 소년법 제66조 - 가석방 전에 집행을 받은 기간과 같은 기간>
4. 임시퇴원자: (ⓒ)에서 심사위원회가 정한 기간
5. 「소년법」 제32조 제1항 제4호<보호관찰관의 단기 보호관찰: (ⓓ)> 및 제5호<보호관찰관의 장기 보호관찰: (ⓔ)>의 보호처분을 받은 사람: 그 법률에서 정한 기간
6. 다른 법률에 따라 이 법에서 정한 보호관찰을 받는 사람: 그 법률에서 정한 기간

정답
ⓐ 1년
ⓑ 그 유예기간
ⓒ 퇴원일부터 6개월 이상 2년 이하의 범위
ⓓ 1년, ⓔ 2년 + 1년

제31조【보호관찰 담당자】
보호관찰은 보호관찰 대상자의 주거지를 관할하는 보호관찰소 소속 (ⓐ)이 담당한다.

정답
ⓐ 보호관찰관

제32조【보호관찰 대상자의 준수사항】
① 보호관찰 대상자는 보호관찰관의 (ⓐ)을 받으며 준수사항을 지키고 스스로 건전한 사회인이 되도록 노력하여야 한다.
② 보호관찰 대상자는 다음 각 호의 사항을 지켜야 한다.
1. 주거지에 (ⓑ)에 종사할 것
2. 범죄로 이어지기 쉬운 나쁜 습관을 버리고 (ⓒ)을 하며 범죄를 저지를 염려가 있는 사람들과 (ⓓ)하거나 어울리지 말 것
3. 보호관찰관의 지도・감독에 따르고 (ⓔ)하면 응대할 것
4. 주거를 이전하거나 (ⓕ)을 할 때에는 미리 보호관찰관에게 (ⓖ)할 것
③ 법원 및 심사위원회는 판결의 선고 또는 결정의 고지를 할 때에는 제2항(일반준수사항)의 준수사항 외에 범죄의 내용과 종류 및 본인의 특성 등을 고려하여 필요하면 보호관찰 기간의 범위에서 기간을 정하여 다음 각 호의 사항을 특별히 지켜야 할 사항으로 따로 과할 수 있다.
1. 야간 등 재범의 기회나 충동을 줄 수 있는 (ⓗ)
2. 재범의 기회나 충동을 줄 수 있는 (ⓘ)
3. 피해자 등 재범의 대상이 될 우려가 있는 (ⓙ)
4. 범죄행위로 인한 (ⓚ)하기 위하여 노력할 것
5. 일정한 주거가 없는 자에 대한 (ⓛ)
6. (ⓜ)에 빠지지 아니할 것
7. 일정량 이상의 (ⓝ)를 하지 말 것
8. (ⓞ)을 사용하지 아니할 것
9. 「마약류관리에 관한 법률」상의 마약류 투약, 흡연, 섭취 여부에 관한 (ⓟ)에 따를 것
10. 그 밖에 보호관찰 대상자의 재범 방지를 위하여 필요하다고 인정되어 (ⓠ)
④ 보호관찰 대상자가 제2항(일반준수사항) 또는 제3항(특별준수사항)의 준수사항을 위반하거나 사정변경의 상당한 이유가 있는 경우에는 법원은 보호관찰소의 장의 신청 또는 검사의 청구에 따라, 심사위원회는 보호관찰소의 장의 신청에 따라 각각 준수사항의 (ⓡ)할 수 있다.
⑤ 제2항부터 제4항까지의 준수사항은 (ⓢ)으로 고지하여야 한다.

정답
ⓐ 지도・감독
ⓑ 상주하고 생업
ⓒ 선행
ⓓ 교제
ⓔ 방문
ⓕ 1개월 이상 국내외 여행
ⓖ 신고
ⓗ 특정 시간대의 외출 제한
ⓘ 특정 지역・장소의 출입 금지
ⓙ 특정인에 대한 접근 금지
ⓚ 손해를 회복
ⓛ 거주장소 제한
ⓜ 사행행위
ⓝ 음주
ⓞ 마약 등 중독성 있는 물질
ⓟ 검사
ⓠ 대통령령으로 정하는 사항
ⓡ 전부 또는 일부를 추가, 변경하거나 삭제
ⓢ 서면

시행령

제18조 【주거이전 등의 신고】

① 보호관찰대상자는 법 제32조 제2항 제4호의 규정에 의한 신고를 할 때에는 법무부령이 정하는 바에 의하여 본인의 성명, 주거, 주거이전예정지 또는 여행지, 주거이전이유 또는 여행목적, 주거이전일자 또는 여행기간 등을 신고하여야 한다.

② 보호관찰대상자가 다른 보호관찰소의 관할구역안으로 주거를 이전한 때에는 (ⓐ)에 신주거지를 관할하는 보호관찰소에 출석하여 (ⓑ)으로 주거이전의 사실을 신고하여야 한다.

정답
ⓐ 10일 이내, ⓑ 서면

제19조 【특별준수사항】

법 제32조 제3항 제10호에서 "대통령령으로 정하는 사항"이란 다음 각 호의 사항을 말한다.

1. 운전면허를 취득할 때까지 자동차(원동기장치자전거를 포함한다) 운전을 하지 않을 것
2. 직업훈련, 검정고시 등 학과교육 또는 성행(성품과 행실) 개선을 위한 교육, 치료 및 처우 프로그램에 관한 보호관찰관의 지시에 따를 것
3. 범죄와 관련이 있는 특정 업무에 관여하지 않을 것
4. 성실하게 학교수업에 참석할 것
5. 정당한 수입원에 의하여 생활하고 있음을 입증할 수 있는 자료를 정기적으로 보호관찰관에게 제출할 것
6. 흉기나 그 밖의 위험한 물건을 소지 또는 보관하거나 사용하지 아니할 것
7. 가족의 부양 등 가정생활에 있어서 책임을 성실히 이행할 것
8. 그 밖에 보호관찰 대상자의 생활상태, 심신의 상태, 범죄 또는 비행의 동기, 거주지의 환경 등으로 보아 보호관찰 대상자가 준수할 수 있고 자유를 부당하게 제한하지 아니하는 범위에서 개선·자립에 도움이 된다고 인정되는 구체적인 사항

제34조 【원호】

① 보호관찰관은 보호관찰 대상자가 자조의 노력을 할 때에는 그의 개선과 자립을 위하여 필요하다고 인정되는 적절한 원호를 한다.

② 제1항의 원호의 방법은 다음 각 호와 같다.

1. (ⓐ)
2. (ⓑ)
3. (ⓒ)
4. 보호관찰 대상자의 건전한 사회 복귀에 필요한 (ⓓ)

정답
ⓐ 숙소 및 취업의 알선
ⓑ 직업훈련 기회의 제공
ⓒ 환경의 개선
ⓓ 원조의 제공

제36조 【갱생보호사업자 등의 원조와 협력】

보호관찰소의 장은 제34조에 따른 원호와 제35조에 따른 응급구호를 위하여 필요한 경우에는 국공립기관, 제67조 제1항에 따라 갱생보호사업 허가를 받은 자, 제71조에 따른 (ⓐ)에 대하여 숙식 제공이나 그 밖의 적절한 원조 또는 협력을 요청할 수 있다. 이 경우 필요한 비용은 (ⓑ)가 예산의 범위에서 지급한다.

정답
ⓐ 한국법무보호복지공단, 그 밖의 단체
ⓑ 국가

제37조 【보호관찰 대상자 등의 조사】

① (ⓐ)은 보호관찰을 위하여 필요하다고 인정하면 보호관찰 대상자나 그 밖의 관계인을 소환하여 심문하거나 소속 보호관찰관에게 필요한 사항을 (ⓑ).
② (ⓒ)은 보호관찰을 위하여 필요하다고 인정하면 국공립기관이나 그 밖의 단체에 사실을 알아보거나 관련 자료의 열람 등 협조를 (ⓓ).
③ 제1항과 제2항의 직무를 담당하는 사람은 직무상 비밀을 엄수하고, 보호관찰 대상자 및 관계인의 인권을 존중하며, 보호관찰 대상자의 건전한 사회 복귀에 방해되는 일이 없도록 주의하여야 한다.

정답
ⓐ 보호관찰소의 장
ⓑ 조사하게 할 수 있다
ⓒ 보호관찰소의 장
ⓓ 요청할 수 있다

제38조 【경고】

(ⓐ)은 보호관찰 대상자가 제32조의 준수사항을 위반하거나 위반할 위험성이 있다고 인정할 상당한 이유가 있는 경우에는 준수사항의 이행을 촉구하고 형의 집행 등 불리한 처분을 받을 수 있음을 (ⓑ)할 수 있다.

정답
ⓐ 보호관찰소의 장
ⓑ 경고

제39조 【구인】

① 보호관찰소의 장은 보호관찰 대상자가 제32조의 준수사항을 위반하였거나 위반하였다고 의심할 상당한 이유가 있고, 다음 각 호의 어느 하나에 해당하는 사유가 있는 경우에는 관할 지방검찰청의 검사에게 신청하여 검사의 청구로 관할 지방법원 판사의 (ⓐ)을 발부받아 보호관찰 대상자를 (ⓑ).
  1. 일정한 (ⓒ)가 없는 경우
  2. 제37조 제1항에 따른 (ⓓ)(심문 · 조사에 따른 소환)에 따르지 아니한 경우
  3. 도주한 경우 또는 (ⓔ)할 염려가 있는 경우
② 제1항의 구인장은 검사의 지휘에 따라 (ⓕ)이 집행한다. 다만, 보호관찰관이 집행하기 곤란한 경우에는 (ⓖ)에게 집행하게 (ⓗ).

정답
ⓐ 구인장
ⓑ 구인할 수 있다
ⓒ 주거
ⓓ 소환
ⓔ 도주
ⓕ 보호관찰관
ⓖ 사법경찰관리
ⓗ 할 수 있다

제40조 【긴급구인】

① (ⓐ)은 제32조의 준수사항을 위반한 보호관찰 대상자가 제39조 제1항 각 호의 어느 하나에 해당하는 사유<구인사유>가 있는 경우로서 긴급하여 제39조에 따른 구인장을 발부받을 수 없는 경우에는 그 사유를 알리고 (ⓑ) 그 보호관찰 대상자를 (ⓒ). 이 경우 긴급하다 함은 해당 보호관찰 대상자를 (ⓓ) 등과 같이 구인장을 발부받을 시간적 여유가 없는 경우를 말한다.

② 보호관찰소의 장은 제1항에 따라 보호관찰 대상자를 구인한 경우에는 (ⓔ)를 작성하여 즉시 관할 지방검찰청 (ⓕ).

③ 보호관찰소의 장은 제2항에 따른 승인을 받지 못하면 (ⓖ) 보호관찰 대상자를 (ⓗ).

정답
ⓐ 보호관찰소의 장
ⓑ 구인장 없이
ⓒ 구인할 수 있다
ⓓ 우연히 발견한 경우
ⓔ 긴급구인서
ⓕ 검사의 승인을 받아야 한다
ⓖ 즉시
ⓗ 석방하여야 한다

제41조 【구인 기간】

보호관찰소의 장은 제39조(구인) 또는 제40조(긴급구인)에 따라 보호관찰 대상자를 구인하였을 때에는 제42조에 따라 유치 허가를 청구한 경우를 제외하고는 구인한 때부터 (ⓐ)에 석방하여야 한다. 다만, 제42조 제2항에 따른 유치 허가를 받지 못하면 (ⓑ) 보호관찰 대상자를 석방하여야 한다.

정답
ⓐ 48시간 이내, ⓑ 즉시

제42조 【유치】

① 보호관찰소의 장은 다음 각 호의 신청이 필요하다고 인정되면 제39조(구인) 또는 제40조(긴급구인)에 따라 구인한 보호관찰 대상자를 수용기관 또는 소년분류심사원에 (ⓐ).

1. 제47조에 따른 보호관찰을 조건으로 한 (ⓑ)의 신청
2. 제48조에 따른 (ⓒ) 신청
3. 제49조에 따른 (ⓓ) 신청

② 제1항에 따른 유치를 하려는 경우에는 보호관찰소의 장이 검사에게 신청하여 검사의 청구로 관할 지방법원 판사의 허가를 받아야 한다. 이 경우 검사는 보호관찰 대상자가 구인된 때부터 (ⓔ)에 유치 허가를 청구(ⓕ).

③ 보호관찰소의 장은 유치 허가를 받은 때부터(ⓖ)에 제1항 각 호의 신청을 (ⓗ).

④ 검사는 보호관찰소의 장으로부터 제1항 제1호의 신청을 받고 그 이유가 타당하다고 인정되면 (ⓘ)에 관할 지방법원에 보호관찰을 조건으로 한 (ⓙ)를 청구(ⓚ).

정답
ⓐ 유치할 수 있다
ⓑ 형(벌금형을 제외한다)의 선고유예의 실효 및 집행유예의 취소 청구
ⓒ 가석방 및 임시퇴원의 취소
ⓓ 보호처분의 변경
ⓔ 48시간 이내
ⓕ 하여야 한다
ⓖ 24시간 이내
ⓗ 하여야 한다
ⓘ 48시간 이내
ⓙ 형의 선고유예의 실효 또는 집행유예의 취소
ⓚ 하여야 한다

제43조 【유치기간】

① 제42조에 따른 유치의 기간은 제39조 제1항(구인) 또는 제40조 제1항(긴급구인)에 따라 구인한 날부터 (ⓐ)로 한다.

② 법원은 제42조 제1항 제1호(보호관찰을 조건으로 한 형의 선고유예의 실효 및 집행유예의 취소 청구의 신청) 또는 제3호(보호처분의 변경 신청)에 따른 신청이 있는 경우에 심리를 위하여 필요하다고 인정되면 (ⓑ)에서 (ⓒ) 유치기간을 연장할 수 있다.

③ 보호관찰소의 장은 제42조 제1항 제2호(가석방 및 임시퇴원의 취소 신청)에 따른 신청이 있는 경우에 심사위원회의 심사에 필요하면 검사에게 신청하여 검사의 청구로 지방법원 판사의 허가를 받아 (ⓓ)에서 (ⓔ) 유치기간을 연장할 수 있다.

정답
ⓐ 20일
ⓑ 심급마다 20일의 범위
ⓒ 한 차례만
ⓓ 10일의 범위
ⓔ 한 차례만

제44조 【유치의 해제】

보호관찰소의 장은 다음 각 호의 어느 하나에 해당하는 경우에는 유치를 해제하고 보호관찰 대상자를 (ⓐ) 석방하여야 한다.

1. (ⓑ)가 제47조(보호관찰을 조건으로 한 형의 선고유예의 실효 및 집행유예의 취소) 제1항에 따른 보호관찰소의 장의 신청을 기각한 경우
2. (ⓒ)이 제47조 제1항에 따른 검사의 청구를 기각한 경우
3. (ⓓ)가 제48조(가석방 및 임시퇴원의 취소)에 따른 보호관찰소의 장의 신청을 기각한 경우
4. (ⓔ)이 제48조에 따른 심사위원회의 신청을 허가하지 아니한 경우
5. (ⓕ)이 제49조(보호처분의 변경)에 따른 보호관찰소의 장의 신청을 기각한 경우

정답
ⓐ 즉시
ⓑ 검사
ⓒ 법원
ⓓ 심사위원회
ⓔ 법무부장관
ⓕ 법원

제45조 【유치기간의 형기 산입】

제42조에 따라 유치된 사람에 대하여 보호관찰을 조건으로 한 형의 선고유예가 실효되거나 집행유예가 취소된 경우 또는 가석방이 취소된 경우에는 그 유치기간을 (ⓐ).

정답
ⓐ 형기에 산입한다

제5절의2 _ 보호장구

제46조의2 【보호장구의 사용】

① (ⓐ)은 보호관찰 대상자가 다음 각 호의 어느 하나에 해당하고, 정당한 직무집행 과정에서 필요하다고 인정되는 상당한 이유가 있으면 제46조의3 제1항에 따른 보호장구를 사용할 수 있다.

1. 제39조 및 제40조에 따라 구인 또는 긴급구인한 보호관찰 대상자를 보호관찰소에 (ⓑ)하거나 수용기관 등에 유치 하기 위해 (ⓒ)하는 때
2. 제39조 및 제40조에 따라 구인 또는 긴급구인한 보호관찰 대상자가 도주하거나 (ⓓ)할 우려가 있는 때
3. 위력으로 보호관찰소 소속 공무원의 정당한 (ⓔ)을 방해하는 때
4. 자살 · 자해 또는 다른 사람에 대한 (ⓕ)의 우려가 큰 때
5. 보호관찰소 시설의 설비 · 기구 등을 (ⓖ)하거나 그 밖에 시설의 (ⓗ)를 해칠 우려가 큰 때

② 보호장구를 사용하는 경우에는 보호관찰 대상자의 (ⓘ) 및 보호관찰 집행 상황 등을 고려하여야 한다.

③ 그 밖에 보호장구의 사용절차 및 방법 등에 관하여 필요한 사항은 (ⓙ)으로 정한다.

정답
ⓐ 보호관찰소 소속 공무원
ⓑ 인치
ⓒ 호송
ⓓ 도주
ⓔ 직무집행
ⓕ 위해
ⓖ 손괴
ⓗ 안전 또는 질서
ⓘ 나이, 신체적 · 정신적 건강상태
ⓙ 법무부령

제46조의3 【보호장구의 종류 및 사용요건】

① 보호장구의 종류는 다음 각 호와 같다.

1. (ⓐ)
2. (ⓑ)
3. (ⓒ)
4. (ⓓ)
5. (ⓔ)

② 보호장구의 종류별 사용요건은 다음 각 호와 같다.

종 류	사용요건
수갑 · 포승 · 보호대	1. 구인 또는 긴급구인한 보호관찰 대상자를 보호관찰소에 (ⓕ)하거나 수용기관 등에 유치하기 위해 (ⓖ)하는 때 2. 구인 또는 긴급구인한 보호관찰 대상자가 도주하거나 (ⓗ)할 우려가 있는 때 3. 위력으로 보호관찰소 소속 공무원의 정당한 (ⓘ)을 방해하는 때 4. 자살 · 자해 또는 다른 사람에 대한 (ⓙ)의 우려가 큰 때 5. 보호관찰소 시설의 설비 · 기구 등을 (ⓚ)하거나 그 밖에 시설의 (ⓛ)를 해칠 우려가 큰 때

정답
ⓐ 수갑
ⓑ 포승
ⓒ 보호대
ⓓ 가스총
ⓔ 전자충격기
ⓕ 인치, ⓖ 호송
ⓗ 도주
ⓘ 직무집행
ⓙ 위해
ⓚ 손괴
ⓛ 안전 또는 질서

가스총	2. 구인 또는 긴급구인한 보호관찰 대상자가 도주하거나 (ⓜ)할 우려가 있는 때 3. 위력으로 보호관찰소 소속 공무원의 정당한 (ⓝ)을 방해하는 때 4. 자살·자해 또는 다른 사람에 대한 (ⓞ)의 우려가 큰 때 5. 보호관찰소 시설의 설비·기구 등을 (ⓟ)하거나 그 밖에 시설의 (ⓠ)를 해칠 우려가 큰 때
전자충격기	다음의 어느 하나에 해당하는 경우로서 상황이 (ⓡ)하여 다른 보호장구만으로는 그 목적을 달성할 수 없는 때 2. 구인 또는 긴급구인한 보호관찰 대상자가 도주하거나 (ⓢ)할 우려가 있는 때 3. 위력으로 보호관찰소 소속 공무원의 정당한 (ⓣ)을 방해하는 때 4. 자살·자해 또는 다른 사람에 대한 (ⓤ)의 우려가 큰 때 5. 보호관찰소 시설의 설비·기구 등을 (ⓥ)하거나 그 밖에 시설의 (ⓦ)를 해칠 우려가 큰 때

정답
ⓜ 도주
ⓝ 직무집행
ⓞ 위해
ⓟ 손괴
ⓠ 안전 또는 질서
ⓡ 긴급
ⓢ 도주
ⓣ 직무집행
ⓤ 위
ⓥ 손괴
ⓦ 안전 또는 질서

제46조의4 【보호장구 사용의 고지 등】

① 제46조의3 제1항 제1호부터 제3호까지(수갑,포승,보호대)의 보호장구를 사용할 경우에는 보호관찰 대상자에게 (ⓐ). 다만, 상황이 급박하여 시간적인 여유가 없을 때에는 보호장구 사용 (ⓑ) 지체 없이 알려주어야 한다.

② 제46조의3 제1항 제4호 및 제5호(가스총,전자충격기)의 보호장구를 사용할 경우에는 (ⓒ) 상대방에게 이를 (ⓓ)하여야 한다. 다만, 상황이 급박하여 (ⓔ)할 시간적인 여유가 없는 때에는 그러하지 아니하다.

정답
ⓐ 그 사유를 알려주어야 한다.
ⓑ 직후
ⓒ 사전에, ⓓ 경고
ⓔ 경고

제46조의5 【보호장구 남용 금지】

제46조의3 제1항에 따른 보호장구는 (ⓐ)에서 사용하여야 하며, 보호장구를 사용할 필요가 없게 되면 지체 없이 사용을 (ⓑ).

정답
ⓐ 필요한 최소한의 범위
ⓑ 중지하여야 한다

제6절 _ 보호관찰의 종료

제47조 【보호관찰을 조건으로 한 형의 선고유예의 실효 및 집행유예의 취소】

① 「형법」 제61조 제2항에 따른 (ⓐ   ) 및 같은 법 제64조 제2항에 따른 (ⓑ   )는 검사가 보호관찰소의 장의 신청을 받아 법원에 청구한다.

② 제1항의 실효 및 취소절차에 관하여는 「형사소송법」 제335조를 준용한다.

정답
ⓐ 선고유예의 실효
ⓑ 집행유예의 취소

제48조 【가석방 및 임시퇴원의 취소】

① (ⓐ   )는 가석방 또는 임시퇴원된 사람이 보호관찰기간 중 제32조의 준수사항을 위반하고 위반 정도가 무거워 보호관찰을 계속하기가 적절하지 아니하다고 판단되는 경우에는 보호관찰소의 장의 (ⓑ   )을 받거나 (ⓒ   )으로 가석방 및 임시퇴원의 (ⓓ   )를 심사하여 (ⓔ   ).

② (ⓕ   )는 제1항에 따른 심사 결과 가석방 또는 임시퇴원을 취소하는 것이 적절하다고 결정한 경우에는 결정서에 관계 서류를 첨부하여 (ⓖ   )에게 이에 대한 (ⓗ   )를 신청(ⓘ   ), 법무부장관은 심사위원회의 결정이 정당하다고 인정되면 이를 (ⓙ   ).

정답
ⓐ 심사위원회
ⓑ 신청, ⓒ 직권
ⓓ 취소
ⓔ 결정할 수 있다
ⓕ 심사위원회
ⓖ 법무부장관
ⓗ 허가, ⓘ 하여야 하며
ⓙ 허가할 수 있다

제49조 【보호처분의 변경】

① 보호관찰소의 장은 「소년법」 제32조 제1항 제4호(보호관찰관의 단기 보호관찰) 또는 제5호(보호관찰관의 장기 보호관찰)의 보호처분에 따라 보호관찰을 받고 있는 사람이 보호관찰 기간 중 제32조의 준수사항을 위반하고 그 정도가 무거워 보호관찰을 계속하기 적절하지 아니하다고 판단되면 보호관찰소 소재지를 관할하는 법원에 보호처분의 변경을 (ⓐ   ).

② 제1항에 따른 보호처분의 변경을 할 경우 신청대상자가 (ⓑ   ) 에도 「소년법」 제2조 및 제38조 제1항에도 불구하고 같은 법 제2장의 보호사건 규정을 적용한다.

정답
ⓐ 신청할 수 있다
ⓑ 19세 이상인 경우

시행령

제34조 【가석방 및 임시퇴원의 취소와 재수용】

① 수용기관의 장은 법 제48조의 규정에 의하여 가석방 또는 임시퇴원이 취소된 보호관찰대상자를 지체 없이 수용기관에 (ⓐ   ).

② 제1항의 경우 재수용을 위하여 필요한 때에는 수용기관 소재지를 관할하는 지방검찰청 또는 지청의 검사에게 (ⓑ   ).

정답
ⓐ 재수용하여야 한다
ⓑ 구인을 의뢰할 수 있다

제50조【부정기형의 종료 등】

① 「소년법」 제60조 제1항(부정기형)에 따라 형을 선고받은 후 가석방된 사람이 그 형의 단기가 지나고 보호관찰의 목적을 달성하였다고 인정되면 같은 법 제66조에서 정한 기간(가석방 전에 집행을 받은 기간과 같은 기간의 경과) 전이라도 심사위원회는 보호관찰소의 장의 (ⓐ)으로 형의 집행을 (ⓑ)한 것으로 결정할 수 있다.

② 임시퇴원자가 임시퇴원이 취소되지 아니하고 보호관찰 기간을 지난 경우에는 (ⓒ)으로 본다.

정답
ⓐ 신청을 받거나 직권
ⓑ 종료
ⓒ 퇴원된 것

제51조【보호관찰의 종료】

① 보호관찰은 보호관찰 대상자가 다음 각 호의 어느 하나에 해당하는 때에 종료한다.

1. 보호관찰 (ⓐ)
2. 「형법」 제61조에 따라 보호관찰을 조건으로 한 형의 (ⓑ)가 실효되거나 같은 법 제63조 또는 제64조에 따라 보호관찰을 조건으로 한 (ⓒ)가 실효되거나 취소된 때
3. 제48조 또는 다른 법률에 따라 (ⓓ)이 실효되거나 취소된 때
4. 제49조에 따라 (ⓔ)된 때
5. 제50조에 따른 (ⓕ)이 있는 때
6. 제53조에 따라 보호관찰이 정지된 임시퇴원자가 「보호소년 등의 처우에 관한 법률」 제43조 제1항의 나이(ⓖ)가 된 때
7. 다른 법률에 따라 보호관찰이 (ⓗ)된 때

② 보호관찰 대상자가 보호관찰 기간 중 (ⓘ) 이상의 형의 집행을 받게 된 때에는 해당 형의 집행기간 동안 보호관찰 대상자에 대한 보호관찰 기간은 (ⓙ), 해당 형의 집행이 종료·면제되거나 보호관찰 대상자가 가석방된 경우 보호관찰 기간이 남아있는 때에는 (ⓚ) 보호관찰을 집행한다.

정답
ⓐ 기간이 지난 때
ⓑ 선고유예
ⓒ 집행유예
ⓓ 가석방 또는 임시퇴원
ⓔ 보호처분이 변경
ⓕ 부정기형 종료 결정
ⓖ 22세
ⓗ 변경되거나 취소·종료
ⓘ 금고
ⓙ 계속 진행되고
ⓚ 그 잔여기간 동안

제52조【임시해제】

① 심사위원회는 보호관찰 대상자의 성적이 양호할 때에는 보호관찰소의 장의 (ⓐ)으로 보호관찰을 (ⓑ)할 수 있다.

② 임시해제 중에는 (ⓒ)을 하지 아니한다. 다만, 보호관찰 대상자는 (ⓓ)을 계속하여 지켜야 한다.

③ 심사위원회는 임시해제 결정을 받은 사람에 대하여 다시 보호관찰을 하는 것이 적절하다고 인정되면 보호관찰소의 장의 (ⓔ)으로 임시해제 결정을 (ⓕ).

④ 제3항에 따라 임시해제 결정이 취소된 경우에는 그 임시해제 기간을 (ⓖ).

정답
ⓐ 신청을 받거나 직권
ⓑ 임시해제
ⓒ 보호관찰
ⓓ 준수사항
ⓔ 신청을 받거나 직권
ⓕ 취소할 수 있다
ⓖ 보호관찰 기간에 포함한다

제53조【보호관찰의 정지】

① 심사위원회는 가석방 또는 임시퇴원된 사람이 있는 곳을 알 수 없어 보호관찰을 계속할 수 없을 때에는 보호관찰소의 장의 (ⓐ　　　　　) 으로 보호관찰을 (ⓑ　　　)하는 결정(이하 "정지결정"이라 한다)을 (ⓒ　　　　).

② (ⓓ　　　　)는 제1항에 따라 보호관찰을 정지한 사람이 있는 곳을 알게 되면 (ⓔ　　) 그 정지를 해제하는 결정(이하 "정지해제결정"이라 한다)을 (ⓕ　　　　　).

③ 보호관찰 정지 중인 사람이 제39조(구인) 또는 제40조(긴급구인)에 따라 구인된 경우에는 (ⓖ　　　　　)에 정지해제결정을 한 것으로 본다.

④ 형기 또는 보호관찰 기간은 정지결정을 (ⓗ　　　)부터 그 진행이 정지되고, 정지해제결정을 (ⓘ　　　)부터 다시 진행된다.

⑤ 심사위원회는 제1항에 따라 정지결정을 한 후 소재 불명이 천재지변이나 그 밖의 부득이한 사정 등 보호관찰 대상자에게 책임이 있는 사유로 인한 것이 아닌 것으로 밝혀진 경우에는 그 정지결정을 (ⓙ　　　　). 이 경우 정지결정은 없었던 것으로 본다.

정답

ⓐ 신청을 받거나 직권
ⓑ 정지, ⓒ 할 수 있다
ⓓ 심사위원회, ⓔ 즉시
ⓕ 하여야 한다
ⓖ 구인된 날
ⓗ 한 날, ⓘ 한 날
ⓙ 취소하여야 한다

제4장 사회봉사 및 수강

제59조【사회봉사명령 · 수강명령의 범위】

① 법원은 「형법」 제62조의2(집행유예시 보호관찰, 사회봉사 · 수강명령)에 따른 사회봉사를 명할 때에는 (ⓐ　　　), 수강을 명할 때에는 (ⓑ　　　)의 범위에서 그 기간을 정하여야 한다. 다만, 다른 법률에 특별한 규정이 있는 경우에는 그 법률에서 정하는 바에 따른다.

② (ⓒ　　　)은 제1항의 경우에 사회봉사 · 수강명령 대상자가 사회봉사를 하거나 수강할 분야와 장소 등을 (ⓓ　　　　　).

정답

ⓐ 500시간, ⓑ 200시간
ⓒ 법원
ⓓ 지정할 수 있다

제60조【판결의 통지 등】

① (ⓐ　　)은 「형법」 제62조의2에 따른 사회봉사 또는 수강을 명하는 판결이 확정된 때부터 (ⓑ　　　)에 판결문 등본 및 준수사항을 적은 (ⓒ　　)을 피고인의 주거지를 관할하는 (ⓓ　　　　)에게 보내야 한다.

② 제1항의 경우에 법원은 그 의견이나 그 밖에 사회봉사명령 또는 수강명령의 집행에 참고가 될 만한 자료를 첨부할 수 있다.

③ 법원 또는 법원의 장은 제1항의 통지를 받은 (ⓔ　　　　　)에게 사회봉사명령 또는 수강명령의 집행상황에 관한 보고를 요구할 수 있다.

정답

ⓐ 법원, ⓑ 3일 이내
ⓒ 서면
ⓓ 보호관찰소의 장
ⓔ 보호관찰소의 장

제61조【사회봉사 · 수강명령 집행 담당자】

① 사회봉사명령 또는 수강명령은 (ⓐ)이 집행한다. 다만, 보호관찰관은 국공립기관이나 그 밖의 단체에 그 집행의 (ⓑ)를 (ⓒ).

② 보호관찰관은 사회봉사명령 또는 수강명령의 집행을 국공립기관이나 그 밖의 단체에 위탁한 때에는 이를 법원 또는 법원의 장에게 (ⓓ).

③ (ⓔ)은 법원 소속 공무원으로 하여금 사회봉사 또는 수강할 시설 또는 강의가 사회봉사 · 수강명령 대상자의 교화 · 개선에 적당한지 여부와 그 운영 실태를 조사 · 보고하도록 하고, 부적당하다고 인정하면 그 집행의 위탁을 (ⓕ).

④ (ⓖ)은 사회봉사명령 또는 수강명령의 집행을 위하여 필요하다고 인정하면 국공립기관이나 그 밖의 단체에 협조를 (ⓗ).

정답
ⓐ 보호관찰관
ⓑ 전부 또는 일부
ⓒ 위탁할 수 있다
ⓓ 통보하여야 한다
ⓔ 법원
ⓕ 취소할 수 있다
ⓖ 보호관찰관
ⓗ 요청할 수 있다

제62조【사회봉사 · 수강명령 대상자의 준수사항】

① 사회봉사 · 수강명령 대상자는 대통령령으로 정하는 바에 따라 주거, 직업, 그 밖에 필요한 사항을 관할 (ⓐ)에게 신고(ⓑ).

② 사회봉사 · 수강명령 대상자는 다음 각 호의 사항을 준수하여야 한다.

1. 보호관찰관의 집행에 관한 (ⓒ)에 따를 것
2. 주거를 이전하거나 (ⓓ)을 할 때에는 미리 보호관찰관에게 (ⓔ)할 것

③ 법원은 판결의 선고를 할 때 제2항의 준수사항 외에 대통령령으로 정하는 범위에서 본인의 특성 등을 고려하여 (ⓕ) 지켜야 할 사항을 (ⓖ).

④ 제2항과 제3항의 준수사항은 (ⓗ)으로 고지하여야 한다.

정답
ⓐ 보호관찰소의 장
ⓑ 하여야 한다
ⓒ 지시
ⓓ 1개월 이상 국내외 여행
ⓔ 신고
ⓕ 특별히
ⓖ 따로 과할 수 있다
ⓗ 서면

제63조【사회봉사 · 수강의 종료】

① 사회봉사 · 수강은 사회봉사 · 수강명령 대상자가 다음 각 호의 어느 하나에 해당하는 때에 (ⓐ)한다.

1. 사회봉사명령 또는 수강명령의 집행을 (ⓑ)한 때
2. 형의 집행유예 기간이 (ⓒ)
3. 「형법」 제63조(집행유예의 실효) 또는 제64조(집행유예의 취소)에 따라 사회봉사 · 수강명령을 조건으로 한 집행유예의 선고가 (ⓓ) 된 때
4. 다른 법률에 따라 사회봉사 · 수강명령이 변경되거나 취소 · (ⓔ) 된 때

② 사회봉사 · 수강명령 대상자가 사회봉사 · 수강명령 집행 중 (ⓕ) 이상의 형의 집행을 받게 된 때에는 해당 형의 집행이 종료 · 면제되거나 사회봉사 · 수강명령 대상자가 가석방된 경우 (ⓖ) 사회봉사 · 수강명령을 집행한다.

정답
ⓐ 종료
ⓑ 완료
ⓒ 지난 때
ⓓ 실효되거나 취소
ⓔ 종료
ⓕ 금고, ⓖ 잔여

제5장 갱생보호

제1절 _ 갱생보호의 방법 및 개시

제65조【갱생보호의 방법】

① 갱생보호는 다음 각 호의 방법으로 한다.

1. (ⓐ)
2. (ⓑ)
3. (ⓒ)
4. (ⓓ)
5. (ⓔ)
6. 갱생보호 대상자의 (ⓕ)에 대한 지원
7. (ⓖ)
8. (ⓗ)
9. 그 밖에 갱생보호 대상자에 대한 (ⓘ)

② 제1항 각 호의 구체적인 내용은 (ⓙ)으로 정한다.

③ 제71조에 따른 (ⓚ) 또는 제67조에 따라 갱생보호사업의 허가를 받은 자는 제1항 각 호의 갱생보호활동을 위하여 갱생보호시설을 설치·운영할 수 있다.

④ 제3항의 갱생보호시설의 기준은 (ⓛ)으로 정한다.

정답
ⓐ 숙식 제공
ⓑ 주거 지원
ⓒ 창업 지원
ⓓ 직업훈련 및 취업 지원
ⓔ 출소예정자 사전상담
ⓕ 가족
ⓖ 심리상담 및 심리치료
ⓗ 사후관리
ⓘ 자립 지원
ⓙ 대통령령
ⓚ 한국법무보호복지공단
ⓛ 법무부령

시행령

제40조【갱생보호】

① 법 제65조 제1항에 따른 (ⓐ)는 갱생보호를 받을 사람(이하 "갱생보호 대상자"라 한다)이 친족 또는 연고자 등으로부터 도움을 받을 수 없거나 이들의 도움만으로는 충분하지 아니한 경우에 한하여 행한다.

② 갱생보호를 하는 경우에는 미리 갱생보호 대상자로 하여금 자립계획을 수립하게 할 수 있다.

정답
ⓐ 갱생보호

제41조【숙식 제공】

① 법 제65조 제1항 제1호에 따른 숙식 제공은 생활관 등 갱생보호시설에서 갱생보호 대상자에게 (ⓐ) 등을 제공하고 정신교육을 하는 것으로 한다.

② 제1항의 규정에 의한 숙식제공은 (ⓑ)을 초과할 수 없다. 다만, 필요하다고 인정하는 때에는 (ⓒ) 그 기간을 연장할 수 있다.

③ 제1항의 규정에 의하여 숙식을 제공한 경우에는 (ⓓ)이 정하는 바에 의하여 소요된 (ⓔ)을 징수할 수 (ⓕ).

정답
ⓐ 숙소·음식물 및 의복
ⓑ 6월
ⓒ 매회 6월의 범위 내에서 3회에 한하여
ⓓ 법무부장관
ⓔ 최소한의 비용
ⓕ 있다

제41조의2 【주거 지원】

법 제65조 제1항 제2호에 따른 (ⓐ   )은 갱생보호 대상자에게 주택의 임차에 필요한 지원을 하는 것으로 한다.

정답
ⓐ 주거 지원

제41조의3 【창업 지원】

법 제65조 제1항 제3호에 따른 (ⓐ   )은 갱생보호 대상자에게 창업에 필요한 사업장 임차보증금 등을 지원하는 것으로 한다.

정답
ⓐ 창업 지원

제42조 【여비지급 삭제】

제43조 【생업도구 · 생업조성금품의 지급 또는 대여 삭제】

제44조 【직업훈련】

① 법 제65조 제1항 제4호에 따른 (ⓐ   )은 갱생보호 대상자에게 취업에 필요한 기능훈련을 시키고 자격 취득을 위한 교육을 하는 것으로 한다.
② 제1항의 규정에 의한 직업훈련은 다른 직업훈련기관에 위탁하여 행할 수 있다.

정답
ⓐ 직업훈련

제45조 【취업 지원】

법 제65조 제1항 제4호에 따른 (ⓐ   )은 갱생보호 대상자에게 직장을 알선하고 필요한 경우 신원을 보증하는 것으로 한다.

정답
ⓐ 취업 지원

제66조 【갱생보호의 신청 및 조치】

① 갱생보호 대상자와 관계 기관은 (ⓐ   ), 제67조 제1항에 따라 (ⓑ   ) 또는 제71조에 따른 (ⓒ   )에 갱생보호 신청을 (ⓓ   ).
② 제1항의 신청을 받은 자는 (ⓔ   ) 보호가 필요한지 결정하고 보호하기로 한 경우에는 그 방법을 결정(ⓕ   ).
③ 제1항의 신청을 받은 자가 제2항에 따라 보호결정을 한 경우에는 (ⓖ   ) 갱생보호에 필요한 조치를 (ⓗ   ).

정답
ⓐ 보호관찰소의 장
ⓑ 갱생보호사업 허가를 받은 자
ⓒ 한국법무보호복지공단
ⓓ 할 수 있다
ⓔ 지체 없이
ⓕ 하여야 한다
ⓖ 지체 없이
ⓗ 하여야 한다

제2절 _ 갱생보호사업자

제67조 【갱생보호사업의 허가】

① 갱생보호사업을 하려는 자는 (ⓐ   )으로 정하는 바에 따라 (ⓑ   )를 받아야 한다. 허가받은 사항을 변경하려는 경우에도 또한 같다.
② (ⓒ   )은 갱생보호사업의 허가를 할 때에는 사업의 범위와 허가의 기간을 정하거나 그 밖에 필요한 조건을 붙일 수 있다.

정답
ⓐ 법무부령
ⓑ 법무부장관의 허가
ⓒ 법무부장관

제69조【보고의무】
갱생보호사업의 허가를 받은 자(이하 "사업자"라 한다)는 법무부령으로 정하는 바에 따라 다음 해의 사업계획과 전년도의 회계 상황 및 사업 실적을 (ⓐ)에게 보고하여야 한다.

정답
ⓐ 법무부장관

제70조【갱생보호사업의 허가 취소 등】
(ⓐ)은 사업자가 다음 각 호의 어느 하나에 해당할 때에는 그 허가를 취소하거나 (ⓑ)의 기간을 정하여 그 사업의 (ⓒ)를 명(ⓓ). 다만, 제1호 또는 제4호에 해당하는 때에는 그 허가를 취소(ⓔ).

1. 부정한 방법으로 갱생보호사업의 허가를 받은 경우
2. 갱생보호사업의 허가 조건을 위반한 경우
3. 목적사업 외의 사업을 한 경우
4. 정당한 이유 없이 갱생보호사업의 허가를 받은 후 6개월 이내에 갱생보호사업을 시작하지 아니하거나 1년 이상 갱생보호사업의 실적이 없는 경우
5. 제69조에 따른 보고를 거짓으로 한 경우
6. 이 법 또는 이 법에 따른 명령을 위반한 경우

정답
ⓐ 법무부장관
ⓑ 6개월 이내
ⓒ 전부 또는 일부의 정지
ⓓ 할 수 있다
ⓔ 하여야 한다

제70조의2【청문】
법무부장관은 제70조에 따라 갱생보호사업의 허가를 취소하거나 정지하려는 경우에는 (ⓐ)을 하여야 한다.

정답
ⓐ 청문

제3절 _ 한국법무보호복지공단

제71조【한국법무보호복지공단의 설립】
갱생보호사업을 효율적으로 추진하기 위하여 (ⓐ)(이하 "공단"이라 한다)을 설립한다.

정답
ⓐ 한국법무보호복지공단

제4절 _ 갱생보호사업의 지원 및 감독

제96조 【수익사업】

① 사업자 또는 공단은 갱생보호사업을 위하여 수익사업을 하려면 사업마다 (ⓐ)의 승인을 받아야 한다. 이를 변경할 때에도 또한 같다.

② (ⓑ)은 수익사업을 하는 사업자 또는 공단이 수익을 갱생보호사업 외의 사업에 사용한 경우에는 수익사업의 (ⓒ)를 명할 수 있다.

정답
ⓐ 법무부장관
ⓑ 법무부장관
ⓒ 시정이나 정지

제97조 【감독】

① (ⓐ)은 사업자와 공단을 지휘·감독한다.

② 법무부장관은 사업자와 공단에 대하여 감독상 필요한 경우에는 그 업무에 관한 사항을 (ⓑ)하게 하거나 자료의 제출이나 그 밖에 필요한 (ⓒ)을 할 수 있으며, 소속 공무원에게 사업자 및 공단의 운영 실태를 (ⓓ)하게 할 수 있다.

③ 제2항에 따라 조사를 하는 공무원은 그 권한을 나타내는 증표를 지니고 이를 관계인에게 내보여야 한다.

정답
ⓐ 법무부장관
ⓑ 보고
ⓒ 명령, ⓓ 조사

CHAPTER

04 치료감호법

【시행 2022. 7. 5】【법률 제18678호, 2022. 1. 4, 일부개정】

제1장 총칙

제1조 【목적】

이 법은 심신장애 상태, 마약류·알코올이나 그 밖의 약물중독 상태, 정신성적 장애가 있는 상태 등에서 범죄행위를 한 자로서 재범의 위험성이 있고 특수한 교육·개선 및 치료가 필요하다고 인정되는 자에 대하여 적절한 보호와 치료를 함으로써 재범을 방지하고 사회복귀를 촉진하는 것을 목적으로 한다.

제2조 【치료감호대상자】

① 이 법에서 "치료감호대상자"란 다음 각 호의 어느 하나에 해당하는 자로서 치료감호시설에서 치료를 받을 필요가 있고 재범의 위험성이 있는 자를 말한다.

1. 「형법」 제10조 제1항(ⓐ   )에 따라 벌하지 아니하거나 같은 조 제2항(ⓑ   )에 따라 형을 감경할 수 있는 (ⓒ   )으로서 금고 이상의 형에 해당하는 죄를 지은 자
2. (ⓓ   ) 그 밖에 남용되거나 해독을 끼칠 우려가 있는 물질이나 (ⓔ   )이 있거나 그에 중독된 자로서 금고 이상의 형에 해당하는 죄를 지은 자
3. 소아성기호증, 성적가학증 등 성적 성벽이 있는 (ⓕ   )으로서 금고 이상의 형에 해당하는 성폭력범죄를 지은 자

② 제1항 제2호의 남용되거나 해독을 끼칠 우려가 있는 물질에 관한 자세한 사항은 대통령령으로 정한다.

정답
ⓐ 심신상실자
ⓑ 심신미약자
ⓒ 심신장애인
ⓓ 마약·향정신성의약품·대마
ⓔ 알코올을 식음·섭취·흡입·흡연 또는 주입받는 습벽
ⓕ 정신적 장애인

제2조의3 【치료명령대상자】

이 법에서 "치료명령대상자"란 다음 각 호의 어느 하나에 해당하는 자로서 통원치료를 받을 필요가 있고 재범의 위험성이 있는 자를 말한다.

1. 「형법」 제10조 제2항(ⓐ   )에 따라 형을 감경할 수 있는 심신장애인으로서 금고 이상의 형에 해당하는 죄를 지은 자
2. (ⓑ   )로서 금고 이상의 형에 해당하는 죄를 지은 자
3. (ⓒ   ) 남용되거나 해독을 끼칠 우려가 있는 물질을 식음·섭취·흡입·흡연 또는 주입받는 습벽이 있거나 그에 중독된 자로서 금고 이상의 형에 해당하는 죄를 지은 자

정답
ⓐ 심신미약자
ⓑ 알코올을 식음하는 습벽이 있거나 그에 중독된 자
ⓒ 마약·향정신성의약품·대마, 그 밖에 대통령령으로 정하는

제3조 【관할】

① 치료감호사건의 토지관할은 치료감호사건과 (ⓐ)에 심리하거나 심리할 수 있었던 사건의 관할에 따른다.

② 치료감호사건의 제1심 재판관할은 (ⓑ)로 한다. 이 경우 치료감호가 청구된 치료감호대상자(이하 "피치료감호청구인"이라 한다)에 대한 치료감호사건과 피고사건의 관할이 다른 때에는 치료감호사건의 관할에 따른다.

정답

ⓐ 동시

ⓑ 지방법원합의부 및 지방법원지원 합의부

제2장 치료감호사건의 절차 등

제4조 【검사의 치료감호 청구】

① (ⓐ)는 치료감호대상자가 치료감호를 받을 필요가 있는 경우 관할법원에 치료감호를 청구(ⓑ).

② 치료감호대상자에 대한 치료감호를 청구할 때에는 (ⓒ)의 진단이나 감정을 (ⓓ). 다만, 제2조 제1항 제3호(소아성기호증, 성적 가학증 등 성적 성벽이 있는 정신성적 장애인으로서 금고 이상의 형에 해당하는 성폭력범죄를 지은 자)에 따른 치료감호대상자에 대하여는 정신건강의학과 등의 전문의의 진단이나 감정을 (ⓔ) 치료감호를 (ⓕ).

③ 치료감호를 청구할 때에는 (ⓖ)가 치료감호청구서를 관할 (ⓗ)에 제출하여야 한다. 치료감호청구서에는 피치료감호청구인 수만큼의 (ⓘ)을 첨부하여야 한다.

④ 치료감호청구서에는 다음 각 호의 사항을 적어야 한다.

1. 피치료감호청구인의 성명과 그 밖에 피치료감호청구인을 특정할 수 있는 사항
2. 청구의 원인이 되는 사실
3. 적용 법 조문
4. 그 밖에 대통령령으로 정하는 사항

⑤ 검사는 공소제기한 사건의 (ⓙ) 치료감호를 청구할 수 있다.

⑥ 법원은 치료감호 청구를 받으면 지체 없이 치료감호청구서의 부본을 피치료감호청구인이나 그 변호인에게 송달하여야 한다. 다만, 공소제기와 동시에 치료감호 청구를 받았을 때에는 제1회 공판기일 전 (ⓚ)까지, 피고사건 심리 중에 치료감호 청구를 받았을 때에는 다음 공판기일 전 (ⓛ)까지 송달하여야 한다.

⑦ 법원은 공소제기된 사건의 심리결과 치료감호를 할 필요가 있다고 인정할 때에는 검사에게 치료감호 청구를 (ⓜ).

정답

ⓐ 검사, ⓑ 할 수 있다

ⓒ 정신건강의학과 등의 전문의

ⓓ 참고하여야 한다

ⓔ 받은 후

ⓕ 청구하여야 한다

ⓖ 검사, ⓗ 법원

ⓘ 부본

ⓙ 항소심 변론종결 시까지

ⓚ 5일

ⓛ 5일

ⓜ 요구할 수 있다

제6조【치료감호영장】

① 치료감호대상자에 대하여 치료감호를 할 필요가 있다고 인정되고 다음 각 호의 어느 하나에 해당하는 사유가 있을 때에는 검사는 관할 지방법원 판사에게 청구하여 치료감호영장을 발부받아 치료감호대상자를 (ⓐ   ) (보호구금과 보호구인을 포함한다. 이하 같다)할 수 있다.

1. 일정한 (ⓑ   )가 없을 때
2. (ⓒ   )할 염려가 있을 때
3. 도망하거나 (ⓓ   )할 염려가 있을 때

② 사법경찰관은 제1항의 요건에 해당하는 치료감호대상자에 대하여 검사에게 신청하여 검사의 청구로 관할 지방법원 판사의 치료감호영장을 발부받아 (ⓔ   ).

③ 제1항과 제2항에 따른 보호구속에 관하여는 「형사소송법」 제201조 제2항부터 제4항까지, 제201조의2부터 제205조까지, 제208조, 제209조 및 제214조의2부터 제214조의4까지의 규정을 준용한다.

정답
ⓐ 보호구속
ⓑ 주거
ⓒ 증거를 인멸
ⓓ 도망
ⓔ 보호구속할 수 있다

제7조【치료감호의 독립 청구】

검사는 다음 각 호의 어느 하나에 해당하는 경우에는 (ⓐ   ) 치료감호만을 (ⓑ   ).

1. 피의자가 「형법」 제10조 제1항(ⓒ   )에 해당하여 벌할 수 없는 경우
2. (ⓓ   )이 있어야 논할 수 있는 죄에서 그 고소·고발이 (ⓔ   ) 또는 피해자의 명시적인 의사에 반하여 논할 수 없는 죄에서 피해자가 (ⓕ   ) 의사표시를 하거나 처벌을 (ⓖ   )
3. 피의자에 대하여 「형사소송법」 제247조(ⓗ   )에 따라 공소를 제기하지 아니하는 결정을 한 경우

정답
ⓐ 공소를 제기하지 아니하고
ⓑ 청구할 수 있다
ⓒ 심신상실자
ⓓ 고소·고발
ⓔ 없거나 취소된 경우
ⓕ 처벌을 원하지 아니한다는
ⓖ 원한다는 의사표시를 철회한 경우
ⓗ 기소유예

제8조【치료감호 청구와 구속영장의 효력】

구속영장에 의하여 구속된 피의자에 대하여 검사가 공소를 제기하지 아니하는 결정을 하고 치료감호 청구만을 하는 때에는 (ⓐ   )으로 보며 그 효력을 (ⓑ   ).

정답
ⓐ 구속영장은 치료감호영장
ⓑ 잃지 아니한다

제10조 【공판절차로의 이행】

① 제7조 제1호(피의자가 「형법」 제10조 제1항에 해당하여 벌할 수 없는 경우에 해당하여 공소를 제기하지 아니하고 치료감호만을 청구)에 따른 치료감호청구사건의 공판을 시작한 후 피치료감호청구인이 「형법」 제10조 제1항(심신상실자)에 따른 심신장애에 해당되지 아니한다는 명백한 증거가 발견되고 검사의 청구가 있을 때에는 법원은 「형사소송법」에 따른 공판절차로 (ⓐ   ).

② 제1항에 따라 공판절차로 이행한 경우에는 치료감호를 청구하였던 때에 공소를 제기한 것으로 본다. 이 경우 치료감호청구서는 공소장과 같은 효력을 가지며, 공판절차로 이행하기 전의 심리는 공판절차에 따른 심리로 본다. 공소장에 적어야 할 사항은 「형사소송법」 제298조(공소장의 변경)의 절차에 따라 변경할 수 있다.

③ 약식명령이 청구된 후 치료감호가 청구되었을 때에는 약식명령청구는 그 치료감호가 청구(ⓑ   ) 공판절차에 따라 (ⓒ   ).

정답
ⓐ 이행하여야 한다
ⓑ 되었을 때부터
ⓒ 심판하여야 한다

제12조 【치료감호의 판결 등】

① (ⓐ   )은 치료감호사건을 심리하여 그 청구가 이유 있다고 인정할 때에는 (ⓑ   )로써 치료감호를 선고하여야 하고, 이유 없다고 인정할 때 또는 피고사건에 대하여 심신상실 외의 사유로 무죄를 선고하거나 사형을 선고할 때에는 판결로써 (ⓒ   ).

② 치료감호사건의 판결은 피고사건의 판결과 (ⓓ   )에 선고하여야 한다. 다만, 제7조(치료감호의 독립 청구)에 따라 공소를 제기하지 아니하고 치료감호만을 청구한 경우에는 (ⓔ   ).

③ 치료감호선고의 판결이유에는 요건으로 되는 사실, 증거의 요지와 적용 법조문을 구체적으로 밝혀야 한다.

④ 법원은 피고사건에 대하여 「형사소송법」 제326조(면소의 판결) 각 호, 제327조(공소기각의 판결) 제1호부터 제4호까지 및 제328조(공소기각의 결정) 제1항 각 호(제2호 중 피고인인 법인이 존속하지 아니하게 되었을 때는 제외한다)의 사유가 있을 때에는 치료감호청구사건에 대하여도 청구기각의 판결 또는 결정을 하여야 한다. 치료감호청구사건에 대하여 위와 같은 사유가 있을 때에도 또한 같다.

정답
ⓐ 법원, ⓑ 판결
ⓒ 청구기각을 선고하여야 한다
ⓓ 동시
ⓔ 그러하지 아니하다

제3장 치료감호의 집행

제16조【치료감호의 내용】

① 치료감호를 선고받은 자(이하 "피치료감호자"라 한다)에 대하여는 치료감호시설에 (ⓐ　　　)하여 치료를 위한 조치를 한다.

② 피치료감호자를 치료감호시설에 수용하는 기간은 다음 각 호의 구분에 따른 기간을 초과할 수 없다.

1. 「형법」 제10조 제1항(심신상실자)에 따라 벌하지 아니하거나 같은 조 제2항(심신미약자)에 따라 형을 감경할 수 있는 심신장애인으로서 금고 이상의 형에 해당하는 죄를 지은 자 3. 소아성기호증, 성적가학증 등 성적 성벽이 있는 정신성적 장애인으로서 금고 이상의 형에 해당하는 성폭력범죄를 지은 자	(ⓑ　　)
2. 마약 · 향정신성의약품 · 대마, 그 밖에 남용되거나 해독을 끼칠 우려가 있는 물질이나 알코올을 식음 · 섭취 · 흡입 · 흡연 또는 주입받는 습벽이 있거나 그에 중독된 자로서 금고 이상의 형에 해당하는 죄를 지은 자	(ⓒ　　)

③ 「전자장치 부착 등에 관한 법률」 제2조 제3호의2에 따른 살인범죄(이하 "살인범죄"라 한다)를 저질러 치료감호를 선고받은 피치료감호자가 살인범죄를 다시 범할 (ⓓ　　　)이 있고 계속 치료가 필요하다고 인정되는 경우에는 (ⓔ　　　)은 (ⓕ　　　　　　)의 신청에 따른 (ⓖ　　　)의 청구로 (ⓗ　　　　　　　　)에서 제2항 각 호의 기간을 연장하는 결정을 (ⓘ　　　　　).

④ 치료감호시설의 장은 정신건강의학과 등 전문의의 진단이나 감정을 받은 후 제3항의 신청을 (ⓙ　　　　　　　).

⑤ 제3항에 따른 검사의 청구는 제2항 각 호의 기간 또는 제3항에 따라 연장된 기간이 종료하기 (ⓚ　　　　　　　　　　　).

⑥ 제3항에 따른 법원의 결정은 제2항 각 호의 기간 또는 제3항에 따라 연장된 기간이 종료하기 (ⓛ　　　　　　　　　　　).

⑦ 제3항의 결정에 대한 검사, 피치료감호자, 그 법정대리인의 항고와 재항고에 관하여는 「성폭력범죄자의 성충동 약물치료에 관한 법률」 제22조 제5항부터 제11항까지의 규정을 준용하되, "성폭력 수형자"는 "피치료감호자"로 본다.

⑧ 제1항에 따른 치료감호시설에서의 치료와 그 밖에 필요한 사항은 (ⓜ　　　)으로 정한다.

정답

ⓐ 수용
ⓑ 15년
ⓒ 2년
ⓓ 위험성
ⓔ 법원
ⓕ 치료감호시설의 장
ⓖ 검사
ⓗ 3회까지 매회 2년의 범위
ⓘ 할 수 있다
ⓙ 하여야 한다
ⓚ 6개월 전까지 하여야 한다
ⓛ 3개월 전까지 하여야 한다
ⓜ 대통령령

제16조의2【치료감호시설】

① 제16조 제1항에서 "치료감호시설"이란 다음 각 호의 시설을 말한다.

1. (ⓐ)
2. 국가가 설립·운영하는 국립정신의료기관 중 법무부장관이 지정하는 기관(이하 "지정법무병원"이라 한다)

② 지정법무병원은 피치료감호자를 다른 환자와 (ⓑ)하여 수용한다.

③ 국가는 지정법무병원에 대하여 예산의 범위에서 시설의 설치 및 운영에 필요한 경비를 (ⓒ)하여야 한다.

④ 지정법무병원의 지정절차, 운영, 치료, 경비보조, 그 밖에 필요한 사항은 대통령령으로 정한다.

정답
ⓐ 국립법무병원
ⓑ 구분
ⓒ 보조

제17조【집행 지휘】

① 치료감호의 집행은 (ⓐ)가 지휘한다.

② 제1항에 따른 지휘는 판결서등본을 첨부한 (ⓑ)으로 한다.

정답
ⓐ 검사
ⓑ 서면

제18조【집행 순서 및 방법】

치료감호와 형이 병과된 경우에는 (ⓐ)를 먼저 집행한다. 이 경우 치료감호의 집행기간은 (ⓑ)한다.

정답
ⓐ 치료감호
ⓑ 형 집행기간에 포함

제19조【구분 수용】

피치료감호자는 특별한 사정이 없으면 제2조 제1항(치료감호대상자)각 호의 구분에 따라 (ⓐ)하여 수용(ⓑ)

정답
ⓐ 구분, ⓑ 하여야 한다

제20조【치료감호 내용 등의 공개】

이 법에 따른 치료감호의 내용과 실태는 대통령령으로 정하는 바에 따라 공개하여야 한다. 이 경우 피치료감호자나 그의 보호자가 (ⓐ)한 경우 외에는 피치료감호자의 개인신상에 관한 것은 (ⓑ).

정답
ⓐ 동의
ⓑ 공개하지 아니한다

제21조【소환 및 치료감호 집행】

① 검사는 보호구금되어 있지 아니한 피치료감호자에 대한 치료감호를 집행하기 위하여 피치료감호자를 (ⓐ)할 수 있다.

② 피치료감호자가 제1항에 따른 소환에 응하지 아니하면 검사는 치료감호집행장을 발부하여 (ⓑ)할 수 있다.

③ 피치료감호자가 (ⓒ)하거나 도망할 염려가 있을 때 또는 피치료감호자의 (ⓓ)를 알 수 없을 때에는 제2항에도 불구하고 소환 절차를 생략하고 치료감호집행장을 발부하여 보호구인할 수 있다.

④ 치료감호집행장은 치료감호영장과 (ⓔ) 효력이 있다.

정답
ⓐ 소환
ⓑ 보호구인
ⓒ 도망, ⓓ 현재지
ⓔ 같은

제21조의2 【치료감호시설 간 이송】

① 제37조에 따른 (ⓐ)는 피치료감호자에 대하여 치료감호 집행을 (ⓑ) 국립법무병원에서 지정법무병원으로 이송할 것인지를 (ⓒ)한다.

② 지정법무병원으로 이송된 피치료감호자가 수용질서를 해치거나 증상이 악화되는 등의 사유로 지정법무병원에서 계속 치료하기 곤란할 경우 제37조에 따른 치료감호심의위원회는 지정법무병원의 피치료감호자를 국립법무병원으로 (ⓓ)하는 결정을 (ⓔ).

③ 제37조에 따른 치료감호심의위원회는 제1항 및 제2항의 결정을 위하여 (ⓕ) 또는 소속 정신건강의학과 의사의 의견을 청취할 수 있다.

정답
ⓐ 치료감호심의위원회
ⓑ 시작한 후 6개월마다
ⓒ 심사 · 결정
ⓓ 재이송, ⓔ 할 수 있다
ⓕ 치료감호시설의 장

제22조 【가종료 등의 심사 · 결정】

제37조에 따른 치료감호심의위원회는 피치료감호자에 대하여 치료감호 집행을 (ⓐ) 치료감호의 종료 또는 가종료 여부를 심사 · 결정하고, 가종료 또는 치료위탁된 피치료감호자에 대하여는 가종료 또는 치료위탁 (ⓑ) 종료 여부를 심사 · 결정한다.

정답
ⓐ 시작한 후 매 6개월마다
ⓑ 후 매 6개월마다

제23조 【치료의 위탁】

① 제37조에 따른 치료감호심의위원회는 치료감호만을 선고받은 피치료감호자에 대한 집행이 (ⓐ)이 지났을 때에는 상당한 기간을 정하여 그의 법정대리인, 배우자, 직계친족, 형제자매(이하 "법정대리인 등"이라 한다)에게 치료감호시설 (ⓑ)에서의 치료를 위탁할 수 있다.

② 제37조에 따른 치료감호심의위원회는 치료감호와 형이 (ⓒ)되어 형기에 상당하는 치료감호를 집행받은 자에 대하여는 상당한 기간을 정하여 그 법정대리인 등에게 치료감호시설 (ⓓ)에서의 치료를 위탁할 수 있다.

③ 제1항이나 제2항에 따라 치료위탁을 결정하는 경우 치료감호심의위원회는 법정대리인 등으로부터 치료감호시설 외에서의 입원 · 치료를 보증하는 내용의 서약서를 받아야 한다.

정답
ⓐ 시작된 후 1년, ⓑ 외
ⓒ 병과, ⓓ 외

제24조 【치료감호의 집행정지】

피치료감호자에 대하여 「형사소송법」 제471조(자유형의 집행정지) 제1항 각 호의 어느 하나에 해당하는 사유가 있을 때에는 같은 조에 따라 검사는 치료감호의 집행을 (ⓐ). 이 경우 치료감호의 집행이 정지된 자에 대한 관찰은 형집행정지자에 대한 관찰의 예에 따른다.

정답
ⓐ 정지할 수 있다

제4장 피치료감호자 및 피치료감호청구인 등의 처우와 권리

제25조의2 【피치료감호청구인의 처우】

① 피치료감호청구인(치료감호가 청구된 치료감호대상자)은 피치료감호자(치료감호를 선고받은 자)와 (ⓐ)하여 수용한다. 다만, 다음 각 호의 어느 하나에 해당하는 경우에는 피치료감호청구인을 피치료감호자와 (ⓑ) 치료감호시설에 수용(ⓒ).

1. 치료감호시설이 (ⓓ)한 경우
2. 범죄의 (ⓔ)을 방지하기 위하여 필요하거나 그 밖에 (ⓕ) 사정이 있는 경우

② 제1항 단서에 따라 같은 치료감호시설에 수용된 피치료감호자와 피치료감호청구인은 (ⓖ)하여 수용한다.

③ 치료감호시설의 장은 피치료감호청구인이 치료감호시설에 수용된 경우에는 그 특성을 고려하여 (ⓗ)를 하여야 한다.

④ 제3항에 따른 피치료감호청구인에 대한 처우의 구체적 기준 및 절차는 대통령령으로 정한다.

정답
ⓐ 구분, ⓑ 같은
ⓒ 할 수 있다
ⓓ 부족
ⓔ 증거인멸
ⓕ 특별한
ⓖ 분리
ⓗ 적합한 처우

제25조의3 【격리 등 제한의 금지】

① 치료감호시설의 장은 피치료감호자 및 피치료감호청구인(이하 "피치료감호자 등"이라 한다)이 다음 각 호의 어느 하나에 해당하는 경우가 아니면 피치료감호자 등에 대하여 (ⓐ)등의 신체적 제한을 (ⓑ). 다만, 피치료감호자 등의 신체를 묶는 등으로 직접적으로 제한하는 것은 제1호의 경우에 한정한다.

1. 자신이나 다른 사람을 위험에 이르게 할 가능성이 뚜렷하게 높고 신체적 제한 외의 방법으로 그 위험을 회피하는 것이 뚜렷하게 곤란하다고 판단되는 경우
2. 중대한 (ⓒ) 행위를 한 경우
3. 그 밖에 수용질서를 (ⓓ)케 하는 중대한 행위를 한 경우

② 치료감호시설의 장은 제1항에 따라 피치료감호자 등에 대하여 격리 또는 묶는 등의 신체적 제한을 하려는 경우 (ⓔ)의 지시에 따라야 한다. 다만, 제1항 제2호 또는 제3호에 해당하는 경우에는 (ⓕ)의 지시에 따를 수 있다.

③ 제1항 및 제2항에 따라 피치료감호자 등을 격리하는 경우에는 해당 치료감호시설 (ⓖ)에서 하여야 한다.

④ 제1항 및 제2항에 따라 피치료감호자 등을 신체적으로 제한한 경우에는 그 사유, 제한의 기간 및 해제 시기를 포함한 내용을 대통령령으로 정하는 바에 따라 작성·보존하여야 한다.

정답
ⓐ 격리 또는 묶는
ⓑ 할 수 없다
ⓒ 범법행위 또는 규율위반
ⓓ 문란
ⓔ 정신건강의학과 전문의
ⓕ 담당 의사
ⓖ 안

PART 02

제26조 【면회 등】
치료감호시설의 장은 수용질서 유지나 치료를 위하여 필요한 경우 외에는 피치료감호자 등의 면회, 편지의 수신·발신, 전화통화 등을 (ⓐ 　　　　　　　　).

정답
ⓐ 보장하여야 한다

제27조 【텔레비전 시청 등】
피치료감호자 등의 텔레비전 시청, 라디오 청취, 신문·도서의 열람은 일과시간이나 취침시간 등을 제외하고는 (ⓐ 　　　　　　　　).

정답
ⓐ 자유롭게 보장된다

제28조 【환자의 치료】
① 치료감호시설의 장은 피치료감호자 등이 치료감호시설에서 치료하기 곤란한 질병에 걸렸을 때에는 외부의료기관에서 치료를 받게 (ⓐ 　　　　).
② 치료감호시설의 장은 제1항의 경우 본인이나 보호자 등이 직접 비용을 부담하여 치료 받기를 원하면 이를 (ⓑ 　　　　　　　　).

정답
ⓐ 할 수 있다
ⓑ 허가할 수 있다

제29조 【근로보상금 등의 지급】
근로에 종사하는 피치료감호자에게는 근로의욕을 북돋우고 석방 후 사회정착에 도움이 될 수 있도록 법무부장관이 정하는 바에 따라 (ⓐ 　　　　)을 지급(ⓑ 　　　　).

정답
ⓐ 근로보상금
ⓑ 하여야 한다

제30조 【처우개선의 청원】
① 피치료감호자 등이나 법정대리인 등은 법무부장관에게 피치료감호자 등의 처우개선에 관한 청원을 (ⓐ 　　　　).
② 제1항에 따른 청원의 제기, 청원의 심사, 그 밖에 필요한 사항에 관하여는 대통령령으로 정한다.

정답
ⓐ 할 수 있다

제31조 【운영실태 등 점검】
법무부장관은 (ⓐ 　　　　) 치료감호시설의 운영실태 및 피치료감호자 등에 대한 처우상태를 점검하여야 한다.

정답
ⓐ 연 2회 이상

제5장 보호관찰

제32조【보호관찰】

① (ⓐ)가 다음 각 호의 어느 하나에 해당하게 되면 「보호관찰 등에 관한 법률」에 따른 보호관찰(이하 "보호관찰"이라 한다)이 시작된다.

1. 피치료감호자에 대한 치료감호가 (ⓑ)되었을 때
2. 피치료감호자가 치료감호시설 외에서 치료받도록 (ⓒ)되었을 때
3. 제16조 제2항 각 호에 따른 기간 또는 같은 조 제3항에 따라 연장된 기간(이하 "치료감호기간"이라 한다)이 만료되는 피치료감호자에 대하여 제37조에 따른 치료감호심의위원회가 심사하여 보호관찰이 필요하다고 결정한 경우에는 치료감호기간이 (ⓓ)되었을 때

② 보호관찰의 기간은 (ⓔ)으로 한다.

③ 보호관찰을 받기 시작한 자(이하 "피보호관찰자"라 한다)가 다음 각 호의 어느 하나에 해당하게 되면 보호관찰이 (ⓕ)된다.

1. 보호관찰기간이 (ⓖ)
2. 보호관찰기간이 끝나기 전이라도 제37조에 따른 치료감호심의위원회의 치료감호의 (ⓗ)이 있을 때
3. 보호관찰기간이 끝나기 전이라도 피보호관찰자가 다시 치료감호 집행을 받게 되어 (ⓘ)되었을 때

④ 피보호관찰자가 보호관찰기간 중 새로운 범죄로 (ⓙ) 이상의 형의 집행을 받게 된 때에는 보호관찰은 종료되지 아니하며, 해당 형의 집행기간 동안 피보호관찰자에 대한 보호관찰기간은 (ⓚ) 진행된다.

⑤ 피보호관찰자에 대하여 제4항에 따른 (ⓛ) 이상의 형의 집행이 종료·면제되는 때 또는 피보호관찰자가 가석방되는 때에 보호관찰기간이 아직 남아있으면 (ⓜ) 보호관찰을 집행한다.

정답

ⓐ 피치료감호자
ⓑ 가종료
ⓒ 법정대리인 등에게 위탁
ⓓ 만료
ⓔ 3년
ⓕ 종료
ⓖ 끝났을 때
ⓗ 종료결정
ⓘ 재수용
ⓙ 금고, ⓚ 계속
ⓛ 금고
ⓜ 그 잔여기간 동안

제33조 【피보호관찰자의 준수사항】

① 피보호관찰자는 「보호관찰 등에 관한 법률」 제32조 제2항(일반준수사항)에 따른 준수사항을 성실히 이행하여야 한다.

② 제37조에 따른 치료감호심의위원회는 피보호관찰자의 치료경과 및 특성 등에 비추어 필요하다고 판단되면 제1항에 따른 준수사항 외에 다음 각 호의 사항 중 전부 또는 일부를 따로 보호관찰기간 동안 특별히 지켜야 할 준수사항으로 부과할 수 있다.

1. 주기적인 외래치료 및 처방받은 약물의 복용 여부에 관한 검사
2. 야간 등 재범의 기회나 충동을 줄 수 있는 특정 시간대의 외출 제한
3. 재범의 기회나 충동을 줄 수 있는 특정지역 · 장소에 출입 금지
4. 피해자 등 재범의 대상이 될 우려가 있는 특정인에게 접근 금지
5. 일정한 주거가 없는 경우 거주 장소 제한
6. 일정량 이상의 음주 금지
7. 마약 등 중독성 있는 물질 사용 금지
8. 「마약류 관리에 관한 법률」에 따른 마약류 투약, 흡연, 섭취 여부에 관한 검사
9. 그 밖에 피보호관찰자의 생활상태, 심신상태나 거주지의 환경 등으로 보아 피보호관찰자가 준수할 수 있고 그 자유를 부당하게 제한하지 아니하는 범위에서 피보호관찰자의 재범 방지 또는 치료감호의 원인이 된 질병 · 습벽의 재발 방지를 위하여 필요하다고 인정되는 사항

③ 제37조에 따른 치료감호심의위원회는 피보호관찰자가 제1항(일반) 또는 제2항(특별)의 준수사항을 위반하거나 상당한 사정변경이 있는 경우에는 (ⓐ   ) 또는 보호관찰소의 장의 (ⓑ   )에 따라 준수사항 전부 또는 일부의 (ⓒ   )에 관하여 심사하고 결정할 수 있다.

④ 제1항부터 제3항까지의 규정에 따른 준수사항은 (ⓓ   )으로 고지하여야 한다.

⑤ 보호관찰소의 장은 피보호관찰자가 제1항부터 제3항까지의 준수사항을 위반하거나 위반할 위험성이 있다고 인정할 상당한 이유가 있는 경우에는 준수사항의 이행을 촉구하고 제22조에 따른 가종료 또는 제23조에 따른 치료의 위탁(이하 "가종료 등"이라 한다)의 취소 등 불리한 처분을 받을 수 있음을 (ⓔ   )할 수 있다.

정답

ⓐ 직권, ⓑ 신청
ⓒ 추가 · 변경 또는 삭제
ⓓ 서면 ⓔ 경고

제33조의2 【유치 및 유치기간 등】

① 보호관찰소의 장은 제33조에 따른 준수사항을 위반한 피보호관찰자를 (ⓐ)할 수 있다. 이 경우 피보호관찰자의 구인에 대해서는 「보호관찰 등에 관한 법률」 제39조(구인) 및 제40조(긴급구인)를 준용한다.

② 보호관찰소의 장은 다음 각 호의 어느 하나에 해당하는 신청을 검사에게 요청할 필요가 있다고 인정하는 경우에는 구인한 피보호관찰자를 교도소, 구치소 또는 치료감호시설에 (ⓑ)할 수 있다.

1. 제22조에 따른 (ⓒ)의 취소 신청
2. 제23조에 따른 (ⓓ)의 취소 신청

③ (ⓔ)은 제2항에 따라 피보호관찰자를 유치하려는 경우에는 검사에게 신청하여 검사의 청구로 관할 지방법원 판사의 허가를 받아야 한다. 이 경우 검사는 피보호관찰자가 구인된 때부터 (ⓕ)에 유치허가를 청구(ⓖ).

④ 보호관찰소의 장은 유치허가를 받은 때부터 (ⓗ)에 검사에게 가종료 등의 취소 신청을 요청(ⓘ).

⑤ 검사는 보호관찰소의 장으로부터 제4항에 따른 신청을 받았을 경우에 그 이유가 타당하다고 인정되면 (ⓙ)에 제37조에 따른 치료감호심의위원회에 (ⓚ)의 취소를 신청(ⓛ).

⑥ 보호관찰소의 장이 제2항에 따라 피보호관찰자를 유치할 수 있는 기간은 구인한 날부터 (ⓜ)로 한다. 다만, 보호관찰소의 장은 제5항에 따른 검사의 신청이 있는 경우에 제37조에 따른 치료감호심의위원회의 심사에 필요하면 검사에게 신청하여 검사의 청구로 관할 지방법원 판사의 허가를 받아 (ⓝ)의 범위에서 한 차례만 유치기간을 연장할 수 있다.

⑦ 보호관찰소의 장은 다음 각 호의 어느 하나에 해당하는 경우에는 유치를 해제하고 피보호관찰자를 (ⓞ) 석방하여야 한다.

1. 제37조에 따른 (ⓟ)가 제43조 제1항에 따른 검사의 가종료 등의 취소 신청을 기각한 경우
2. (ⓠ)가 제43조 제3항에 따른 보호관찰소의 장의 가종료 등의 취소 신청에 대한 요청을 기각한 경우

⑧ 제2항에 따라 유치된 피보호관찰자에 대하여 가종료 등이 취소된 경우에는 그 유치기간을 치료감호기간에 (ⓡ).

정답

ⓐ 구인
ⓑ 유치
ⓒ 가종료
ⓓ 치료 위탁
ⓔ 보호관찰소의 장
ⓕ 48시간 이내
ⓖ 하여야 한다
ⓗ 24시간 이내
ⓘ 하여야 한다
ⓙ 48시간 이내
ⓚ 가종료 등
ⓛ 하여야 한다
ⓜ 30일, ⓝ 20일
ⓞ 즉시
ⓟ 치료감호심의위원회
ⓠ 검사
ⓡ 산입한다

제34조【피보호관찰자 등의 신고 의무】

① 피보호관찰자나 법정대리인 등은 대통령령으로 정하는 바에 따라 출소 후의 거주 예정지나 그 밖에 필요한 사항을 (ⓐ) 치료감호시설의 장에게 신고(ⓑ).

② 피보호관찰자나 법정대리인 등은 출소 후 (ⓒ)에 주거, 직업, 치료를 받는 병원, 피보호관찰자가 등록한 「정신건강증진 및 정신질환자 복지서비스 지원에 관한 법률」 제3조 제3호에 따른 정신건강복지센터(이하 "정신건강복지센터"라 한다), 그 밖에 필요한 사항을 보호관찰관에게 (ⓓ)으로 신고하여야 한다.

정답
ⓐ 미리, ⓑ 하여야 한다
ⓒ 10일 이내, ⓓ 서면

제35조【치료감호의 종료】

① 제32조 제1항 제1호(피치료감호자에 대한 치료감호가 가종료되었을 때) 또는 제2호(피치료감호자가 치료감호시설 외에서 치료받도록 법정대리인 등에게 위탁되었을 때)에 해당하는 경우에는 보호관찰기간이 끝나면 피보호관찰자에 대한 치료감호가 (ⓐ).

② 제37조에 따른 치료감호심의위원회는 피보호관찰자의 관찰성적 및 치료경과가 양호하면 보호관찰기간이 끝나기 전에 보호관찰의 (ⓑ)를 결정할 수 있다.

정답
ⓐ 끝난다
ⓑ 종료

제36조【가종료 취소와 치료감호의 재집행】

제37조에 따른 치료감호심의위원회는 피보호관찰자(제32조 제1항 제3호에 따라 치료감호기간 만료 후 피보호관찰자가 된 사람은 제외한다)가 다음 각 호의 어느 하나에 해당할 때에는 결정으로 가종료 등을 취소하고 다시 치료감호를 집행할 수 있다.

1. (ⓐ) 이상의 형에 해당하는 죄를 지은 때. 다만, 과실범은 제외한다.
2. 제33조의 준수사항이나 그 밖에 보호관찰에 관한 (ⓑ)을 위반하였을 때
3. 제32조 제1항 제1호에 따라 피보호관찰자가 된 사람이 (ⓒ)되어 치료감호가 필요하다고 인정될 때

정답
ⓐ 금고
ⓑ 지시 · 감독
ⓒ 증상이 악화

제6장 치료감호심의위원회

제37조【치료감호심의위원회】

① 치료감호 및 보호관찰의 관리와 집행에 관한 사항을 심사·결정하기 위하여 (ⓐ　　)에 치료감호심의위원회(이하 "위원회"라 한다)를 둔다.

② 위원회는 판사, 검사, 법무부의 고위공무원단에 속하는 일반직공무원 또는 변호사의 자격이 있는 6명 이내의 위원과 정신건강의학과 등 전문의의 자격이 있는 3명 이내의 위원으로 구성하고, 위원장은 (ⓑ　　　　)으로 한다.

③ 위원회는 다음 각 호의 사항을 심사·결정한다.

1. 피치료감호자에 대한 치료감호시설 간 이송에 관한 사항
2. 피치료감호자에 대한 치료의 위탁·가종료 및 그 취소와 치료감호 종료 여부에 관한 사항
3. 피보호관찰자에 대한 준수사항의 부과 및 준수사항 전부 또는 일부의 추가·변경 또는 삭제에 관한 사항
4. 피치료감호자에 대한 치료감호기간 만료 시 보호관찰 개시에 관한 사항
5. 그 밖에 제1호부터 제4호까지에 관련된 사항

④ 위원회에는 전문적 학식과 덕망이 있는 자 중에서 위원장의 제청으로 법무부장관이 위촉하는 자문위원을 둘 수 있다.

⑤ 위원회의 위원 중 공무원이 아닌 위원은 「형법」과 그 밖의 법률에 따른 벌칙을 적용할 때에는 공무원으로 본다.

⑥ 위원회의 구성·운영·서무 및 자문위원의 위촉과 그 밖에 필요한 사항은 대통령령으로 정한다.

정답
ⓐ 법무부
ⓑ 법무부차관

제43조【검사의 심사신청】

① 피보호자의 주거지(시설에 수용된 경우에는 그 시설을 주거지로 본다)를 관할하는 지방검찰청 또는 지청의 검사는 제37조 제3항(치료감호심의위원회 심사결정사항)에 규정된 사항에 관하여 위원회에 그 심사·결정을 신청할 수 있다.

② 제1항에 따른 신청을 할 때에는 심사신청서와 신청사항의 결정에 필요한 자료를 제출하여야 한다. 이 경우 치료감호시설의 장이나 (ⓐ　　　　)의 의견을 들어야 한다.

③ 치료감호시설의 장이나 (ⓑ　　　　)은 검사에게 제1항에 따른 신청을 요청할 수 있다.

정답
ⓐ 보호관찰소의 장
ⓑ 보호관찰소의 장

제44조 【피치료감호자 등의 심사신청】

① 피치료감호자와 그 법정대리인 등은 피치료감호자가 치료감호를 받을 필요가 없을 정도로 치유되었음을 이유로 치료감호의 종료 여부를 심사·결정하여 줄 것을 위원회에 신청할 수 있다.

② 제1항에 따른 신청을 할 때에는 심사신청서와 심사신청이유에 대한 자료를 제출하여야 한다.

③ 제1항에 따른 신청은 치료감호의 집행이 시작된 날부터 (ⓐ)이 지난 후에 하여야 한다. 신청이 기각된 경우에는 (ⓑ)이 지난 후에 (ⓒ) 신청할 수 있다.

④ 위원회는 제1항에 따른 신청에 대한 심사를 마친 때에는 지체 없이 심사기준과 그 결정 이유를 (ⓓ) 등에게 통보하여야 한다.

정답

ⓐ 6개월

ⓑ 6개월

ⓒ 다시

ⓓ 피치료감호자와 법정대리인

제6장의2 치료명령사건

제44조의2 【선고유예 시 치료명령 등】

① (ⓐ)은 치료명령대상자에 대하여 형의 선고 또는 집행을 유예하는 경우에는 치료기간을 정하여 치료를 받을 것을 명(ⓑ).
② 제1항의 치료를 명하는 경우 (ⓒ)을 병과하여야 한다.
③ 제2항에 따른 보호관찰기간은 선고유예의 경우에는 (ⓓ), 집행유예의 경우에는 (ⓔ)으로 한다. 다만, 법원은 집행유예 기간의 범위에서 (ⓕ)을 정할 수 있다.
④ 제1항의 치료기간은 제3항에 따른 보호관찰기간을 초과할 수 (ⓖ).

정답
ⓐ 법원, ⓑ 할 수 있다
ⓒ 보호관찰
ⓓ 1년, ⓔ 그 유예기간
ⓕ 보호관찰기간
ⓖ 없다

제44조의3 【판결 전 조사】

① (ⓐ)은 제44조의2에 따른 치료를 명하기 위하여 필요하다고 인정하면 피고인의 주거지 또는 그 법원의 소재지를 관할하는 (ⓑ)에게 범죄의 동기, 피고인의 신체적·심리적 특성 및 상태, 가정환경, 직업, 생활환경, 병력, 치료비용 부담능력, 재범위험성 등 피고인에 관한 사항의 조사를 요구(ⓒ).
② 제1항의 요구를 받은 보호관찰소의 장은 지체 없이 이를 조사하여 (ⓓ)으로 해당 법원에 알려야 한다. 이 경우 필요하다고 인정하면 피고인이나 그 밖의 (ⓔ)을 소환하여 심문하거나 소속 보호관찰관에게 필요한 사항을 조사하게 (ⓕ).
③ 보호관찰소의 장은 제2항의 조사를 위하여 필요하다고 인정하면 (ⓖ)이나 그 밖의 단체에 사실을 알아보거나 관련 자료의 열람 등 협조를 요청(ⓗ).

정답
ⓐ 법원,
ⓑ 보호관찰소의 장
ⓒ 할 수 있다
ⓓ 서면, ⓔ 관계인
ⓕ 할 수 있다
ⓖ 국공립 기관
ⓗ 할 수 있다

제44조의5 【준수사항】

치료명령을 받은 사람은 다음 각 호의 사항을 준수하여야 한다.
1. 보호관찰관의 지시에 따라 (ⓐ) 치료에 응할 것
2. 보호관찰관의 지시에 따라 (ⓑ)을 성실히 이수할 것

정답
ⓐ 성실히
ⓑ 인지행동 치료 등 심리치료 프로그램

제44조의6 【치료명령의 집행】

① 치료명령은 검사의 지휘를 받아 (ⓐ)이 집행한다.
② 치료명령은 정신건강의학과 전문의의 진단과 약물 투여, 상담 등 치료 및 「정신건강증진 및 정신질환자 복지서비스 지원에 관한 법률」에 따른 정신건강전문요원 등 전문가에 의한 인지행동 치료 등 심리치료 프로그램의 실시 등의 방법으로 집행한다.
③ 보호관찰관은 치료명령을 받은 사람에게 치료명령을 집행하기 전에 치료기관, 치료의 방법·내용 등에 관하여 (ⓑ) 설명하여야 한다.
④ 그 밖에 치료명령의 집행에 관하여 필요한 사항은 대통령령으로 정한다.

정답
ⓐ 보호관찰관
ⓑ 충분히

제44조의7 【치료기관의 지정 등】

① (ⓐ)은 치료명령을 받은 사람의 치료를 위하여 치료기관을 지정할 수 있다.

② 제1항에 따른 치료기관의 지정기준 등 필요한 사항은 법무부령으로 정한다.

정답
ⓐ 법무부장관

제44조의8 【선고유예의 실효 등】

① 법원은 제44조의2에 따라 치료를 명한 선고유예를 받은 사람이 정당한 사유 없이 치료기간 중에 제44조의5의 준수사항을 위반하고 그 정도가 무거운 때에는 (ⓐ)을 선고할 수 있다.

② 법원은 제44조의2에 따라 치료를 명한 집행유예를 받은 사람이 정당한 사유 없이 치료기간 중에 제44조의5의 준수사항을 위반하고 그 정도가 무거운 때에는 집행유예의 선고를 (ⓑ).

③ 치료명령대상자에 대한 경고 · 구인 · 긴급구인 · 유치 · 선고유예의 실효 및 집행유예의 취소 등에 대하여는 「보호관찰 등에 관한 법률」 제38조부터 제45조까지, 제45조의2, 제46조 및 제47조를 준용한다.

정답
ⓐ 유예한 형
ⓑ 취소할 수 있다

제44조의9 【비용부담】

① 제44조의2에 따른 (ⓐ)은 치료기간 동안 치료비용을 부담하여야 한다. 다만, 치료비용을 부담할 경제력이 없는 사람의 경우에는 (ⓑ)가 비용을 부담할 수 있다.

② 비용부담에 관하여 필요한 사항은 대통령령으로 정한다.

정답
ⓐ 치료명령을 받은 사람
ⓑ 국가

제45조 【치료감호 청구의 시효】

① 치료감호 청구의 시효는 치료감호가 청구된 사건과 (ⓐ)에 심리하거나 심리할 수 있었던 죄에 대한 공소시효기간이 지나면 완성된다.

② 치료감호가 청구된 사건은 판결의 확정 없이 치료감호가 청구되었을 때부터 (ⓑ)이 지나면 청구의 시효가 완성된 것으로 본다.

정답
ⓐ 동시
ⓑ 15년

제46조 【치료감호의 시효】

① 피치료감호자는 그 판결이 확정된 후 집행을 받지 아니하고 다음 각 호의 구분에 따른 기간이 지나면 시효가 완성되어 집행이 면제된다.

치료감호대상자	치료감호시설 수용기간	치료감호의 시효
1. 「형법」 제10조 제1항(심신상실자)에 따라 벌하지 아니하거나 같은 조 제2항(심신미약자)에 따라 형을 감경할 수 있는 심신장애인으로서 금고 이상의 형에 해당하는 죄를 지은 자 3. 소아성기호증, 성적가학증 등 성적 성벽이 있는 정신성적 장애인으로서 금고 이상의 형에 해당하는 성폭력범죄를 지은 자	15년	(ⓐ)
2. 마약 · 향정신성의약품 · 대마, 그 밖에 남용되거나 해독을 끼칠 우려가 있는 물질이나 알코올을 식음 · 섭취 · 흡입 · 흡연 또는 주입받는 습벽이 있거나 그에 중독된 자로서 금고 이상의 형에 해당하는 죄를 지은 자	2년	(ⓑ)

② 시효는 치료감호의 집행정지 기간 또는 가종료 기간이나 그 밖에 집행할 수 없는 기간에는 진행되지 (ⓒ).

③ 시효는 피치료감호자를 체포함으로써 중단된다.

정답
ⓐ 10년
ⓑ 7년
ⓒ 아니한다

제48조 【치료감호의 실효】

① 치료감호의 집행을 종료하거나 집행이 면제된 자가 피해자의 피해를 보상하고 자격정지 이상의 형이나 치료감호를 선고받지 아니하고 (ⓐ)이 지났을 때에는 (ⓑ)의 신청에 의하여 그 재판의 실효를 선고할 수 있다. 이 경우 「형사소송법」 제337조(형의 소멸의 재판)를 준용한다.

② 치료감호의 집행을 종료하거나 집행이 면제된 자가 자격정지 이상의 형이나 치료감호를 선고받지 아니하고 (ⓒ)이 지났을 때에는 그 재판이 (ⓓ)된 것으로 본다.

정답
ⓐ 7년, ⓑ 본인이나 검사
ⓒ 10년, ⓓ 실효

제49조 【기간의 계산】

① 치료감호의 기간은 치료감호를 (ⓐ) 기산한다. 이 경우 치료감호 집행을 시작한 첫날은 시간으로 계산하지 아니하고 (ⓑ).

② 치료감호의 집행을 위반한 기간은 그 치료감호의 집행기간에 (ⓒ).

정답
ⓐ 집행한 날부터
ⓑ 1일로 산정한다
ⓒ 포함하지 아니한다

CHAPTER

05 전자장치 부착 등에 관한 법률(약칭 : 전자장치부착법)

【시행 2024. 7. 17】【법률 제20007호, 2024. 1. 16, 일부개정】

시행령(2021.9.14)

제1조 【목 적】

이 법은 수사·재판·집행 등 형사사법 절차에서 전자장치를 효율적으로 활용하여 불구속재판을 확대하고, 범죄인의 사회복귀를 촉진하며, 범죄로부터 국민을 보호함을 목적으로 한다.

제2조 【정 의】

이 법에서 사용하는 용어의 정의는 다음과 같다.

1. 특정범죄	(ⓐ)

정답

ⓐ 성폭력범죄, 미성년자 대상 유괴범죄, 살인범죄, 강도범죄 및 스토킹범죄

제3조 【국가의 책무】

국가는 이 법의 집행과정에서 국민의 인권이 부당하게 침해되지 아니하도록 주의하여야 한다.

제4조 【적용 범위】

만 19세 미만의 자에 대하여 부착명령을 선고한 때에는 (ⓐ) 이 법에 따른 전자장치를 부착할 수 없다.

정답

ⓐ 19세에 이르기까지

제2장 형 집행 종료 후의 전자장치 부착

제5조【전자장치 부착명령의 청구】

① 검사는 다음 각 호의 어느 하나에 해당하고, 성폭력범죄를 다시 범할 위험성이 있다고 인정되는 사람에 대하여 전자장치를 부착하도록 하는 명령(이하 "부착명령"이라 한다)을 법원에 청구할 수 있다.

1. 성폭력범죄로 징역형의 실형을 선고받은 사람이 그 집행을 종료한 후 또는 집행이 면제된 후 (ⓐ　　　)에 성폭력범죄를 저지른 때
2. 성폭력범죄로 이 법에 따른 전자장치를 부착받은 전력이 있는 사람이 (ⓑ　　　) 성폭력범죄를 저지른 때
3. 성폭력범죄를 (ⓒ　　　) 범하여(유죄의 확정판결을 받은 경우를 포함한다) 그 습벽이 인정된 때
4. (ⓓ　　　　　　　) 성폭력범죄를 저지른 때
5. (ⓔ　　　　　　　)가 있는 사람에 대하여 성폭력범죄를 저지른 때

② 검사는 미성년자 대상 유괴범죄를 저지른 사람으로서 미성년자 대상 유괴범죄를 다시 범할 위험성이 있다고 인정되는 사람에 대하여 부착명령을 법원에 청구(ⓕ　　　　　). 다만, 유괴범죄로 징역형의 실형 이상의 형을 선고받아 그 집행이 종료 또는 면제된 후 다시 유괴범죄를 저지른 경우에는 부착명령을 청구(ⓖ　　　　　).

③ 검사는 살인범죄를 저지른 사람으로서 살인범죄를 다시 범할 위험성이 있다고 인정되는 사람에 대하여 부착명령을 법원에 청구(ⓗ　　　　　). 다만, 살인범죄로 징역형의 실형 이상의 형을 선고받아 그 집행이 종료 또는 면제된 후 다시 살인범죄를 저지른 경우에는 부착명령을 청구(ⓘ　　　　　).

④ 검사는 다음 각 호의 어느 하나에 해당하고 강도범죄를 다시 범할 위험성이 있다고 인정되는 사람에 대하여 부착명령을 법원에 청구(ⓙ　　　　　).

1. 강도범죄로 징역형의 실형을 선고받은 사람이 그 집행을 종료한 후 또는 집행이 면제된 후 (ⓚ　　　)에 다시 강도범죄를 저지른 때
2. 강도범죄로 이 법에 따른 전자장치를 부착하였던 전력이 있는 사람이 (ⓛ　　　) 강도범죄를 저지른 때
3. 강도범죄를 (ⓜ　　　) 범하여(유죄의 확정판결을 받은 경우를 포함한다) 그 습벽이 인정된 때

정답

ⓐ 10년 이내
ⓑ 다시
ⓒ 2회 이상
ⓓ 19세 미만의 사람에 대하여
ⓔ 신체적 또는 정신적 장애
ⓕ 할 수 있다
ⓖ 하여야 한다
ⓗ 할 수 있다
ⓘ 하여야 한다
ⓙ 할 수 있다
ⓚ 10년 이내
ⓛ 다시
ⓜ 2회 이상

⑤ 검사는 다음 각 호의 어느 하나에 해당하고 스토킹범죄를 다시 범할 위험성이 있다고 인정되는 사람에 대하여 부착명령을 법원에 청구(ⓝ).

1. 스토킹범죄로 징역형의 실형을 선고받은 사람이 그 집행을 종료한 후 또는 집행이 면제된 후 (ⓞ)에 다시 스토킹범죄를 저지른 때
2. 스토킹범죄로 이 법에 따른 전자장치를 부착하였던 전력이 있는 사람이 (ⓟ) 스토킹범죄를 저지른 때
3. 스토킹범죄를 (ⓠ) 범하여(유죄의 확정판결을 받은 경우를 포함한다) 그 습벽이 인정된 때

⑥ 제1항부터 제5항까지의 규정에 따른 부착명령의 청구는 공소가 제기된 특정범죄사건의 (ⓡ)까지 하여야 한다.

⑦ 법원은 공소가 제기된 특정범죄사건을 심리한 결과 부착명령을 선고할 필요가 있다고 인정하는 때에는 검사에게 부착명령의 청구를 (ⓢ).

⑧ 제1항부터 제5항까지의 규정에 따른 특정범죄사건에 대하여 판결의 확정 없이 공소가 제기된 때부터 (ⓣ)이 경과한 경우에는 부착명령을 청구(ⓤ).

정답
ⓝ 할 수 있다
ⓞ 10년 이내
ⓟ 다시
ⓠ 2회 이상
ⓡ 항소심 변론종결 시
ⓢ 요구할 수 있다
ⓣ 15년, ⓤ 할 수 없다

제6조【조사】

① (ⓐ)는 부착명령을 청구하기 위하여 필요하다고 인정하는 때에는 피의자의 주거지 또는 소속 검찰청(지청을 포함한다. 이하 같다) 소재지를 관할하는 (ⓑ)에게 범죄의 동기, 피해자와의 관계, 심리상태, 재범의 위험성 등 피의자에 관하여 필요한 사항의 조사를 요청(ⓒ).

② 제1항의 요청을 받은 보호관찰소의 장은 조사할 (ⓓ)을 지명하여야 한다.

③ 제2항에 따라 지명된 보호관찰관은 지체 없이 필요한 사항을 조사한 후 검사에게 조사보고서를 제출하여야 한다.

④ 검사는 제1항의 요청을 받은 (ⓔ)에게 조사진행상황의 보고를 요구할 수 있다.

⑤ 검사는 부착명령을 청구함에 있어서 필요한 경우에는 피의자에 대한 정신감정이나 그 밖에 전문가의 진단 등의 결과를 참고(ⓕ).

정답
ⓐ 검사
ⓑ 보호관찰소(지소를 포함한다. 이하 같다)의 장
ⓒ 할 수 있다
ⓓ 보호관찰관
ⓔ 보호관찰소의 장
ⓕ 하여야 한다

제9조【부착명령의 판결 등】

① 법원은 부착명령 청구가 이유 있다고 인정하는 때에는 다음 각 호에 따른 기간의 범위 내에서 부착기간을 정하여 판결로 부착명령을 선고 (ⓐ). 다만, 19세 미만의 사람에 대하여 특정범죄를 저지른 경우에는 부착기간 하한을 다음 각 호에 따른 부착기간 (ⓑ)로 한다.

1. 법정형의 상한이 사형 또는 무기징역인 특정범죄	(ⓒ)
2. 법정형 중 징역형의 하한이 3년 이상의 유기징역인 특정범죄(제1호에 해당하는 특정범죄는 제외한다)	(ⓓ)
3. 법정형 중 징역형의 하한이 3년 미만의 유기징역인 특정범죄(제1호 또는 제2호에 해당하는 특정범죄는 제외한다)	(ⓔ)

② 여러 개의 특정범죄에 대하여 동시에 부착명령을 선고할 때에는 법정형이 가장 중한 죄의 부착기간 (ⓕ) 가중하되, 각 죄의 부착기간의 상한을 합산한 기간을 초과할 수 (ⓖ). 다만, 하나의 행위가 여러 특정범죄에 해당하는 경우에는 (ⓗ)을 부착기간으로 한다.

③ 부착명령을 선고받은 사람은 (ⓘ) 「보호관찰 등에 관한 법률」에 따른 보호관찰을 받는다.

④ 법원은 다음 각 호의 어느 하나에 해당하는 때에는 판결로 부착명령 청구를 기각하여야 한다.

1. 부착명령 청구가 (ⓙ) 인정하는 때
2. 특정범죄사건에 대하여 (ⓚ)의 판결 또는 결정을 선고하는 때
3. 특정범죄사건에 대하여 (ⓛ)을 선고하는 때
4. 특정범죄사건에 대하여 (ⓜ)를 선고하는 때(제28조 제1항에 따라 전자장치 부착을 명하는 때를 제외한다)

⑤ 부착명령 청구사건의 판결은 특정범죄사건의 판결과 (ⓝ)에 선고하여야 한다.

⑥ 부착명령 선고의 판결이유에는 요건으로 되는 사실, 증거의 요지 및 적용 법조를 명시하여야 한다.

⑦ 부착명령의 선고는 특정범죄사건의 양형에 유리하게 참작되어서는 (ⓞ).

⑧ 특정범죄사건의 판결에 대하여 상소 및 상소의 포기·취하가 있는 때에는 부착명령 청구사건의 판결에 대하여도 상소 및 상소의 포기·취하가 있는 것으로 본다. 상소권회복 또는 재심의 청구나 비상상고가 있는 때에도 또한 같다.

⑨ 제8항에도 불구하고 검사 또는 피부착명령청구자 및 「형사소송법」 제340조(피고인의 법정대리인)·제341조(피고인의 배우자, 직계친족, 형제자매 또는 원심의 대리인이나 변호인)에 규정된 자는 부착명령에 대하여 독립하여 상소 및 상소의 포기·취하를 할 수 있다. 상소권회복 또는 재심의 청구나 비상상고의 경우에도 또한 같다.

정답

ⓐ 하여야 한다
ⓑ 하한의 2배
ⓒ 10년 이상 30년 이하
ⓓ 3년 이상 20년 이하
ⓔ 1년 이상 10년 이하
ⓕ 상한의 2분의 1까지
ⓖ 없다,
ⓗ 가장 중한 죄의 부착기간
ⓘ 부착기간 동안
ⓙ 이유 없다고
ⓚ 무죄(심신상실을 이유로 치료감호가 선고된 경우는 제외한다)·면소·공소기각
ⓛ 벌금형
ⓜ 선고유예 또는 집행유예
ⓝ 동시
ⓞ 아니 된다

PART 02

제9조의2 【준수사항】

① 법원은 제9조 제1항에 따라 부착명령을 선고하는 경우 부착기간의 범위에서 준수기간을 정하여 다음 각 호의 준수사항 중 하나 이상을 부과(ⓐ). 다만, 제4호의 준수사항(특정범죄 치료 프로그램의 이수)은 500시간의 범위에서 그 기간을 정하여야 한다.

1. 야간, 아동·청소년의 통학시간 등 (ⓑ)
2. 어린이 보호구역 등 (ⓒ)에의 출입금지 및 접근금지

2의2. (ⓓ)

3. 피해자 등 (ⓔ)
4. 특정범죄 (ⓕ)의 이수
5. 마약 등 중독성 있는 (ⓖ)
6. 그 밖에 부착명령을 선고받는 사람의 (ⓗ)을 위하여 필요한 사항

② 삭제 <2010.4.15.>

③ 제1항에도 불구하고 법원은 성폭력범죄를 저지른 사람(19세 미만의 사람을 대상으로 성폭력범죄를 저지른 사람으로 한정한다) 또는 스토킹범죄를 저지른 사람에 대해서 제9조 제1항에 따라 부착명령을 선고하는 경우에는 다음 각 호의 구분에 따라 제1항의 준수사항을 부과(ⓘ).

1. 19세 미만의 사람을 대상으로 성폭력범죄를 저지른 사람: 제1항 제1호<야간, 아동·청소년의 통학시간 등 특정시간대의 외출제한> 및 제3호<피해자등 특정인의 접근금지>의 준수사항을 포함할 것. 다만, 제1항 제1호의 준수사항을 부과하여서는 아니 될 특별한 사정이 있다고 판단하는 경우에는 해당 준수사항을 포함하지 (ⓙ).
2. 스토킹범죄를 저지른 사람: 제1항 제3호<피해자 등 특정인에의 접근금지>의 준수사항을 포함할 것

정답
ⓐ 할 수 있다
ⓑ 특정 시간대의 외출제한
ⓒ 특정지역 · 장소
ⓓ 주거지역의 제한
ⓔ 특정인에의 접근금지
ⓕ 치료 프로그램
ⓖ 물질의 사용금지
ⓗ 재범방지와 성행교정
ⓘ 하여야 한다
ⓙ 아니할 수 있다

제10조 【부착명령 판결 등에 따른 조치】

① 법원은 제9조에 따라 부착명령을 선고한 때에는 그 판결이 확정된 날부터 (ⓐ)에 부착명령을 선고받은 자(이하 "피부착명령자"라 한다)의 주거지를 관할하는 보호관찰소의 장에게 판결문의 등본을 송부하여야 한다.

② 교도소, 소년교도소, 구치소, 국립법무병원 및 군교도소의 장(이하 "교도소장 등"이라 한다)은 피부착명령자가 석방되기 (ⓑ) 피부착명령자의 주거지를 관할하는 보호관찰소의 장에게 그 사실을 통보하여야 한다.

정답
ⓐ 3일 이내
ⓑ 5일 전까지

제12조 【집행지휘】

① 부착명령은 (ⓐ)의 지휘를 받아 보호관찰관이 집행한다.

② 제1항에 따른 지휘는 판결문 등본을 첨부한 (ⓑ)으로 한다.

정답
ⓐ 검사
ⓑ 서면

제13조 【부착명령의 집행】

① 부착명령은 특정범죄사건에 대한 형의 집행이 종료되거나 면제·가석방되는 날 또는 치료감호의 집행이 종료·가종료되는 날 (ⓐ)에 피부착명령자의 신체에 전자장치를 부착함으로써 집행한다. 다만, 다음의 경우에는 각 호의 구분에 따라 집행한다.

1. 부착명령의 원인이 된 특정범죄사건이 아닌 다른 범죄사건으로 형이나 치료감호의 집행이 계속될 경우에는 부착명령의 원인이 된 특정범죄사건이 아닌 다른 범죄사건에 대한 형의 집행이 종료되거나 면제·가석방 되는 날 또는 치료감호의 집행이 종료·가종료 되는 날부터 집행한다.
2. 피부착명령자가 부착명령 판결 확정 시 석방된 상태이고 미결구금일수 산입 등의 사유로 이미 형의 집행이 종료된 경우에는 부착명령 판결 확정일부터 부착명령을 집행한다.

② 제1항 제2호에 따라 부착명령을 집행하는 경우 보호관찰소의 장은 피부착명령자를 (ⓑ)할 수 있으며, 피부착명령자가 소환에 따르지 아니하는 때에는 관할 지방검찰청의 검사에게 신청하여 부착명령 집행장을 발부받아 (ⓒ)할 수 있다.

③ 보호관찰소의 장은 제2항에 따라 피부착명령자를 구인한 경우에는 부착명령의 집행을 마친 즉시 석방하여야 한다.

④ 부착명령의 집행은 신체의 완전성을 해하지 아니하는 범위 내에서 이루어져야 한다.

⑤ 부착명령이 여러 개인 경우 확정된 순서에 따라 집행한다.

⑥ 다음 각 호의 어느 하나에 해당하는 때에는 부착명령의 집행이 정지된다.

1. 부착명령의 집행 중 다른 죄를 범하여 (ⓓ)의 집행을 받아 구금된 때
2. 부착명령의 집행 중 다른 죄를 범하여 (ⓔ) 이상의 형의 집행을 받게 된 때
3. 가석방 또는 가종료된 자에 대하여 전자장치 부착기간 동안 (ⓕ)가 취소되거나 실효된 때

⑦ 제6항 제1호에도 불구하고 구속영장의 집행을 받아 구금된 후에 다음 각 호의 어느 하나에 해당하는 사유로 구금이 종료되는 경우 그 구금기간 동안에는 부착명령이 집행된 것으로 본다. 다만, 제1호 및 제2호의 경우 법원의 판결에 따라 유죄로 확정된 경우는 제외한다.

1. 사법경찰관이 불송치결정을 한 경우
2. 검사가 혐의없음, 죄가안됨, 공소권없음 또는 각하의 불기소처분을 한 경우
3. 법원의 무죄, 면소, 공소기각 판결 또는 공소기각 결정이 확정된 경우

정답

ⓐ 석방 직전
ⓑ 소환
ⓒ 구인
ⓓ 구속영장
ⓔ 금고
ⓕ 가석방 또는 가종료

⑧ 제6항에 따라 집행이 정지된 부착명령의 잔여기간에 대하여는 다음 각 호의 구분에 따라 집행한다.
  1. 제6항 제1호<구속영장>의 경우에는 구금이 해제되거나 금고 이상의 형의 집행을 받지 아니하게 확정된 때부터 (ⓖ).
  2. 제6항 제2호<다른 죄를 범하여 금고 이상>의 경우에는 그 형의 집행이 종료되거나 면제된 후 또는 가석방된 때부터 (ⓗ)
  3. 제6항 제3호<가석방 또는 기종료가 취소되거나 실효>의 경우에는 그 형이나 치료감호의 집행이 종료되거나 면제된 후 (ⓘ)

⑨ 제1항부터 제8항까지 규정된 사항 외에 부착명령의 집행 및 정지에 관하여 필요한 사항은 대통령령으로 정한다.

정답
ⓖ 그 잔여기간을 집행한다
ⓗ 그 잔여기간을 집행한다
ⓘ 그 잔여기간을 집행한다

제14조 【피부착자의 의무】

① 전자장치가 부착된 자(이하 "피부착자"라 한다)는 전자장치의 부착기간 중 전자장치를 신체에서 (ⓐ)로 분리·손상, 전파 방해 또는 수신자료의 변조, 그 밖의 방법으로 그 효용을 해하여서는 아니 된다.

② 피부착자는 특정범죄사건에 대한 형의 집행이 종료되거나 면제·가석방되는 날부터 (ⓑ)에 주거지를 관할하는 보호관찰소에 출석하여 대통령령으로 정하는 신상정보 등을 (ⓒ)으로 신고하여야 한다.

③ 피부착자는 주거를 이전하거나 (ⓓ)을 하거나 출국할 때에는 미리 보호관찰관의 허가를 받아야 한다.

정답
ⓐ 임의
ⓑ 10일 이내
ⓒ 서면
ⓓ 7일 이상의 국내여행

제14조의2 【부착기간의 연장 등】

① 피부착자가 다음 각 호의 어느 하나에 해당하는 경우에는 법원은 보호관찰소의 장의 신청에 따른 검사의 청구로 (ⓐ)의 범위에서 부착기간을 연장하거나 제9조의2 제1항의 준수사항을 (ⓑ)하는 결정을 할 수 있다.
  1. 정당한 사유 없이 「보호관찰 등에 관한 법률」 제32조에 따른 (ⓒ)을 위반한 경우
  2. 정당한 사유 없이 제14조 제2항(보호관찰소에 출석하여 서면 신고)을 위반하여 (ⓓ)하지 아니한 경우
  3. 정당한 사유 없이 제14조 제3항을 위반하여 허가를 받지 아니하고 주거 이전·국내여행 또는 출국을 하거나, 거짓으로 허가를 받은 경우
  4. 정당한 사유 없이 제14조 제3항에 따른 출국허가 기간까지 입국하지 아니한 경우

② 제1항 각 호에 규정된 사항 외의 사정변경이 있는 경우에도 법원은 상당한 이유가 있다고 인정되면 보호관찰소의 장의 신청에 따른 검사의 청구로 제9조의2 제1항의 준수사항을 (ⓔ)하는 결정을 할 수 있다.

정답
ⓐ 1년
ⓑ 추가 또는 변경
ⓒ 준수사항, ⓓ 신고
ⓔ 부과, 추가, 변경 또는 삭제

제16조의2 【피부착자의 신상정보 제공 등】

① 보호관찰소의 장은 범죄예방 및 수사에 필요하다고 판단하는 경우 피부착자가 제14조 제2항에 따라 신고한 신상정보 및 피부착자에 대한 지도·감독 중 알게 된 사실 등의 자료를 피부착자의 주거지를 관할하는 경찰관서의 장 등 수사기관에 제공(ⓐ   ).

② 수사기관은 범죄예방 및 수사활동 중 인지한 사실이 피부착자 지도·감독에 활용할 만한 자료라고 판단할 경우 이를 보호관찰소의 장에게 제공(ⓑ   ).

③ 보호관찰소의 장은 피부착자가 범죄를 저질렀거나 저질렀다고 의심할 만한 상당한 이유가 있을 때에는 이를 수사기관에 통보(ⓒ   ).

④ 수사기관은 체포 또는 구속한 사람이 피부착자임을 알게 된 경우에는 피부착자의 주거지를 관할하는 보호관찰소의 장에게 그 사실을 통보(ⓓ   ).

⑤ 제1항부터 제4항에 따른 제공 및 통보의 절차와 관리 등에 필요한 사항은 대통령령으로 정한다.

정답

ⓐ 할 수 있다
ⓑ 할 수 있다
ⓒ 하여야 한다
ⓓ 하여야 한다

제17조 【부착명령의 임시해제 신청 등】

① 보호관찰소의 장 또는 피부착자 및 그 법정대리인은 해당 보호관찰소를 관할하는 심사위원회에 부착명령의 (ⓐ   )를 신청(ⓑ   ).

② 제1항의 신청은 부착명령의 집행이 개시된 날부터 (ⓒ   )이 경과한 후에 하여야 한다. 신청이 기각된 경우에는 (ⓓ   )이 경과한 후에 (ⓔ   ) 신청(ⓕ   ).

③ 제2항에 따라 임시해제의 신청을 할 때에는 신청서에 임시해제의 심사에 참고가 될 자료를 첨부하여 제출하여야 한다.

정답

ⓐ 임시해제
ⓑ 할 수 있다
ⓒ 3개월
ⓓ 기각된 날부터 3개월
ⓔ 다시, ⓕ 할 수 있다

PART 02

제18조 【부착명령 임시해제의 심사 및 결정】

① 심사위원회는 임시해제를 심사할 때에는 피부착자의 인격, 생활태도, 부착명령 이행상황 및 재범의 위험성에 대하여 보호관찰관 등 전문가의 의견을 고려하여야 한다.

② 심사위원회는 임시해제의 심사를 위하여 필요한 때에는 보호관찰소의 장으로 하여금 필요한 사항을 조사하게 하거나 피부착자나 그 밖의 (ⓐ　　　)을 직접 소환·심문 또는 조사할 수 있다.

③ 제2항의 요구를 받은 보호관찰소의 장은 필요한 사항을 조사하여 심사위원회에 (ⓑ　　　)하여야 한다.

④ 심사위원회는 피부착자가 부착명령이 계속 집행될 필요가 없을 정도로 개선되어 재범의 위험성이 없다고 인정하는 때에는 부착명령의 (ⓒ　　　)를 결정할 수 있다. 이 경우 피부착자로 하여금 주거이전 상황 등을 보호관찰소의 장에게 (ⓓ　　　)으로 보고하도록 할 수 있다.

⑤ 심사위원회는 부착명령의 임시해제를 하지 아니하기로 결정한 때에는 결정서에 그 이유를 명시하여야 한다.

⑥ 제4항에 따라 부착명령이 임시해제된 경우에는 제9조 제3항에 따른 보호관찰과 제9조의2에 따른 준수사항 및 「아동·청소년의 성보호에 관한 법률」 제61조 제3항에 따른 보호관찰이 임시해제된 것으로 본다. 다만, 심사위원회에서 보호관찰 또는 준수사항 부과가 필요하다고 결정한 경우에는 그러하지 아니하다.

정답
ⓐ 관계인
ⓑ 통보
ⓒ 임시해제, ⓓ 정기적

제19조 【임시해제의 취소 등】

① 보호관찰소의 장은 부착명령이 임시해제된 자가 특정범죄를 저지르거나 주거이전 상황 등의 보고에 불응하는 등 재범의 위험성이 있다고 판단되는 때에는 심사위원회에 임시해제의 취소를 신청(ⓐ　　　). 이 경우 심사위원회는 임시해제된 자의 재범의 위험성이 현저하다고 인정될 때에는 임시해제를 취소(ⓑ　　　).

② 제1항에 따라 임시해제가 취소된 자는 (ⓒ　　　) 전자장치를 부착하여야 하고, 부착명령할 때 개시된 보호관찰을 받아야 하며, 부과된 준수사항(준수기간이 종료되지 않은 경우에 한정한다)을 준수하여야 한다. 이 경우 임시해제기간은 부착명령기간에 산입하지 (ⓓ　　　).

정답
ⓐ 할 수 있다
ⓑ 하여야 한다
ⓒ 잔여 부착명령기간 동안
ⓓ 아니한다

제20조【부착명령 집행의 종료】

제9조에 따라 선고된 부착명령은 다음 각 호의 어느 하나에 해당하는 때에 그 집행이 종료된다.

1. 부착명령기간이 (ⓐ   )한 때
2. 부착명령과 함께 선고한 형이 (ⓑ   )되어 그 선고의 효력을 상실하게 된 때
3. 삭제
4. 부착명령이 임시해제된 자가 그 임시해제가 취소됨이 없이 잔여 부착명령기간을 (ⓒ   )

정답
ⓐ 경과
ⓑ 사면
ⓒ 경과한 때

제21조【부착명령의 시효】

① 피부착명령자는 그 판결이 확정된 후 집행을 받지 아니하고 함께 선고된 특정범죄사건의 형의 시효가 완성되면 그 집행이 (ⓐ   )된다.
② 부착명령의 시효는 피부착명령자를 체포함으로써 중단된다.

정답
ⓐ 면제

제2장의2 형 집행 종료 후의 보호관찰

제21조의2【보호관찰명령의 청구】
검사는 다음 각 호의 어느 하나에 해당하는 사람에 대하여 형의 집행이 종료된 때부터 「보호관찰 등에 관한 법률」에 따른 보호관찰을 받도록 하는 명령(이하 "보호관찰명령"이라 한다)을 법원에 청구(ⓐ).
1. 성폭력범죄를 저지른 사람으로서 (ⓑ)를 다시 범할 위험성이 있다고 인정되는 사람
2. 미성년자 대상 유괴범죄를 저지른 사람으로서 (ⓒ)를 다시 범할 위험성이 있다고 인정되는 사람
3. 살인범죄를 저지른 사람으로서 (ⓓ)를 다시 범할 위험성이 있다고 인정되는 사람
4. 강도범죄를 저지른 사람으로서 (ⓔ)를 다시 범할 위험성이 있다고 인정되는 사람
5. 스토킹범죄를 저지른 사람으로서 (ⓕ)를 다시 범할 위험성이 있다고 인정되는 사람

정답
ⓐ 할 수 있다
ⓑ 성폭력범죄
ⓒ 미성년자 대상 유괴범죄
ⓓ 살인범죄
ⓔ 강도범죄
ⓕ 스토킹범죄

제21조의3【보호관찰명령의 판결】
① 법원은 제21조의2 각 호의 어느 하나에 해당하는 사람(특정범죄 재범 위험성이 있는 사람)이 (ⓐ) 이상의 선고형에 해당하고 보호관찰명령의 청구가 이유 있다고 인정하는 때에는 (ⓑ)의 범위에서 기간을 정하여 보호관찰명령을 선고(ⓒ).
② (ⓓ)은 제1항에도 불구하고 제9조 제4항 제1호(부착명령 청구가 이유 없다고 인정하는 때)에 따라 부착명령 청구를 기각하는 경우로서 제21조의2 각 호의 어느 하나에 해당하여 보호관찰명령을 선고할 필요가 있다고 인정하는 때에는 (ⓔ)으로 제1항에 따른 기간을 정하여 보호관찰명령을 선고(ⓕ).

정답
ⓐ 금고,
ⓑ 2년 이상 5년 이하
ⓒ 하여야 한다
ⓓ 법원, ⓔ 직권
ⓕ 할 수 있다

제21조의4【준수사항】
① 법원은 제21조의3에 따라 보호관찰명령을 선고하는 경우 제9조의2 제1항 각 호의 준수사항 중 하나 이상을 부과할 수 있다. 다만, 제9조의2 제1항 제4호(특정범죄 치료 프로그램의 이수)의 준수사항은 (ⓐ)의 범위에서 그 기간을 정하여야 한다.
② 제1항 본문에도 불구하고 법원은 성폭력범죄를 저지른 사람(19세 미만의 사람을 대상으로 성폭력범죄를 저지른 사람으로 한정한다) 또는 스토킹범죄를 저지른 사람에 대해서는 제21조의3에 따라 보호관찰명령을 선고하는 경우 제9조의2 제1항 제3호(피해자 등 특정인에의 접근금지)를 포함하여 준수사항을 부과(ⓑ).

정답
ⓐ 300시간
ⓑ 하여야 한다

제21조의5 【보호관찰명령의 집행】

보호관찰명령은 특정범죄사건에 대한 형의 집행이 (ⓐ)되거나 면제·가석방되는 (ⓑ) 또는 치료감호 집행이 종료·가종료되는 (ⓒ)부터 집행한다. 다만, 보호관찰명령의 원인이 된 특정범죄사건이 아닌 다른 범죄사건으로 형이나 치료감호의 집행이 계속될 경우에는 보호관찰명령의 원인이 된 특정범죄사건이 아닌 다른 범죄사건에 대한 형의 집행이 종료되거나 면제·가석방되는 날 또는 치료감호의 집행이 종료·가종료되는 날부터 집행한다.

정답
ⓐ 종료, ⓑ 날
ⓒ 날

제21조의6 보호관찰대상자의 의무】

① 보호관찰대상자는 특정범죄사건에 대한 형의 집행이 종료되거나 면제·가석방되는 날부터(ⓐ)에 주거지를 관할하는 보호관찰소에 출석하여 (ⓑ)으로 신고하여야 한다.
② 보호관찰대상자는 주거를 이전하거나 (ⓒ)을 하거나 출국할 때에는 미리 보호관찰관의 (ⓓ)를 받아야 한다.

정답
ⓐ 10일 이내
ⓑ 서면
ⓒ 7일 이상의 국내여행
ⓓ 허가

제21조의7 【보호관찰 기간의 연장 등】

① 보호관찰대상자가 정당한 사유 없이 제21조의4 또는 「보호관찰 등에 관한 법률」 제32조에 따른 준수사항을 위반하거나 제21조의6에 따른 의무를 위반한 때에는 법원은 보호관찰소의 장의 신청에 따른 검사의 청구로 다음 각 호의 결정을 할 수 있다.
   1. 1년의 범위에서 보호관찰 기간의 연장
   2. 제21조의4에 따른 준수사항의 추가 또는 변경
② 제1항 각 호의 처분은 (ⓐ)할 수 있다.
③ 제1항에 규정된 사항 외의 사정변경이 있는 경우에도 법원은 상당한 이유가 있다고 인정하면 보호관찰소의 장의 신청에 따른 검사의 청구로 제21조의4에 따른 준수사항을 (ⓑ)하는 결정을 할 수 있다.

정답
ⓐ 병과
ⓑ 추가, 변경 또는 삭제

제3장 가석방 및 가종료 등과 전자장치 부착

제22조【가석방과 전자장치 부착】 ⇨ 보호관찰심사위원회에서 부착결정한다.

① 제9조에 따른 부착명령 판결을 선고받지 아니한 특정 범죄자로서 형의 집행 중 가석방되어 보호관찰을 받게 되는 자는 준수사항 이행 여부 확인 등을 위하여 가석방기간 동안 전자장치를 부착(ⓐ　　　). 다만, 보호관찰심사위원회가 전자장치 부착이 필요하지 아니하다고 결정한 경우에는 그러하지 아니하다.

② 심사위원회는 특정범죄 이외의 범죄로 형의 집행 중 가석방되어 보호관찰을 받는 사람의 준수사항 이행 여부 확인 등을 위하여 가석방 예정자의 범죄내용, 개별적 특성 등을 고려하여 가석방 기간의 전부 또는 일부의 기간을 정하여 전자장치를 부착하게 (ⓑ　　　).

③ 심사위원회는 제1항 및 제2항의 결정을 위하여 가석방 예정자에 대한 전자장치 부착의 필요성과 적합성 여부 등을 조사하여야 한다.

④ 심사위원회는 제1항 및 제2항에 따라 전자장치를 부착하게 되는 자의 주거지를 관할하는 보호관찰소의 장에게 가석방자의 인적사항 등 전자장치 부착에 필요한 사항을 즉시 통보하여야 한다.

⑤ 교도소장 등은 제1항 및 제2항에 따른 가석방 예정자가 석방되기 (ⓒ　　　) 그의 주거지를 관할하는 보호관찰소의 장에게 그 사실을 통보(ⓓ　　　).

정답
ⓐ 하여야 한다
ⓑ 할 수 있다
ⓒ 5일 전까지
ⓓ 하여야 한다

제23조【가종료 등과 전자장치 부착】 ⇨ 치료감호심의위원회에서 부착결정한다.

① 「치료감호 등에 관한 법률」 제37조에 따른 치료감호심의위원회(이하 "치료감호심의위원회"라 한다)는 제9조에 따른 부착명령 판결을 선고받지 아니한 특정 범죄자로서 치료감호의 집행 중 가종료 또는 치료위탁되는 피치료감호자나 보호감호의 집행 중 가출소되는 피보호감호자(이하 "가종료자 등"이라 한다)에 대하여 「치료감호 등에 관한 법률」 또는 「사회보호법」(법률 제7656호로 폐지되기 전의 법률을 말한다)에 따른 준수사항 이행 여부 확인 등을 위하여 보호관찰기간의 범위에서 기간을 정하여 전자장치를 부착하게 (ⓐ　　　).

② 치료감호심의위원회는 제1항에 따라 전자장치 부착을 결정한 경우에는 (ⓑ　　　) 피부착결정자의 주거지를 관할하는 보호관찰소의 장에게 통보(ⓒ　　　).

③ 치료감호시설의 장 · 보호감호시설의 장 또는 교도소의 장은 가종료자 등이 가종료 또는 치료위탁되거나 가출소되기 (ⓓ　　　) 가종료자 등의 주거지를 관할하는 보호관찰소의 장에게 그 사실을 통보(ⓔ　　　).

정답
ⓐ 할 수 있다
ⓑ 즉시, ⓒ 하여야 한다
ⓓ 5일 전까지
ⓔ 하여야 한다

제24조 【전자장치의 부착】

① 전자장치 부착은 (ⓐ　　　　　　)이 집행한다.

② 전자장치는 다음 각 호의 어느 하나에 해당하는 때 (ⓑ　　　　)에 부착한다.

1. 가석방되는 날
2. 가종료 또는 치료위탁되거나 가출소되는 날. 다만, 제23조 제1항에 따른 피치료감호자에게 치료감호와 병과된 형의 잔여 형기가 있거나 치료감호의 원인이 된 특정범죄사건이 아닌 다른 범죄사건으로 인하여 집행할 형이 있는 경우에는 해당 형의 집행이 종료·면제되거나 가석방되는 날 부착한다.

③ 전자장치 부착집행 중 보호관찰 준수사항 위반으로 유치허가장의 집행을 받아 유치된 때에는 부착집행이 (ⓒ　　　)된다. 이 경우 심사위원회가 보호관찰소의 장의 가석방 취소신청을 기각한 날 또는 법무부장관이 심사위원회의 허가신청을 불허한 날부터 (ⓓ　　　　　　　　　　).

정답

ⓐ 보호관찰관
ⓑ 석방 직전
ⓒ 정지
ⓓ 그 잔여기간을 집행한다

제25조 【부착집행의 종료】

제22조 및 제23조에 따른 전자장치 부착은 다음 각 호의 어느 하나에 해당하는 때에 그 집행이 종료된다.

1. 가석방 기간이 경과하거나 가석방이 (ⓐ　　　　　　　　) 된 때
2. 가종료자 등의 부착기간이 (ⓑ　　　)하거나 보호관찰이 (ⓒ　　　)된 때
3. 가석방된 형이 (ⓓ　　　)되어 형의 선고의 효력을 (ⓔ　　　)하게 된 때

정답

ⓐ 실효 또는 취소
ⓑ 경과, ⓒ 종료
ⓓ 사면, ⓔ 상실

제4장 형의 집행유예와 부착명령

제28조 【형의 집행유예와 부착명령】 ⇨ 법원의 판결에 의한 부착명령

① 법원은 특정범죄를 범한 자에 대하여 형의 집행을 유예하면서 보호관찰을 받을 것을 명할 때에는 보호관찰 기간의 범위 내에서 기간을 정하여 준수사항의 이행여부 확인 등을 위하여 전자장치를 부착할 것을 (ⓐ).

② 법원은 제1항에 따른 부착명령기간 중 소재지 인근 의료기관에서의 치료, 지정 상담시설에서의 상담치료 등 대상자의 재범방지를 위하여 필요한 조치들을 과할 수 있다.

③ 법원은 제1항에 따른 전자장치 부착을 명하기 위하여 필요하다고 인정하는 때에는 피고인의 주거지 또는 그 법원의 소재지를 관할하는 보호관찰소의 장에게 범죄의 동기, 피해자와의 관계, 심리상태, 재범의 위험성 등 피고인에 관하여 필요한 사항의 조사를 요청할 수 있다.

정답
ⓐ 명할 수 있다

제29조 【부착명령의 집행】

① 부착명령은 전자장치 부착을 명하는 법원의 판결이 (ⓐ) 집행한다.

② 부착명령의 집행 중 보호관찰 준수사항 위반으로 유치허가장의 집행을 받아 유치된 때에는 부착명령 집행이 (ⓑ)된다. 이 경우 검사가 보호관찰소의 장의 집행유예 취소신청을 기각한 날 또는 법원이 검사의 집행유예취소청구를 기각한 날부터 그 잔여기간을 집행한다.

정답
ⓐ 확정된 때부터
ⓑ 정지

제30조 【부착명령 집행의 종료】

제28조의 부착명령은 다음 각 호의 어느 하나에 해당하는 때에 그 집행이 종료된다.

1. (ⓐ)이 경과한 때
2. 집행유예가 (ⓑ)된 때
3. 집행유예된 형이 사면되어 형의 선고의 효력을 상실하게 된 때

정답
ⓐ 부착명령기간
ⓑ 실효 또는 취소

제5장 보석과 전자장치 부착

제31조의2 【보석과 전자장치 부착】 ⇨ 법원의 결정에 의한 부착명령

① 법원은 「형사소송법」 제98조 제9호(그 밖에 피고인의 출석을 보증하기 위하여 법원이 정하는 적당한 조건을 이행할 것)에 따른 보석조건으로 피고인에게 전자장치 부착을 (ⓐ).

② 법원은 제1항에 따른 전자장치 부착을 명하기 위하여 필요하다고 인정하면 그 법원의 소재지 또는 피고인의 주거지를 관할하는 보호관찰소의 장에게 피고인의 직업, 경제력, 가족상황, 주거상태, 생활환경 및 피해회복 여부 등 피고인에 관한 사항의 조사를 의뢰(ⓑ).

③ 제2항의 의뢰를 받은 보호관찰소의 장은 지체 없이 조사하여 (ⓒ) 으로 법원에 통보(ⓓ), 조사를 위하여 필요한 경우에는 피고인이나 그 밖의 관계인을 소환하여 심문하거나 소속 보호관찰관에게 필요한 사항을 조사하게 (ⓔ).

④ 보호관찰소의 장은 제3항의 조사를 위하여 필요하다고 인정하면 (ⓕ)이나 그 밖의 (ⓖ)에 사실을 알아보거나 관련 자료의 열람 등 협조를 요청(ⓗ).

정답
ⓐ 명할 수 있다
ⓑ 할 수 있다
ⓒ 서면, ⓓ 하여야 하며
ⓔ 할 수 있다
ⓕ 국공립 기관, ⓖ 단체
ⓗ 할 수 있다

제31조의3 【전자장치 부착의 집행】

① 법원은 제31조의2 제1항에 따라 전자장치 부착을 명한 경우 지체 없이 그 결정문의 등본을 피고인의 주거지를 관할하는 보호관찰소의 장에게 송부(ⓐ).

② 제31조의2 제1항에 따라 전자장치 부착명령을 받고 석방된 피고인은 법원이 지정한 일시까지 주거지를 관할하는 (ⓑ)에 출석하여 신고한 후 보호관찰관의 지시에 따라 전자장치를 부착(ⓒ).

③ 보호관찰소의 장은 제31조의2 제1항에 따른 피고인의 보석조건 이행 여부 확인을 위하여 적절한 조치를 하여야 한다.

④ 전자장치 부착 집행의 절차 및 방법 등에 관한 사항은 대통령령으로 정한다.

정답
ⓐ 하여야 한다
ⓑ 보호관찰소
ⓒ 하여야 한다

제31조의4 【보석조건 이행 상황 등 통지】

① 보호관찰소의 장은 제31조의2 제1항에 따른 피고인의 보석조건 이행 상황을 법원에 (ⓐ 　　　)으로 통지하여야 한다.

② (ⓑ 　　　　　　)은 피고인이 제31조의2 제1항에 따른 전자장치 부착명령을 위반한 경우 및 전자장치 부착을 통하여 피고인에게 부과된 주거의 제한 등 「형사소송법」에 따른 다른 보석조건을 (ⓒ 　　　)하였음을 확인한 경우 지체 없이 법원과 검사에게 이를 통지하여야 한다.

③ 제2항에 따른 통지를 받은 법원은 「형사소송법」 제102조(보석조건의 변경과 취소 등)에 따라 피고인의 보석조건을 변경하거나 보석을 취소하는 경우 이를 지체 없이 보호관찰소의 장에게 통지하여야 한다.

④ 제1항부터 제3항까지의 규정에 따른 통지의 절차 및 방법 등에 관한 사항은 대통령령으로 정한다.

정답
ⓐ 정기적
ⓑ 보호관찰소의 장
ⓒ 위반

제31조의5 【전자장치 부착의 종료】

제31조의2 제1항에 따른 전자장치의 부착은 다음 각 호의 어느 하나에 해당하는 경우에 그 집행이 종료된다.

1. 구속영장의 효력이 (ⓐ 　　　)한 경우
2. 보석이 (ⓑ 　　　)된 경우
3. 「형사소송법」 제102조(보석조건의 변경과 취소 등)에 따라 보석조건이 (ⓒ 　　　) 되어 전자장치를 부착할 필요가 없게 되는 경우

정답
ⓐ 소멸
ⓑ 취소
ⓒ 변경

제5장의2 스토킹행위자에 대한 전자장치 부착

제31조의6 【전자장치 부착의 집행】

① 법원은 「스토킹범죄의 처벌 등에 관한 법률」 제9조 제1항 제3호의2에 따른 잠정조치(이하 이 장에서 "잠정조치"라 한다)로 전자장치의 부착을 결정한 경우 그 결정문의 등본을 스토킹행위자의 사건 수사를 관할하는 경찰관서(이하 이 장에서 "관할경찰관서"라 한다)의 장과 스토킹행위자의 주거지를 관할하는 보호관찰소(이하 이 장에서 "보호관찰소"라 한다)의 장에게 지체 없이 송부(ⓐ   ).

② 잠정조치 결정을 받은 스토킹행위자는 법원이 지정한 일시까지 보호관찰소에 출석하여 대통령령으로 정하는 신상정보 등을 (ⓑ   )으로 신고한 후 보호관찰관의 지시에 따라 전자장치를 부착(ⓒ   ).

③ 보호관찰소의 장은 스토킹행위자가 제2항에 따라 전자장치를 부착하면 관할경찰관서의 장에게 이를 즉시 통지하여야 하고, 관할경찰관서의 장은 「스토킹범죄의 처벌 등에 관한 법률」 제9조 제1항 제2호 및 제3호의2에 따른 스토킹행위자의 잠정조치 이행 여부를 확인하기 위하여 피해자에 대한 다음 각 호의 사항을 보호관찰소의 장에게 (ⓓ   ) 통지하여야 한다.

1. 성명
2. 주민등록번호
3. 주소 및 실제 거주지
4. 직장 소재지
5. 전화번호
6. 그 밖에 대통령령으로 정하는 피해자의 보호를 위하여 필요한 사항

④ 보호관찰소의 장은 스토킹행위자가 다음 각 호의 어느 하나에 해당하는 경우 그 사실을 관할경찰관서의 장에게 즉시 통지하여야 한다.

1. 정당한 사유 없이 제2항에 따라 법원이 지정한 일시까지 보호관찰소에 출석하여 신고하지 아니하거나 전자장치 부착을 거부하는 경우
2. 잠정조치 기간 중 「스토킹범죄의 처벌 등에 관한 법률」 제9조 제1항 제2호를 위반하였거나 위반할 우려가 있는 경우
3. 잠정조치 기간 중 「스토킹범죄의 처벌 등에 관한 법률」 제9조 제4항을 위반하였거나 위반하였다고 의심할 상당한 이유가 있는 경우
4. 그 밖에 잠정조치의 이행 및 피해자의 보호를 위하여 적절한 조치가 필요한 경우로서 대통령령으로 정하는 사유가 있는 경우

⑤ (ⓔ   )은 제4항에 따른 통지가 있는 경우 즉시 스토킹행위자가 소재한 현장에 출동하는 등의 방법으로 그 사유를 확인하고, 「스토킹범죄의 처벌 등에 관한 법률」 제9조 제1항 제4호에 따른 유치 신청 등 피해자 보호에 필요한 적절한 조치를 하여야 한다.

정답

ⓐ 하여야 한다
ⓑ 서면, ⓒ 하여야 한다
ⓓ 즉시
ⓔ 관할경찰관서의 장
ⓕ 보호관찰소의 장
ⓖ 지체 없이

⑥ 관할경찰관서의 장은 「스토킹범죄의 처벌 등에 관한 법률」 제11조 제5항에 따라 잠정조치 결정이 효력을 상실하는 때에는 (ⓕ   )에게 이를 지체 없이 통지하여야 한다.
⑦ 법원은 잠정조치의 연장 · 변경 · 취소 결정을 하는 경우 관할경찰관서의 장과 보호관찰소의 장에게 이를 (ⓖ   ) 통지하여야 한다.
⑧ 제1항부터 제7항까지에 따른 전자장치 부착의 집행 등에 필요한 사항은 대통령령으로 정한다.

정답
ⓕ 보호관찰소의 장
ⓖ 지체 없이

제31조7 【전자장치 부착의 종료】
제31조의6에 따른 전자장치 부착은 다음 각 호의 어느 하나에 해당하는 때에 그 집행이 (ⓐ   )된다.
1. 잠정조치의 기간이 (ⓑ   )한 때
2. 잠정조치가 (ⓒ   )된 때
3. 잠정조치가 (ⓓ   )한 때

정답
ⓐ 종료
ⓑ 경과
ⓒ 변경 또는 취소
ⓓ 효력을 상실

제31조의8 【스토킹행위자 수신자료의 보존 · 사용 · 폐기 등】
① 보호관찰소의 장은 제31조의6 제2항에 따라 전자장치를 부착한 스토킹행위자의 전자장치로부터 발신되는 전자파를 수신하여 그 자료(이하 "스토킹행위자 수신자료"라 한다)를 보존하여야 한다.
② 스토킹행위자 수신자료는 다음 각 호의 경우 외에는 열람 · 조회 · 제공 또는 공개할 수 (ⓐ   ).
1. 「스토킹범죄의 처벌 등에 관한 법률」 제2조 제2호에 따른 스토킹범죄 혐의에 대한 수사 또는 재판자료로 사용하는 경우
2. 「스토킹범죄의 처벌 등에 관한 법률」 제9조 제1항 제2호 및 제3호의2에 따른 잠정조치 이행 여부를 확인하기 위하여 사용하는 경우
3. 「스토킹범죄의 처벌 등에 관한 법률」 제11조에 따른 잠정조치의 연장 · 변경 · 취소의 청구 또는 그 신청을 위하여 사용하는 경우
4. 「스토킹범죄의 처벌 등에 관한 법률」 제20조 제1항 제1호 및 같은 조 제2항에 해당하는 범죄 혐의에 대한 수사를 위하여 사용하는 경우
③ 검사 또는 사법경찰관이 제2항 제1호에 해당하는 사유로 스토킹행위자 수신자료를 열람 또는 조회하는 경우 그 절차에 관하여는 제16조 제4항 및 제5항을 준용한다.
④ 보호관찰소의 장은 다음 각 호의 어느 하나에 해당하는 때에는 스토킹행위자 수신자료를 (ⓑ   )하여야 한다.
1. 잠정조치가 (ⓒ   )을 상실한 때
2. 잠정조치의 원인이 되는 스토킹범죄사건에 대해 법원의 (ⓓ   ) 또는 공소기각 (ⓔ   )이 확정된 때
3. 잠정조치 집행을 종료한 날부터 (ⓕ   )한 때

정답
ⓐ 없다
ⓑ 폐기
ⓒ 효력
ⓓ 무죄, 면소, 공소기각 판결
ⓔ 결정
ⓕ 5년이 경과

제6장 보칙

제32조 【전자장치 부착기간의 계산】

① 전자장치 부착기간은 이를 집행한 (ⓐ　　　)부터 기산하되, 초일은 시간을 계산함이 없이 (ⓑ　　　)로 산정한다.

② 다음 각 호의 어느 하나에 해당하는 기간은 전자장치 부착기간에 산입하지 (ⓒ　　　). 다만, 보호관찰이 부과된 사람의 전자장치 부착기간은 보호관찰기간을 초과할 수 (ⓓ　　　).

1. 피부착자가 제14조 제1항을 위반하여 전자장치를 (ⓔ　　　)로부터 분리하거나 손상하는 등 그 효용을 해한 기간
2. 피부착자의 치료, 출국 또는 그 밖의 적법한 사유로 전자장치가 신체로부터 일시적으로 분리된 후 해당 (ⓕ　　　)사유가 해소된 날부터 정당한 사유 없이 전자장치를 부착하지 아니한 기간

정답
ⓐ 날, ⓑ 1일
ⓒ 아니한다, ⓓ 없다
ⓔ 신체
ⓕ 분리

제7장 벌칙

제36조 【벌칙】

① 전자장치 부착 업무를 담당하는 자가 정당한 사유 없이 피부착자의 전자장치를 해제하거나 손상한 때에는 (ⓐ　　　)의 유기징역에 처한다.

② 전자장치 부착 업무를 담당하는 자가 금품을 수수·요구 또는 약속하고 제1항의 죄를 범한 때에는 (ⓑ　　　)의 유기징역에 처한다.

③ 수신자료(스토킹행위자 수신자료를 포함한다)를 관리하는 자가 제16조 제2항 또는 제31조의8 제2항을 위반한 때에는 (ⓒ　　　)의 유기징역에 처한다.

정답
ⓐ 1년 이상
ⓑ 2년 이상
ⓒ 1년 이상

제37조 【벌칙】

① 타인으로 하여금 부착명령 또는 보호관찰명령을 받게 할 목적으로 공무소 또는 공무원에 대하여 허위의 사실을 신고하거나 「형법」 제152조 제1항 <위증>의 죄를 범한 때에는 (ⓐ　　　)의 징역에 처한다.

② 제2장의 부착명령 또는 보호관찰명령 청구사건에 관하여 피부착명령청구자 또는 피보호관찰명령청구자를 모해할 목적으로 「형법」 제154조<허위 감정·통역·번역>·제233조<허위 진단서등 작성 또는 위조시 문서등의 행사> 또는 제234조(허위작성진단서의 행사에 한한다)의 죄를 범한 때에는 (ⓑ　　　)의 징역에 처한다. 이 경우 10년 이하의 (ⓒ　　　)를 병과한다.

정답
ⓐ 10년 이하
ⓑ 10년 이하
ⓒ 자격정지

제38조【벌칙】

① 피부착자가 제14조 제1항(제27조 및 제31조에 따라 준용되는 경우를 포함한다)을 위반하여 전자장치의 부착기간 중 전자장치를 신체에서 임의로 분리·손상, 전파 방해 또는 수신자료의 변조, 그 밖의 방법으로 그 효용을 해한 때에는 (ⓐ)에 처한다.

② 제1항의 (ⓑ)은 처벌한다.

정답

ⓐ 7년 이하의 징역 또는 2천만원 이하의 벌금

ⓑ 미수범

제39조【벌칙】

① 피부착자 또는 보호관찰대상자가 제9조의2 제1항 제3호 또는 제4호의 준수사항을 정당한 사유 없이 위반한 때에는 (ⓐ)의 벌금에 처한다.

② 피부착자 또는 보호관찰대상자가 정당한 사유 없이 「보호관찰 등에 관한 법률」 제32조 제2항 또는 제3항에 따른 준수사항을 위반하여 같은 법 제38조에 따른 경고를 받은 후 다시 정당한 사유 없이 같은 법 제32조 제2항 또는 제3항에 따른 준수사항을 위반한 경우 (ⓑ)의 벌금에 처한다.

③ 피부착자 또는 보호관찰대상자가 제9조의2 제1항 제1호·제2호·제2호의2·제5호 또는 제6호의 준수사항을 정당한 사유 없이 위반한 때에는 (ⓒ)의 벌금에 처한다.

정답

ⓐ 3년 이하의 징역 또는 3천만원 이하

ⓑ 1년 이하의 징역 또는 1천만원 이하

ⓒ 1년 이하의 징역 또는 1천만원 이하

CHAPTER

06 스토킹범죄의 처벌 등에 관한 법률(약칭 : 스토킹처벌법)

【시행 2024. 1. 12.】【법률 제19518호, 2023. 7. 11., 일부개정】

PART 02

제1장 총칙

제1조【목적】

이 법은 스토킹범죄의 처벌 및 그 절차에 관한 특례와 스토킹범죄 피해자에 대한 보호절차를 규정함으로써 피해자를 보호하고 건강한 사회질서의 확립에 이바지함을 목적으로 한다.

제2조【정의】

이 법에서 사용하는 용어의 뜻은 다음과 같다.

1. "(ⓐ   )"란 상대방의 의사에 반(反)하여 정당한 이유 없이 다음 각 목의 어느 하나에 해당하는 행위를 하여 상대방에게 불안감 또는 공포심을 일으키는 것을 말한다.
   가. (ⓑ   )(이하 "상대방등"이라 한다)에게 접근하거나 따라다니거나 (ⓒ   )를 막아서는 행위
   나. 상대방등의 주거, 직장, 학교, 그 밖에 일상적으로 생활하는 장소(이하 "주거등"이라 한다) 또는 그 부근에서 기다리거나 (ⓓ   ) 행위
   다. 상대방등에게 우편·전화·팩스 또는 「정보통신망 이용촉진 및 정보보호 등에 관한 법률」 제2조제1항제1호의 정보통신망(이하 "정보통신망"이라 한다)을 이용하여 물건이나 글·말·부호·음향·그림·영상·화상(이하 "물건등"이라 한다)을 도달하게 하거나 정보통신망을 이용하는 프로그램 또는 전화의 기능에 의하여 글·말·부호·음향·그림·영상·화상이 (ⓔ   ) 하는 행위
   라. 상대방등에게 직접 또는 제3자를 통하여 물건등을 (ⓕ   )하게 하거나 주거등 또는 그 부근에 물건등을 (ⓖ   ) 행위
   마. 상대방등의 주거등 또는 그 부근에 놓여져 있는 물건등을 (ⓗ   )하는 행위
   바. 다음의 어느 하나에 해당하는 상대방등의 정보를 정보통신망을 이용하여 제3자에게 제공하거나 (ⓘ   )하는 행위
      1) 「개인정보 보호법」 제2조제1호의 (ⓙ   )정보
      2) 「위치정보의 보호 및 이용 등에 관한 법률」 제2조제2호의 (ⓚ   )정보
      3) 1) 또는 2)의 정보를 (ⓛ   ) 정보(ⓜ   )
   사. 정보통신망을 통하여 상대방등의 이름, 명칭, 사진, 영상 또는 신분에 관한 정보를 이용하여 자신이 상대방등인 것처럼 (ⓞ   )하는 행위
2. "(ⓟ   )"란 지속적 또는 반복적으로 스토킹행위를 하는 것을 말한다.
3. "(ⓠ   )"란 스토킹범죄로 직접적인 피해를 입은 사람을 말한다.
4. "(ⓡ   )"이란 피해자 및 스토킹행위의 상대방을 말한다.

정답

ⓐ 스토킹행위
ⓑ 상대방 또는 그의 동거인, 가족
ⓒ 진로
ⓓ 지켜보는
ⓔ 상대방등에게 나타나게
ⓕ 도달, ⓖ 두는
ⓗ 훼손
ⓘ 배포 또는 게시
ⓙ 개인
ⓚ 개인위치
ⓛ 편집·합성 또는 가공한
ⓜ 해당 정보주체를 식별할 수 있는 경우로 한정한다
ⓞ 가장
ⓟ 스토킹범죄
ⓠ 피해자
ⓡ 피해자등

제2장 스토킹범죄 등의 처리절차

제3조 【스토킹행위 신고 등에 대한 응급조치】

(ⓐ　　　　)는 진행 중인 스토킹행위에 대하여 신고를 받은 경우 즉시 현장에 나가 다음 각 호의 조치를 하여야 한다.

1. 스토킹행위의 제지, 향후 스토킹행위의 중단 통보 및 스토킹행위를 지속적 또는 반복적으로 할 경우 처벌 (ⓑ　　　　)
2. 스토킹행위자와 피해자등의 (ⓒ　　　　　　　)
3. 피해자등에 대한 (ⓓ　　　　　) 및 (ⓔ　　　　) 요청의 절차 등 안내
4. 스토킹 피해 관련 상담소 또는 보호시설로의 피해자등 (ⓕ　　　) (ⓖ　　　　　　　　　　)

정답
ⓐ 사법경찰관리
ⓑ 서면경고
ⓒ 분리 및 범죄수사
ⓓ 긴급응급조치
ⓔ 잠정조치
ⓕ 인도
ⓖ 피해자등이 동의한 경우만 해당한다

제4조 【긴급응급조치】

① (ⓐ　　　　)은 스토킹행위 신고와 관련하여 스토킹행위가 지속적 또는 반복적으로 행하여질 우려가 있고 스토킹범죄의 예방을 위하여 긴급을 요하는 경우 스토킹행위자에게 (ⓑ　　　)으로 또는 스토킹행위의 상대방이나 그 법정대리인 또는 스토킹행위를 신고한 사람의 (ⓒ　　　)에 의하여 다음 각 호에 따른 조치를 할 수 있다.
   1. 스토킹행위의 상대방등이나 그 주거등으로부터 (ⓓ　　　　)의 접근 금지
   2. 스토킹행위의 상대방등에 대한 「전기통신기본법」 제2조제1호의 (ⓔ　　　　　)을 이용한 접근 금지

② 사법경찰관은 제1항에 따른 조치(이하 "긴급응급조치"라 한다)를 하였을 때에는 (ⓕ　　　) 스토킹행위의 요지, 긴급응급조치가 필요한 사유, 긴급응급조치의 내용 등이 포함된 긴급응급조치결정서를 작성하여야 한다.

정답
ⓐ 사법경찰관, ⓑ 직권
ⓒ 요청
ⓓ 100미터 이내
ⓔ 전기통신
ⓕ 즉시

제5조 【긴급응급조치의 승인 신청】

① (ⓐ　　　　)은 긴급응급조치를 하였을 때에는 지체 없이 검사에게 해당 긴급응급조치에 대한 (ⓑ　　　　　)을 지방법원 판사에게 청구하여 줄 것을 신청하여야 한다.

② 제1항의 신청을 받은 검사는 긴급응급조치가 있었던 때부터 (ⓒ　　　　) 이내에 지방법원 판사에게 해당 긴급응급조치에 대한 사후승인을 청구한다. 이 경우 제4조제2항에 따라 작성된 긴급응급조치결정서를 첨부하여야 한다.

③ (ⓓ　　　　　　)는 스토킹행위가 지속적 또는 반복적으로 행하여지는 것을 예방하기 위하여 필요하다고 인정하는 경우에는 제2항에 따라 청구된 (ⓔ　　　　　　)를 승인할 수 있다.

④ 사법경찰관은 검사가 제2항에 따라 긴급응급조치에 대한 사후승인을 청구하지 아니하거나 지방법원 판사가 제2항의 청구에 대하여 사후승인을 하지 아니한 때에는 (ⓕ　　　) 그 긴급응급조치를 취소(ⓖ　　　　).

⑤ 긴급응급조치기간은 (ⓗ　　　)을 초과할 수 없다.

정답
ⓐ 사법경찰관
ⓑ 사후승인
ⓒ 48시간
ⓓ 지방법원 판사
ⓔ 긴급응급조치
ⓕ 즉시, ⓖ 하여야 한다
ⓗ 1개월

제6조 【긴급응급조치의 통지 등】

① 사법경찰관은 긴급응급조치를 하는 경우에는 스토킹행위의 (ⓐ)이나 그 (ⓑ)에게 통지(ⓒ).

② 사법경찰관은 긴급응급조치를 하는 경우에는 해당 긴급응급조치의 대상자(이하 "긴급응급조치대상자"라 한다)에게 조치의 (ⓓ) 등을 고지하여야 한다.

정답
ⓐ 상대방등
ⓑ 법정대리인
ⓒ 하여야 한다
ⓓ 내용 및 불복방법

제7조 【긴급응급조치의 변경 등】

① 긴급응급조치대상자나 그 법정대리인은 긴급응급조치의 취소 또는 그 종류의 변경을 (ⓐ)에게 신청할 수 있다.

② 스토킹행위의 상대방등이나 그 법정대리인은 제4조제1항제1호<스토킹행위의 상대방등이나 그 주거등으로부터 100미터 이내의 접근 금지>의 긴급응급조치가 있은 후 스토킹행위의 상대방등이 주거등을 옮긴 경우에는 사법경찰관에게 긴급응급조치의 (ⓑ)을 신청할 수 있다.

③ 스토킹행위의 상대방이나 그 법정대리인은 긴급응급조치가 필요하지 아니한 경우에는 사법경찰관에게 해당 긴급응급조치의 (ⓒ)를 신청할 수 있다.

④ 사법경찰관은 정당한 이유가 있다고 인정하는 경우에는 (ⓓ)으로 또는 제1항부터 제3항까지의 규정에 따른 신청에 의하여 해당 긴급응급조치를 (ⓔ)할 수 있고, 지방법원 판사의 승인을 받아 긴급응급조치의 (ⓕ)를 (ⓖ)할 수 있다.

⑤ 사법경찰관은 제4항에 따라 긴급응급조치를 취소하거나 그 종류를 변경하였을 때에는 스토킹행위의 상대방등 및 긴급응급조치대상자 등에게 다음 각 호의 구분에 따라 (ⓗ) 또는 (ⓘ)하여야 한다.

1. 스토킹행위의 상대방등이나 그 법정대리인: (ⓙ)의 취지 통지
2. 긴급응급조치대상자: 취소 또는 변경된 조치의 (ⓚ) 등 고지

⑥ 긴급응급조치(제4항에 따라 그 종류를 변경한 경우를 포함한다. 이하 이 항에서 같다)는 다음 각 호의 어느 하나에 해당하는 때에 그 효력을 (ⓛ)한다.

1. 긴급응급조치에서 정한 기간이 (ⓜ)
2. 법원이 긴급응급조치대상자에게 다음 각 목의 결정을 한 때 (ⓝ)
   가. 제4조제1항제1호<스토킹행위의 상대방등이나 그 주거등으로부터 100미터 이내의 접근 금지>의 긴급응급조치에 따른 스토킹행위의 상대방등과 같은 사람을 피해자 또는 그의 동거인, 가족으로 하는 제9조제1항제2호<피해자 또는 그의 동거인, 가족이나 그 주거등으로부터 100미터 이내의 접근 금지>에 따른 조치의 결정

정답
ⓐ 사법경찰관
ⓑ 변경
ⓒ 취소
ⓓ 직권, ⓔ 취소
ⓕ 종류, ⓖ 변경
ⓗ 통지, ⓘ 고지
ⓙ 취소 또는 변경
ⓚ 내용 및 불복방법
ⓛ 상실
ⓜ 지난 때
ⓝ 스토킹행위의 상대방과 같은 사람을 피해자로 하는 경우로 한정한다

나. 제4조제1항제1호<스토킹행위의 상대방등이나 그 주거등으로부터 100미터 이내의 접근 금지>의 긴급응급조치에 따른 주거등과 같은 장소를 피해자 또는 그의 동거인, 가족의 주거등으로 하는 제9조제1항제2호<피해자 또는 그의 동거인, 가족이나 그 주거등으로부터 100미터 이내의 접근 금지>에 따른 조치의 결정

다. 제4조제1항제2호<스토킹행위의 상대방등에 대한 「전기통신기본법」 제2조제1호의 전기통신을 이용한 접근 금지>의 긴급응급조치에 따른 스토킹행위의 상대방등과 같은 사람을 피해자 또는 그의 동거인, 가족으로 하는 제9조제1항제3호<피해자 또는 그의 동거인, 가족에 대한 「전기통신기본법」 제2조제1호의 전기통신을 이용한 접근 금지>에 따른 조치의 결정

제8조 【잠정조치의 청구】

① (ⓐ)는 스토킹범죄가 재발될 우려가 있다고 인정하면 (ⓑ) 또는 사법경찰관의 (ⓒ)에 따라 법원에 제9조제1항<잠정조치> 각 호의 조치를 청구(ⓓ).

② 피해자 또는 그 법정대리인은 검사 또는 사법경찰관에게 제1항에 따른 조치의 청구 또는 그 신청을 요청하거나, 이에 관하여 (ⓔ)을 진술할 수 있다.

③ (ⓕ)은 제2항에 따른 신청 요청을 받고도 제1항에 따른 신청을 하지 아니하는 경우에는 (ⓖ)에게 그 사유를 보고하여야 하고, (ⓗ)에게 그 사실을 지체 없이 알려야 한다.

④ 검사는 제2항에 따른 청구 요청을 받고도 제1항에 따른 청구를 하지 아니하는 경우에는 (ⓘ)에게 그 사실을 지체 없이 알려야 한다.

정답

ⓐ 검사, ⓑ 직권
ⓒ 신청, ⓓ 할 수 있다
ⓔ 의견
ⓕ 사법경찰관, ⓖ 검사
ⓗ 피해자 또는 그 법정대리인
ⓘ 피해자 또는 그 법정대리인

제9조 【스토킹행위자에 대한 잠정조치】

① (ⓐ)은 스토킹범죄의 원활한 조사·심리 또는 피해자 보호를 위하여 필요하다고 인정하는 경우에는 결정으로 스토킹행위자에게 다음 각 호의 어느 하나에 해당하는 조치(이하 "잠정조치"라 한다)를 할 수 있다.

1. 피해자에 대한 스토킹범죄 중단에 관한 (ⓑ)
2. 피해자 또는 그의 동거인, 가족이나 그 주거등으로부터 (ⓒ) 이내의 접근 금지
3. 피해자 또는 그의 동거인, 가족에 대한 「전기통신기본법」 제2조제1호의 (ⓓ)을 이용한 접근 금지

3의2. 「전자장치 부착 등에 관한 법률」 제2조제4호의 (ⓔ) 전자장치(이하 "전자장치"라 한다)의 부착

4. 국가경찰관서의 (ⓕ) 또는 구치소에의 (ⓖ)

② 제1항 각 호의 잠정조치는 (ⓗ)할 수 있다.

정답

ⓐ 법원
ⓑ 서면 경고
ⓒ 100미터
ⓓ 전기통신
ⓔ 위치추적
ⓕ 유치장, ⓖ 유치
ⓗ 병과

③ 법원은 제1항제3호의2<「전자장치 부착 등에 관한 법률」 제2조제4호의 (ⓘ) 전자장치(이하 "전자장치"라 한다)의 부착> 또는 제4호<국가경찰관서의 유치장 또는 구치소에의 유치>의 조치에 관한 결정을 하기 전 잠정조치의 사유를 판단하기 위하여 필요하다고 인정하는 때에는 검사, 스토킹행위자, 피해자, 기타 참고인으로부터 의견을 들을 수 있다. 의견을 듣는 방법과 절차, 그 밖에 필요한 사항은 (ⓙ)으로 정한다.

④ 제1항제3호의2<「전자장치 부착 등에 관한 법률」 제2조제4호의 (ⓚ) 전자장치(이하 "전자장치"라 한다)의 부착>에 따라 전자장치가 부착된 사람은 잠정조치기간 중 전자장치의 효용을 해치는 다음 각 호의 행위를 하여서는 아니 된다.

1. 전자장치를 신체에서 임의로 (ⓛ)하는 행위
2. 전자장치의 (ⓜ)하거나 (ⓝ)하는 행위
3. 제1호 및 제2호에서 정한 행위 외에 전자장치의 (ⓞ)을 해치는 행위

⑤ 법원은 잠정조치를 결정한 경우에는 검사와 피해자 또는 그의 동거인, 가족, 그 법정대리인에게 (ⓟ).

⑥ 법원은 제1항제4호<국가경찰관서의 (ⓠ) 또는 구치소에의 (ⓡ)>에 따른 잠정조치를 한 경우에는 스토킹행위자에게 (ⓢ)을 선임할 수 있다는 것과 제12조에 따라 (ⓣ)할 수 있다는 것을 고지하고, 다음 각 호의 구분에 따른 사람에게 해당 잠정조치를 한 사실을 통지하여야 한다.

1. 스토킹행위자에게 변호인이 있는 경우 : (ⓤ)
2. 스토킹행위자에게 변호인이 없는 경우 : 법정대리인 또는 스토킹행위자가 (ⓥ)

⑦ 제1항제2호<피해자 또는 그의 동거인, 가족이나 그 주거등으로부터 100미터 이내의 접근 금지>・제3호<피해자 또는 그의 동거인, 가족에 대한 「전기통신기본법」 제2조제1호의 전기통신을 이용한 접근 금지> 및 제3호의2<「전자장치 부착 등에 관한 법률」 제2조제4호의 위치추적 전자장치(이하 "전자장치"라 한다)의 부착>에 따른 잠정조치기간은 (ⓦ), 같은 항 제4호<국가경찰관서의 유치장 또는 구치소에의 유치>에 따른 잠정조치기간은 (ⓧ)을 초과할 수 없다. 다만, 법원은 피해자의 보호를 위하여 그 기간을 연장할 필요가 있다고 인정하는 경우에는 결정으로 제1항제2호<피해자 또는 그의 동거인, 가족이나 그 주거등으로부터 100미터 이내의 접근 금지>・제3호<피해자 또는 그의 동거인, 가족에 대한 「전기통신기본법」 제2조제1호의 전기통신을 이용한 접근 금지> 및 제3호의2<「전자장치 부착 등에 관한 법률」 제2조제4호의 위치추적 전자장치(이하 "전자장치"라 한다)의 부착>에 따른 잠정조치에 대하여 (ⓨ)에 한정하여 각 (ⓩ)의 범위에서 연장할 수 있다.

정답
ⓘ 위치추적
ⓙ 대법원규칙
ⓚ 위치추적
ⓛ 분리하거나 손상
ⓜ 전파를 방해
ⓝ 수신자료를 변조
ⓞ 효용
ⓟ 통지하여야 한다
ⓠ 유치장, ⓡ 유치
ⓢ 변호인, ⓣ 항고
ⓤ 변호인
ⓥ 지정하는 사람
ⓦ 3개월, ⓧ 1개월
ⓨ 두 차례, ⓩ 3개월

제10조 【잠정조치의 집행 등】

① 법원은 잠정조치 결정을 한 경우에는 (ⓐ   )으로 하여금 집행하게 할 수 있다.
② 제1항에 따라 잠정조치 결정을 집행하는 사람은 스토킹행위자에게 잠정조치의 내용, 불복방법 등을 고지(ⓑ   ).
③ 피해자 또는 그의 동거인, 가족, 그 법정대리인은 제9조제1항제2호<피해자 또는 그의 동거인, 가족이나 그 주거등으로부터 100미터 이내의 접근 금지>의 잠정조치 결정이 있은 후 피해자 또는 그의 동거인, 가족이 주거등을 옮긴 경우에는 법원에 잠정조치 결정의 (ⓒ   )을 신청(ⓓ   ).
④ 제3항의 신청에 따른 변경 결정의 스토킹행위자에 대한 고지에 관하여는 제2항을 준용한다.
⑤ 제1항부터 제4항까지에서 규정한 사항 외에 제9조제1항제3호의2<「전자장치 부착 등에 관한 법률」 제2조제4호의 위치추적 전자장치(이하 "전자장치"라 한다)의 부착>에 따른 잠정조치 결정의 집행 등에 관하여는 「전자장치 부착 등에 관한 법률」 제5장의2<스토킹행위자에 대한 전자장치 부착>에 따른다.

정답
ⓐ 법원공무원, 사법경찰관리, 구치소 소속 교정직공무원 또는 보호관찰관
ⓑ 하여야 한다
ⓒ 변경, ⓓ 할 수 있다

제11조 【잠정조치의 변경 등】

① 스토킹행위자나 그 법정대리인은 잠정조치 결정의 (ⓐ   ) 또는 그 종류의 (ⓑ   )을 법원에 신청할 수 있다.
② (ⓒ   )는 수사 또는 공판과정에서 잠정조치가 계속 필요하다고 인정하는 경우에는 (ⓓ   )이나 사법경찰관의 (ⓔ   )에 따라 법원에 해당 잠정조치기간의 (ⓕ   ) 또는 그 종류의 (ⓖ   )을 청구할 수 있고, 잠정조치가 필요하지 아니하다고 인정하는 경우에는 직권이나 사법경찰관의 신청에 따라 법원에 해당 잠정조치의 취소를 청구(ⓗ   ).
③ 법원은 정당한 이유가 있다고 인정하는 경우에는 직권 또는 제1항의 신청이나 제2항의 청구에 의하여 결정으로 해당 (ⓘ   ), (ⓙ   ) 또는 그 (ⓚ   )을 할 수 있다.
④ 법원은 제3항에 따라 잠정조치의 취소, 기간의 연장 또는 그 종류의 변경을 하였을 때에는 검사와 피해자 및 스토킹행위자 등에게 다음 각 호의 구분에 따라 통지 또는 고지하여야 한다.
  1. 검사, 피해자 또는 그의 동거인, 가족, 그 법정대리인: 취소, 연장 또는 변경의 취지 통지
  2. 스토킹행위자: 취소, 연장 또는 변경된 조치의 내용 및 불복방법 등 고지
  3. 제9조제6항 각 호의 구분<변호인, 법정대리인 또는 스토킹행위자가 지정하는 사람>에 따른 사람: 제9조제1항제4호<국가경찰관서의 유치장 또는 구치소에의 유치>에 따른 잠정조치를 한 사실
⑤ 잠정조치 결정(제3항에 따라 잠정조치기간을 연장하거나 그 종류를 변경하는 결정을 포함한다. 이하 제12조 및 제14조에서 같다)은 스토킹행위자에 대해 검사가 불기소처분을 한 때 또는 사법경찰관이 불송치결정을 한 때에 그 효력을 (ⓛ   )한다.

정답
ⓐ 취소, ⓑ 변경
ⓒ 검사, ⓓ 직권
ⓔ 신청, ⓕ 연장
ⓖ 변경, ⓗ 할 수 있다
ⓘ 잠정조치의 취소
ⓙ 기간의 연장
ⓚ 종류의 변경
ⓛ 상실

제12조 【항고】

① 검사, 스토킹행위자 또는 그 법정대리인은 긴급응급조치 또는 잠정조치에 대한 결정이 다음 각 호의 어느 하나에 해당하는 경우에는 (ⓐ)할 수 있다.

1. 해당 결정에 영향을 미친 (ⓑ)이 있거나 (ⓒ)이 있는 경우
2. 해당 결정이 (ⓓ)한 경우

② 제1항에 따른 항고는 그 결정을 고지받은 날부터 (ⓔ) 이내에 하여야 한다.

정답
ⓐ 항고
ⓑ 법령의 위반
ⓒ 중대한 사실의 오인
ⓓ 현저히 부당
ⓔ 7일

제13조 【항고장의 제출】

① 제12조에 따른 항고를 할 때에는 (ⓐ)에 항고장을 제출하여야 한다.
② 항고장을 받은 법원은 (ⓑ) 이내에 의견서를 첨부하여 기록을 (ⓒ)에 보내야 한다.

정답
ⓐ 원심법원
ⓑ 3일, ⓒ 항고법원

제14조 【항고의 재판】

① 항고법원은 항고의 절차가 법률에 위반되거나 항고가 이유 없다고 인정하는 경우에는 (ⓐ)으로 항고를 (ⓑ)(棄却)하여야 한다.
② 항고법원은 항고가 이유 있다고 인정하는 경우에는 원결정(原決定)을 취소하고 사건을 (ⓒ)법원에 환송하거나 (ⓓ)법원에 이송(ⓔ). 다만, 환송 또는 이송하기에 급박하거나 그 밖에 필요하다고 인정할 때에는 원결정을 (ⓕ)하고 스스로 적절한 잠정조치 결정을 (ⓖ)

정답
ⓐ 결정, ⓑ 기각
ⓒ 원심, ⓓ 다른 관할
ⓔ 하여야 한다, ⓕ 파기
ⓖ 할 수 있다

제15조 【재항고】

① 항고의 기각 결정에 대해서는 그 결정이 법령에 위반된 경우에만 (ⓐ)에 재항고를 할 수 있다.
② 제1항에 따른 재항고의 기간, 재항고장의 제출 및 재항고의 재판에 관하여는 제12조제2항, 제13조 및 제14조를 준용한다.

정답
ⓐ 대법원

제16조 【집행의 부정지】

항고와 재항고는 결정의 집행을 정지하는 효력이 (ⓐ).

정답
ⓐ 없다

제17조 【스토킹범죄의 피해자에 대한 전담조사제】

① (ⓐ)은 각 지방검찰청 검사장에게 스토킹범죄 전담 검사를 지정하도록 하여 특별한 사정이 없으면 스토킹범죄 전담 검사가 피해자를 조사하게 하여야 한다.

② (ⓑ)(국가수사본부장, 시 · 도경찰청장 및 경찰서장을 의미한다. 이하 같다)은 스토킹범죄 전담 사법경찰관을 지정하여 특별한 사정이 없으면 스토킹범죄 전담 사법경찰관이 피해자를 조사하게 하여야 한다.

③ 검찰총장 및 경찰관서의 장은 제1항의 스토킹범죄 전담 검사 및 제2항의 스토킹범죄 전담 사법경찰관에게 스토킹범죄의 수사에 필요한 전문지식과 피해자 보호를 위한 수사방법 및 수사절차 등에 관한 교육을 실시하여야 한다.

정답
ⓐ 검찰총장
ⓑ 경찰관서의 장

제3장 벌칙

제18조【스토킹범죄】

① 스토킹범죄를 저지른 사람은 (ⓐ) 이하의 벌금에 처한다.

② 흉기 또는 그 밖의 위험한 물건을 휴대하거나 이용하여 스토킹범죄를 저지른 사람은 (ⓑ) 이하의 벌금에 처한다.

정답

ⓐ 3년 이하의 징역 또는 3천만원

ⓑ 5년 이하의 징역 또는 5천만원

제19조【형벌과 수강명령 등의 병과】

① 법원은 스토킹범죄를 저지른 사람에 대하여 유죄판결(ⓐ)을 선고하거나 약식명령을 고지하는 경우에는 (ⓑ)의 범위에서 다음 각 호의 구분에 따라 재범 예방에 필요한 수강명령(「보호관찰 등에 관한 법률」에 따른 수강명령을 말한다. 이하 같다) 또는 스토킹 치료프로그램의 이수명령(이하 "이수명령"이라 한다)을 (ⓒ)할 수 있다.

1. 수강명령: 형의 집행을 유예할 경우에 그 집행유예기간 내에서 병과
2. 이수명령: 벌금형 또는 징역형의 실형을 선고하거나 약식명령을 고지할 경우에 병과

② 법원은 스토킹범죄를 저지른 사람에 대하여 형의 집행을 유예하는 경우에는 제1항에 따른 수강명령 외에 그 집행유예기간 내에서 (ⓓ) 중 하나 이상의 처분을 (ⓔ)할 수 있다.

③ 제1항에 따른 수강명령 또는 이수명령의 내용은 다음 각 호와 같다.

1. 스토킹 행동의 진단·상담
2. 건전한 사회질서와 인권에 관한 교육
3. 그 밖에 스토킹범죄를 저지른 사람의 재범 예방을 위하여 필요한 사항

④ 제1항에 따른 수강명령 또는 이수명령은 다음 각 호의 구분에 따라 각각 집행한다.

1. 형의 집행을 유예할 경우: (ⓕ)
2. 벌금형을 선고하거나 약식명령을 고지할 경우: (ⓖ)
3. 징역형의 실형을 선고할 경우: (ⓗ)

⑤ 제1항에 따른 수강명령 또는 이수명령이 벌금형 또는 형의 집행유예와 병과된 경우에는 (ⓘ)이 집행하고, 징역형의 실형과 병과된 경우에는 (ⓙ)이 집행한다. 다만, 징역형의 실형과 병과된 이수명령을 모두 이행하기 전에 석방 또는 가석방되거나 미결구금일수 산입 등의 사유로 형을 집행할 수 없게 된 경우에는 (ⓚ)이 남은 이수명령을 집행한다.

⑥ 형벌에 병과하는 보호관찰, 사회봉사, 수강명령 또는 이수명령에 관하여 이 법에서 규정한 사항 외에는 「보호관찰 등에 관한 법률」을 준용한다.

정답

ⓐ 선고유예는 제외한다
ⓑ 200시간, ⓒ 병과
ⓓ 보호관찰 또는 사회봉사
ⓔ 병과
ⓕ 그 집행유예기간 내
ⓖ 형 확정일부터 6개월 이내
ⓗ 형기 내
ⓘ 보호관찰소의 장
ⓙ 교정시설의 장
ⓚ 보호관찰소의 장

제20조【벌칙】

① 다음 각 호의 어느 하나에 해당하는 사람은 (ⓐ) 이하의 벌금에 처한다.

1. 제9조제4항을 위반하여 전자장치의 효용을 해치는 행위를 한 사람
2. 제17조의3제1항을 위반하여 피해자등의 주소, 성명, 나이, 직업, 학교, 용모, 인적사항, 사진 등 피해자등을 특정하여 파악할 수 있게 하는 정보 또는 피해자등의 사생활에 관한 비밀을 공개하거나 다른 사람에게 누설한 사람
3. 제17조의3제2항을 위반하여 피해자등의 주소, 성명, 나이, 직업, 학교, 용모, 인적 사항, 사진 등 피해자등을 특정하여 파악할 수 있게 하는 정보를 신문 등 인쇄물에 싣거나 「방송법」 제2조제1호에 따른 방송 또는 정보통신망을 통하여 공개한 사람

② 제9조제1항제2호 또는 제3호의 잠정조치를 이행하지 아니한 사람은 (ⓑ) 이하의 벌금에 처한다.

③ 긴급응급조치(검사가 제5조제2항에 따른 긴급응급조치에 대한 사후승인을 청구하지 아니하거나 지방법원 판사가 같은 조 제3항에 따른 승인을 하지 아니한 경우는 제외한다)를 이행하지 아니한 사람은 (ⓒ) 이하의 벌금에 처한다.

④ 제19조제1항에 따라 이수명령을 부과받은 후 정당한 사유 없이 보호관찰소의 장 또는 교정시설의 장의 이수명령 이행에 관한 지시에 따르지 아니하여 「보호관찰 등에 관한 법률」 또는 「형의 집행 및 수용자의 처우에 관한 법률」에 따른 경고를 받은 후 다시 정당한 사유 없이 이수명령 이행에 관한 지시를 따르지 아니한 경우에는 다음 각 호에 따른다.

1. 벌금형과 병과된 경우에는 (ⓓ) 이하의 벌금에 처한다.
2. 징역형의 실형과 병과된 경우에는 (ⓔ) 이하의 벌금에 처한다.

정답

ⓐ 3년 이하의 징역 또는 3천만원
ⓑ 2년 이하의 징역 또는 2천만원
ⓒ 1년 이하의 징역 또는 1천만원
ⓓ 500만원
ⓔ 1년 이하의 징역 또는 1천만원

CHAPTER

07 성폭력범죄자의 성충동 약물치료에 관한 법률(약칭 : 성충동약물치료법)

【시행 2020. 2. 4.】【법률 제16915호, 2020. 2. 4., 일부개정】

제1장 총칙

제1조【목적】

이 법은 사람에 대하여 성폭력범죄를 저지른 성도착증 환자로서 성폭력범죄를 다시 범할 위험성이 있다고 인정되는 사람에 대하여 성충동 약물치료를 실시하여 성폭력범죄의 재범을 방지하고 사회복귀를 촉진하는 것을 목적으로 한다.

PART 02

제2장 약물치료명령의 청구 및 판결

제4조【치료명령의 청구】

① (ⓐ　　)는 사람에 대하여 성폭력범죄를 저지른 성도착증 환자로서 성폭력범죄를 다시 범할 (ⓑ　　)이 있다고 인정되는 (ⓒ　　)에 대하여 약물치료명령(이하 "치료명령"이라고 한다)을 법원에 (ⓓ　　).

② 검사는 치료명령 청구대상자(이하 "치료명령 피청구자"라 한다)에 대하여 (ⓔ　　)의 진단이나 감정을 받은 후 치료명령을 청구(ⓕ　　).

③ 제1항에 따른 치료명령의 청구는 공소가 제기되거나 치료감호가 (ⓖ　　)된 성폭력범죄사건(이하 "피고사건"이라 한다)의 (ⓗ　　)까지 하여야 한다.

④ (ⓘ　　)은 피고사건의 심리결과 치료명령을 할 필요가 있다고 인정하는 때에는 (ⓙ　　)에게 치료명령의 청구를 요구(ⓚ　　).

⑤ 피고사건에 대하여 판결의 확정 없이 공소가 제기되거나 치료감호가 독립청구된 때부터 (ⓛ　　)이 지나면 치료명령을 청구할 수 없다.

⑥ 제2항에 따른 정신건강의학과 전문의의 진단이나 감정에 필요한 사항은 대통령령으로 정한다.

정답

ⓐ 검사, ⓑ 위험성
ⓒ 19세 이상의 사람
ⓓ 청구할 수 있다
ⓔ 정신건강의학과 전문의
ⓕ 하여야 한다
ⓖ 독립청구
ⓗ 항소심 변론종결 시
ⓘ 법원, ⓙ 검사
ⓚ 할 수 있다
ⓛ 15년

제5조 【조사】

① 검사는 치료명령을 청구하기 위하여 필요하다고 인정하는 때에는 치료명령 피청구자의 주거지 또는 소속 검찰청(지청을 포함한다. 이하 같다) 소재지를 관할하는 (ⓐ (지소를 포함한다. 이하 같다))에게 범죄의 동기, 피해자와의 관계, 심리상태, 재범의 위험성 등 치료명령 피청구자에 관하여 필요한 사항의 조사를 (ⓑ).

② 제1항의 요청을 받은 보호관찰소의 장은 조사할 (ⓒ)을 지명하여야 한다.

③ 제2항에 따라 지명된 보호관찰관은 (ⓓ)의 지휘를 받아 지체 없이 필요한 사항을 조사한 후 검사에게 조사보고서를 제출(ⓔ).

정답
ⓐ 보호관찰소의 장
ⓑ 요청할 수 있다
ⓒ 보호관찰관
ⓓ 검사, ⓔ 하여야 한다

제6조 【치료명령 청구사건의 관할】

① 치료명령 청구사건의 관할은 치료명령 청구사건과 (ⓐ)에 심리하는 피고사건의 관할에 따른다.

② 치료명령 청구사건의 제1심 재판은 (ⓑ)(지방법원지원 합의부를 포함한다. 이하 같다)의 관할로 한다.

정답
ⓐ 동시
ⓑ 지방법원 합의부

제8조 【치료명령의 판결 등】

① 법원은 치료명령 청구가 이유 있다고 인정하는 때에는 (ⓐ)의 범위에서 치료기간을 정하여 판결로 치료명령을 선고하여야 한다.

② 치료명령을 선고받은 사람(이하 "치료명령을 받은 사람"이라 한다)은 치료기간 동안 「보호관찰 등에 관한 법률」에 따른 (ⓑ)을 받는다.

③ 법원은 다음 각 호의 어느 하나에 해당하는 때에는 (ⓒ)로 치료명령 청구를 (ⓓ).

1. 치료명령 (ⓔ)가 이유 없다고 인정하는 때
2. 피고사건에 대하여 무죄(심신상실을 이유로 치료감호가 선고된 경우는 (ⓕ)한다) · 면소 · 공소기각의 판결 또는 결정을 선고하는 때
3. 피고사건에 대하여 (ⓖ)을 선고하는 때
4. 피고사건에 대하여 (ⓗ)하거나 (ⓘ)를 선고하는 때

④ 치료명령 청구사건의 판결은 피고사건의 판결과 (ⓙ)에 선고하여야 한다.

⑤ 치료명령 선고의 판결 이유에는 요건으로 되는 사실, 증거의 요지 및 적용 법조를 명시하여야 한다.

⑥ 치료명령의 선고는 피고사건의 양형에 유리하게 참작되어서는 (ⓚ).

⑦ 피고사건의 판결에 대하여 「형사소송법」에 따른 상소 및 상소의 포기 · 취하가 있는 때에는 치료명령 청구사건의 판결에 대하여도 상소 및 상소의 포기 · 취하가 있는 것으로 본다. 상소권회복 또는 재심의 청구나 비상상고가 있는 때에도 또한 같다.

⑧ 검사 또는 치료명령 피청구자 및 「형사소송법」 제340조 · 제341조에 규정된 사람은 치료명령에 대하여 독립하여 「형사소송법」에 따른 상소 및 상소의 포기 · 취하를 할 수 있다. 상소권회복 또는 재심의 청구나 비상상고의 경우에도 또한 같다.

정답
ⓐ 15년
ⓑ 보호관찰
ⓒ 판결
ⓓ 기각하여야 한다
ⓔ 청구
ⓕ 제외
ⓖ 벌금형
ⓗ 선고를 유예
ⓘ 집행유예
ⓙ 동시
ⓚ 아니 된다

제8조의2【치료명령의 집행 면제 신청 등】

① (ⓐ)과 함께 치료명령을 받은 사람 및 그 법정대리인은 주거지 또는 현재지를 관할하는 지방법원(지원을 포함한다. 이하 같다)에 치료명령이 집행될 필요가 없을 정도로 개선되어 성폭력범죄를 다시 범할 위험성이 없음을 이유로 치료명령의 집행 (ⓑ)를 신청(ⓒ). 다만, (ⓓ)과 함께 치료명령을 받은 사람이 치료감호의 집행 (ⓔ) 경우에는 치료명령의 집행 면제를 신청(ⓕ).
② 제1항 본문에 따른 신청은 치료명령의 원인이 된 범죄에 대한 징역형의 집행이 (ⓖ)에 하여야 한다. 다만, 치료명령의 원인이 된 범죄가 아닌 다른 범죄를 범하여 징역형의 집행이 종료되지 아니한 경우에는 그 징역형의 집행이 (ⓗ)에 하여야 한다.
③ 징역형과 함께 치료명령을 받은 사람은 제1항 본문에 따른 치료명령의 집행 면제를 신청할 때에는 신청서에 치료명령의 집행 면제의 심사에 참고가 될 자료를 첨부하여 제출하여야 한다.
④ 법원은 제1항 본문의 신청을 받은 경우 징역형의 집행이 (ⓘ) 치료명령의 집행 면제 여부를 결정하여야 한다.
⑤ 법원은 제4항에 따른 결정을 하기 위하여 필요한 경우에는 그 법원의 소재지를 관할하는 보호관찰소의 장에게 치료명령을 받은 사람의 교정성적, 심리상태, 재범의 위험성 등 필요한 사항의 조사를 요청할 수 있다. 이 경우 조사에 관하여는 제5조를 준용하며, "검사"는 "법원"으로 본다.
⑥ 법원은 제4항에 따른 결정을 하기 위하여 필요한 때에는 치료명령을 받은 사람에 대하여 정신건강의학과 전문의의 진단이나 감정을 받게 할 수 있다.
⑦ 제1항에 따른 치료명령 집행 면제 신청사건의 관할에 관하여는 제6조제2항을 준용한다.
⑧ 징역형과 함께 치료명령을 받은 사람 및 그 법정대리인은 제4항의 결정에 대하여 (ⓙ)를 할 수 있다.
⑨ 제8항의 항고에 관하여는 제22조제5항부터 제11항까지를 준용한다. 이 경우 "성폭력 수형자"는 "치료명령을 받은 사람"으로 본다.

정답
ⓐ 징역형 ⓑ 면제
ⓒ 할 수 있다
ⓓ 징역형, ⓔ 중인
ⓕ 할 수 없다
ⓖ 종료되기 전 12개월부터 9개월까지의 기간
ⓗ 종료되기 전 12개월부터 9개월까지의 기간
ⓘ 종료되기 3개월 전까지
ⓙ 항고

제8조의3【치료감호심의위원회의 치료명령 집행 면제 등】

① 「치료감호 등에 관한 법률」 제37조에 따른 (ⓐ)(이하 "치료감호심의위원회"라 한다)는 같은 법 제16조 제1항에 따른 피치료감호자 중 치료명령을 받은 사람(피치료감호자 중 징역형과 함께 치료명령을 받은 사람의 경우 형기가 남아 있지 아니하거나 9개월 미만의 기간이 남아 있는 사람에 한정한다)에 대하여 같은 법 제22조(가종료 등의 심사·결정) 또는 제23조(치료의 위탁)에 따른 치료감호의 종료·가종료 또는 치료위탁 결정을 하는 경우에 치료명령의 집행이 필요하지 아니하다고 인정되면 치료명령의 집행을 (ⓑ)하는 결정을 하여야 한다.
② 치료감호심의위원회는 제1항의 결정을 하기 위하여 필요한 경우에는 치료명령을 받은 사람에 대하여 정신건강의학과 전문의의 진단이나 감정을 받게 (ⓒ).

정답
ⓐ 치료감호심의위원회
ⓑ 면제, ⓒ 할 수 있다

제8조의4 【치료명령의 집행 면제 결정 통지】

법원 또는 치료감호심의위원회는 제8조의2 제4항 또는 제8조의3 제1항에 따라 치료명령의 집행 면제에 관한 결정을 한 때에는 지체 없이 신청인 또는 피치료감호자, 신청인 또는 피치료감호자의 주거지를 관할하는 보호관찰소의 장, 교도소 · 구치소 또는 치료감호시설의 장에게 (ⓐ)을 송부하여야 한다.

정답
ⓐ 결정문 등본

제9조 【전문가의 감정 등】

(ⓐ)은 제4조제2항에 따른 정신건강의학과 전문의의 진단 또는 감정의 견만으로 치료명령 피청구자의 성도착증 여부를 판단하기 어려울 때에는 다른 정신건강의학과 전문의에게 (ⓑ) 진단 또는 감정을 명할 수 있다.

정답
ⓐ 법원, ⓑ 다시

제10조 【준수사항】

① 치료명령을 받은 사람은 치료기간 동안 「보호관찰 등에 관한 법률」 제32조 제2항(일반준수사항) 각 호[제4호(주거를 이전하거나 1개월 이상 국내외 여행을 할 때에는 미리 보호관찰관에게 신고할 것)는 (ⓐ)한다]의 준수사항과 다음 각 호의 준수사항을 이행하여야 한다.
  1. 보호관찰관의 지시에 따라 성실히 (ⓑ)에 응할 것
  2. 보호관찰관의 지시에 따라 정기적으로 (ⓒ) 수치 검사를 받을 것
  3. 보호관찰관의 지시에 따라 인지행동 치료 등 (ⓓ) 프로그램을 성실히 이수할 것

② 법원은 제8조 제1항에 따라 치료명령을 선고하는 경우 「보호관찰 등에 관한 법률」 제32조 제3항 각 호의 준수사항(특별준수사항)을 부과할 수 있다.

③ 법원은 치료명령을 선고할 때에 치료명령을 받은 사람에게 치료명령의 취지를 설명하고 준수사항을 적은 (ⓔ)을 교부하여야 한다.

④ 제1항 제3호의 인지행동 치료 등 심리치료 프로그램에 관하여 필요한 사항은 대통령령으로 정한다.

정답
ⓐ 제외
ⓑ 약물치료
ⓒ 호르몬
ⓓ 심리치료
ⓔ 서면

제11조 【치료명령 판결 등의 통지】

① 법원은 제8조제1항에 따라 치료명령을 선고한 때에는 그 판결이 확정된 날부터 (ⓐ) 이내에 치료명령을 받은 사람의 주거지를 관할하는 보호관찰소의 장에게 판결문의 등본과 준수사항을 적은 (ⓑ)을 송부하여야 한다.

② 교도소, 소년교도소, 구치소 및 치료감호시설의 장은 치료명령을 받은 사람이 석방되기 (ⓒ) 치료명령을 받은 사람의 주거지를 관할하는 보호관찰소의 장에게 그 사실을 통보(ⓓ).

정답
ⓐ 3일, ⓑ 서면
ⓒ 3개월 전까지
ⓓ 하여야 한다

제3장 치료명령의 집행

제13조 【집행지휘】

① 치료명령은 (ⓐ 　)의 지휘를 받아 (ⓑ 　 　 　)이 집행한다.
② 제1항에 따른 지휘는 판결문 등본을 첨부한 (ⓒ 　 　)으로 한다.

정답
ⓐ 검사, ⓑ 보호관찰관
ⓒ 서면

제14조 【치료명령의 집행】

① 치료명령은 「의료법」에 따른 의사의 진단과 처방에 의한 약물 투여, 「정신건강증진 및 정신질환자 복지서비스 지원에 관한 법률」에 따른 정신보건전문요원 등 전문가에 의한 인지행동 치료 등 심리치료 프로그램의 실시 등의 방법으로 집행한다.
② (ⓐ 　 　 　)은 치료명령을 받은 사람에게 치료명령을 집행하기 전에 약물치료의 효과, 부작용 및 약물치료의 방법·주기·절차 등에 관하여 (ⓑ 　 　 　) 설명하여야 한다.
③ 치료명령을 받은 사람이 형의 집행이 종료되거나 면제·가석방 또는 치료감호의 집행이 종료·가종료 또는 치료위탁으로 석방되는 경우 보호관찰관은 석방되기 (ⓒ 　 　 　 　)에 치료명령을 받은 사람에게 치료명령을 집행하여야 한다.
④ 다음 각 호의 어느 하나에 해당하는 때에는 치료명령의 집행이 정지된다.
1. 치료명령의 집행 중 (ⓓ 　 　 　)의 집행을 받아 구금된 때
2. 치료명령의 집행 중 (ⓔ 　) 이상의 형의 집행을 받게 된 때
3. 가석방 또는 가종료·가출소된 자에 대하여 치료기간 동안 가석방 또는 (ⓕ 　 　 　 　 　 　 　 　 　)된 때
⑤ 제4항에 따라 집행이 정지된 치료명령의 잔여기간에 대하여는 다음 각 호의 구분에 따라 집행한다.
1. 제4항 제1호의 경우에는 구금이 해제되거나 금고 이상의 형의 집행을 받지 아니하는 것으로 확정된 때부터 (ⓖ 　 　 　 　 　).
2. 제4항 제2호의 경우에는 그 형의 집행이 종료되거나 면제된 후 또는 가석방된 때부터 (ⓗ 　 　 　 　 　 　).
3. 제4항 제3호의 경우에는 그 형이나 치료감호 또는 보호감호의 집행이 종료되거나 면제된 후 (ⓘ 　 　 　 　 　 　).
⑥ 그 밖에 치료명령의 집행 및 정지에 관하여 필요한 사항은 대통령령으로 정한다.

정답
ⓐ 보호관찰관
ⓑ 충분히
ⓒ 전 2개월 이내
ⓓ 구속영장
ⓔ 금고
ⓕ 가종료·가출소가 취소되거나 실효
ⓖ 그 잔여기간을 집행한다
ⓗ 그 잔여기간을 집행한다
ⓘ 그 잔여기간을 집행한다

PART 02

제15조 【치료명령을 받은 사람의 의무】

① 치료명령을 받은 사람은 치료기간 중 상쇄약물의 투약 등의 방법으로 치료의 효과를 해하여서는 아니 된다.

② 치료명령을 받은 사람은 형의 집행이 종료되거나 면제 · 가석방 또는 치료감호의 집행이 종료 · 가종료 또는 치료위탁되는 날부터 (ⓐ)에 주거지를 관할하는 보호관찰소에 출석하여 (ⓑ)으로 신고하여야 한다.

③ 치료명령을 받은 사람은 주거 이전 또는 (ⓒ)을 하거나 출국할 때에는 미리 보호관찰관의 허가를 받아야 한다.

정답
ⓐ 10일 이내, ⓑ 서면
ⓒ 7일 이상의 국내여행

제16조 【치료기간의 연장 등】

① 치료 경과 등에 비추어 치료명령을 받은 사람에 대한 약물치료를 계속하여야 할 상당한 이유가 있거나 다음 각 호의 어느 하나에 해당하는 사유가 있으면 (ⓐ)은 보호관찰소의 장의 신청에 따른 검사의 청구로 치료기간을 결정으로 (ⓑ). 다만, 종전의 치료기간을 합산하여 (ⓒ).

1. 정당한 사유 없이 「보호관찰 등에 관한 법률」 제32조 제2항(제4호는 제외한다) 또는 제3항에 따른 (ⓓ)을 위반한 경우
2. 정당한 사유 없이 제15조 제2항을 위반하여 (ⓔ)하지 아니한 경우
3. (ⓕ)으로 제15조 제3항의 허가를 받거나, 정당한 사유 없이 제15조 제3항을 위반하여 허가를 받지 아니하고 주거 이전, 국내여행 또는 출국을 하거나 허가기간 내에 귀국하지 아니한 경우

② (ⓖ)은 치료명령을 받은 사람이 제1항 각 호의 어느 하나에 해당하는 경우에는 (ⓗ)의 신청에 따른 (ⓘ)의 청구로 제10조 제2항의 준수사항을 (ⓙ)하는 결정을 할 수 있다.

③ 제1항 각 호에 규정된 사항 외의 사정변경이 있는 경우에도 법원은 상당한 이유가 있다고 인정되면 보호관찰소의 장의 신청에 따른 검사의 청구로 제10조 제2항의 준수사항을 (ⓚ)하는 결정을 할 수 있다.

정답
ⓐ 법원,
ⓑ 연장할 수 있다
ⓒ 15년을 초과할 수 없다
ⓓ 준수사항
ⓔ 신고
ⓕ 거짓
ⓖ 법원,
ⓗ 보호관찰소의 장
ⓘ 검사
ⓙ 추가 또는 변경
ⓚ 추가, 변경 또는 삭제

제17조 【치료명령의 임시해제 신청 등】

① (ⓐ)은 해당 보호관찰소를 관할하는 「보호관찰 등에 관한 법률」 제5조에 따른 보호관찰 심사위원회(이하 "심사위원회"라 한다)에 치료명령의 (ⓑ)를 신청(ⓒ).

② 제1항의 신청은 치료명령의 집행이 (ⓓ)에 하여야 한다. 신청이 기각된 경우에는 (ⓔ)에 다시 신청할 수 있다.

③ 임시해제의 신청을 할 때에는 신청서에 임시해제의 심사에 참고가 될 자료를 첨부하여 제출하여야 한다.

정답
ⓐ 보호관찰소의 장 또는 치료명령을 받은 사람 및 그 법정대리인
ⓑ 임시해제
ⓒ 할 수 있다
ⓓ 개시된 날부터 6개월이 지난 후
ⓔ 기각된 날부터 6개월이 지난 후

제19조【임시해제의 취소 등】

① (ⓐ　　　　　　　)은 치료명령이 임시해제된 사람이 성폭력범죄를 저지르거나 주거 이전 상황 등의 보고에 불응하는 등 재범의 위험성이 있다고 판단되는 때에는 심사위원회에 (ⓑ　　　　　　)의 취소를 신청(ⓒ　　　　　). 이 경우 심사위원회는 임시해제된 사람의 재범의 위험성이 현저하다고 인정될 때에는 임시해제를 (ⓓ　　　　　　).

② 임시해제가 취소된 사람은 (ⓔ　　　　　　) 약물치료를 받아야 한다. 이 경우 임시해제기간은 치료기간에 (ⓕ　　　　　　　).

정답
ⓐ 보호관찰소의 장
ⓑ 임시해제
ⓒ 할 수 있다
ⓓ 취소하여야 한다
ⓔ 잔여 치료기간 동안
ⓕ 산입하지 아니한다

제20조【치료명령 집행의 종료】

제8조 제1항에 따라 선고된 치료명령은 다음 각 호의 어느 하나에 해당하는 때에 그 집행이 종료된다.

1. 치료기간이 (ⓐ　　　)
2. 치료명령과 함께 선고한 형이 사면되어 그 선고의 효력을 (ⓑ　　)하게 된 때
3. 치료명령이 임시해제된 사람이 그 임시해제가 취소됨이 없이 잔여 (ⓒ　　　　　)을 지난 때

정답
ⓐ 지난 때
ⓑ 상실, ⓒ 치료기간

제21조【치료명령의 시효】

① 치료명령을 받은 사람은 그 판결이 확정된 후 집행을 받지 아니하고 함께 선고된 피고사건의 형의 시효 또는 치료감호의 시효가 완성되면 그 집행이 (ⓐ　　　)된다.

② 치료명령의 시효는 치료명령을 받은 사람을 (ⓑ　　　)함으로써 중단된다.

정답
ⓐ 면제
ⓑ 체포

제4장 수형자 · 가종료자 등에 대한 치료명령

제22조【성폭력 수형자에 대한 치료명령 청구】

① 검사는 (ⓐ) 성폭력범죄를 저질러 (ⓑ) 이상의 형이 확정되었으나 제8조(치료명령의 판결) 제1항에 따른 치료명령이 선고되지 아니한 수형자(이하 "성폭력 수형자"라 한다) 중 성도착증 환자로서 성폭력범죄를 다시 범할 (ⓒ)이 있다고 인정되고 약물치료를 받는 것을 (ⓓ)하는 사람에 대하여 그의 주거지 또는 현재지를 관할하는 지방법원에 치료명령을 청구(ⓔ).

② 제1항의 수형자에 대한 치료명령의 절차는 다음 각 호에 따른다.

1. 교도소 · 구치소(이하 "수용시설"이라 한다)의 장은 「형법」 제72조 제1항의 가석방 요건(무기형은 20년, 유기형은 형기의 3분의 1 경과)을 갖춘 성폭력 수형자에 대하여 약물치료의 내용, 방법, 절차, 효과, 부작용, 비용부담 등에 관하여 충분히 설명하고 (ⓕ) 여부를 확인하여야 한다.
2. 제1호의 성폭력 수형자가 약물치료에 동의한 경우 (ⓖ)은 지체 없이 수용시설의 소재지를 관할하는 지방검찰청의 (ⓗ)에게 인적사항과 교정성적 등 필요한 사항을 통보하여야 한다.
3. (ⓘ)는 소속 검찰청 소재지 또는 성폭력 수형자의 주소를 관할하는 (ⓙ)에게 성폭력 수형자에 대하여 제5조 제1항에 따른 (ⓚ)를 요청(ⓛ).
4. 보호관찰소의 장은 제3호의 요청을 접수한 날부터 (ⓜ)에 제5조 제3항의 조사보고서를 제출하여야 한다.
5. (ⓝ)는 성폭력 수형자에 대하여 약물치료의 내용, 방법, 절차, 효과, 부작용, 비용부담 등에 관하여 설명하고 (ⓞ)를 확인한 후 정신건강의학과 전문의의 진단이나 감정을 받아 법원에 치료명령을 청구(ⓟ). 이때 검사는 치료명령 청구서에 제7조 제1항 각 호의 사항 외에 치료명령 피청구자의 동의사실을 기재하여야 한다.
6. 법원은 제5호의 치료명령 청구가 이유 있다고 인정하는 때에는 결정으로 치료명령을 고지하고 치료명령을 받은 사람에게 준수사항 (ⓠ)을 송부하여야 한다.

③ 제2항 제6호의 결정에 따른 치료기간은 (ⓡ)을 초과할 수 없다.

④ (ⓢ)는 제2항 제5호에 따른 정신건강의학과 전문의의 진단이나 감정을 위하여 필요한 경우 (ⓣ)에게 성폭력 수형자를 치료감호시설 등에 (ⓤ).

⑤ 제2항 제6호의 결정이 다음 각 호의 어느 하나에 해당하면 결정을 고지받은 날부터 (ⓥ)에 검사, 성폭력 수형자 본인 또는 그 법정대리인은 고등법원에 (ⓦ)할 수 있다.

1. 해당 결정에 영향을 미칠 법령위반이 있거나 (ⓧ)이 있는 경우
2. (ⓨ)이 현저히 부당한 경우

정답

ⓐ 사람에 대하여
ⓑ 징역형, ⓒ 위험성
ⓓ 동의, ⓔ 할 수 있다
ⓕ 동의
ⓖ 수용시설의 장
ⓗ 검사
ⓘ 검사,
ⓙ 보호관찰소의 장
ⓚ 조사, ⓛ 할 수 있다
ⓜ 2개월 이내
ⓝ 검사, ⓞ 동의
ⓟ 할 수 있다
ⓠ 기재서면
ⓡ 15년
ⓢ 검사
ⓣ 수용시설의 장
ⓤ 이송하도록 할 수 있다
ⓥ 7일 이내, ⓦ 항고
ⓧ 중대한 사실오인
ⓨ 처분

⑥ 항고를 할 때에는 항고장을 (ⓩ)에 제출하여야 하며, 항고장을 제출받은 법원은 (ⓐ)에 의견서를 첨부하여 기록을 (ⓑ)에 송부(ⓒ).
⑦ 항고법원은 항고 절차가 법률에 위반되거나 항고가 이유 없다고 인정한 경우에는 (ⓓ)으로써 항고를 (ⓔ).
⑧ 항고법원은 항고가 이유 있다고 인정한 경우에는 (ⓕ)을 파기하고 스스로 결정을 하거나 다른 관할 법원에 (ⓖ).
⑨ 항고법원의 결정에 대하여는 그 결정이 법령에 위반된 때에만 대법원에 (ⓗ).
⑩ 재항고의 제기기간은 항고기각 결정을 고지받은 날부터 (ⓘ)로 한다.
⑪ 항고와 재항고는 결정의 집행을 정지하는 효력이 (ⓙ).
⑫ 수용시설의 장은 성폭력 수형자가 석방되기 (ⓚ) 그의 주소를 관할하는 보호관찰소의 장에게 그 사실을 (ⓛ).
⑬ 제2항 제6호에 따라 고지된 치료명령은 성폭력 수형자에게 선고된 제1항의 징역형 이상의 형이 사면되어 그 선고의 효력을 상실하게 된 때에 그 집행이 (ⓜ)된다.
⑭ 치료명령을 받은 사람은 치료명령 결정이 확정된 후 집행을 받지 아니하고 (ⓝ)하면 시효가 완성되어 집행이 (ⓞ)된다.

정답
ⓩ 원심법원,
ⓐ 3일 이내
ⓑ 항고법원
ⓒ 하여야 한다
ⓓ 결정
ⓔ 기각하여야 한다
ⓕ 원결정
ⓖ 이송하여야 한다
ⓗ 재항고를 할 수 있다
ⓘ 7일
ⓙ 없다
ⓚ 5일 전까지
ⓛ 통보하여야 한다
ⓜ 종료
ⓝ 10년이 경과, ⓞ 면제

제23조 【가석방】

① 수용시설의 장은 제22조 제2항 제6호(치료명령)의 결정이 확정된 성폭력 수형자에 대하여 법무부령으로 정하는 바에 따라 「형의 집행 및 수용자의 처우에 관한 법률」 제119조의 (ⓐ)에 가석방 적격심사를 신청하여야 한다.
② 가석방심사위원회는 성폭력 수형자의 가석방 적격심사를 할 때에는 치료명령이 결정된 사실을 고려하여야 한다.

정답
ⓐ 가석방심사위원회

제24조 【비용부담】

① 제22조 제2항 제6호의 치료명령의 결정을 (ⓐ)은 치료기간 동안 치료비용을 부담하여야 한다. 다만, 치료비용을 부담할 경제력이 없는 사람의 경우에는 (ⓑ)가 비용을 부담할 수 있다.
② 비용부담에 관하여 필요한 사항은 대통령령으로 정한다.

정답
ⓐ 받은 사람
ⓑ 국가

제25조【가종료 등과 치료명령】

① 「치료감호 등에 관한 법률」 제37조에 따른 (ⓐ)(이하 "치료감호심의위원회"라 한다)는 성폭력범죄자 중 성도착증 환자로서 치료감호의 집행 중 가종료 또는 치료위탁되는 피치료감호자나 보호감호의 집행 중 가출소되는 피보호감호자(이하 "가종료자 등"이라 한다)에 대하여 보호관찰 기간의 범위에서 치료명령을 (ⓑ).

② 치료감호심의위원회는 제1항에 따라 치료명령을 부과하는 결정을 할 경우에는 결정일 전 (ⓒ)에 실시한 정신건강의학과 전문의의 진단 또는 감정 결과를 (ⓓ) 참작하여야 한다.

③ 치료감호심의위원회는 제1항에 따라 치료명령을 부과하는 결정을 한 경우에는 (ⓔ) 가종료자 등의 주거지를 관할하는 보호관찰소의 장에게 통보(ⓕ).

> 정답
> ⓐ 치료감호심의위원회
> ⓑ 부과할 수 있다
> ⓒ 6개월 이내
> ⓓ 반드시
> ⓔ 즉시, ⓕ 하여야 한다

제26조【준수사항】

치료감호심의위원회는 제25조에 따른 치료명령을 부과하는 경우 치료기간의 범위에서 준수기간을 정하여 「보호관찰 등에 관한 법률」 제32조제3항 각 호의 준수사항 중 하나 이상을 부과할 수 있다.

제27조【치료명령의 집행】

(ⓐ)은 가종료자 등이 가종료 · 치료위탁 또는 가출소 되기 전 (ⓑ)에 치료명령을 집행하여야 한다. 다만, 치료감호와 형이 병과된 가종료자의 경우 집행할 잔여 형기가 있는 때에는 그 형의 집행이 종료되거나 면제되어 석방되기 전 (ⓒ)에 치료명령을 집행하여야 한다.

> 정답
> ⓐ 보호관찰관
> ⓑ 2개월 이내
> ⓒ 2개월 이내

제28조【치료명령 집행의 종료】

제25조에 따른 약물치료는 다음 각 호의 어느 하나에 해당하는 때에 그 집행이 (ⓐ)된다.

1. 치료기간이 (ⓑ)
2. (ⓒ)으로 인한 보호관찰 기간이 (ⓓ)하거나 보호관찰이 (ⓔ)된 때

> 정답
> ⓐ 종료
> ⓑ 지난 때
> ⓒ 가출소 · 가종료 · 치료위탁
> ⓓ 경과
> ⓔ 종료

제5장 보칙

제30조【치료기간의 계산】

치료기간은 최초로 성 호르몬 조절약물을 투여한 날 또는 제14조 제1항에 따른 심리치료 프로그램의 실시를 시작한 날부터 기산하되, 초일은 시간을 계산함이 없이 (ⓐ)로 산정한다.

> 정답
> ⓐ 1일

MEMO

이준 마법교정학 · 형사정책

압축암기장

부록

위임규정

교정관련위원회

부록 위임규정

법률 위임규정

구분	법령	내 용
법률	형집행법 제7조	① 교도소 등의 설치·운영의 민간위탁
	동법 제10조	② 교도관의 직무

대통령령 위임규정

구분	법령	내 용
대통령령	동법 제19조	① 사진촬영, 지문채취, 수용자 번호지정
	동법 제20조	② 이송 승인에 관한 권한을 대통령령으로 정하는 바에 따라 지방교정청장에게 위임
	동법 제33조	③ 운동시간·목욕횟수 등에 관하여 필요한 사항
	동법 제34조	④ 건강검진의 횟수 등에 관하여 필요한 사항
	동법 제41조	⑤ 접견의 횟수·시간·장소·방법 및 접견내용의 청취·기록·녹음·녹화 등에 관하여 필요한 사항
	동법 제43조	⑥ 편지발송의 횟수, 편지 내용물의 확인방법 및 편지 내용의 검열절차 등에 관하여 필요한 사항
	동법 제49조	⑦ 집필용구의 관리, 집필의 시간·장소, 집필한 문서 또는 도화의 외부반출 등에 관하여 필요한 사항
	동법 제57조	⑧ 시설의 설비 및 계호의 정도에 관하여 필요한 사항
	동법 제98조	⑨ 보호장비의 사용절차 등에 관하여 필요한 사항
	동법 시행령 제54조의 2	⑩ 간호사의 경미한 의료행위
	동법 제117조의 2	⑪ 정보공개청구의 예상비용의 산정방법, 납부방법, 납부기간, 그 밖에 비용납부에 관하여 필요한 사항

법무부령 위임규정

구분	법령	내 용
법무부령	형집행법 제22조	① 의류·침구, 그 밖의 생활용품의 지급기준 등에 관하여 필요한 사항
	동법 제23조	② 음식물의 지급기준 등에 관하여 필요한 사항
	동법 제24조	③ 물품의 자비 구매 허가범위 등에 관하여 필요한 사항
	동법 시행령 제42조	④ 수용자에 대한 건네주려는 금품의 허가범위 등에 관하여 필요한 사항
	동법 제59조	⑤ 교정시설에 갖추어야 할 의료설비의 기준에 관하여 필요한 사항
	동법 제44조	⑥ 전화통화의 허가범위, 통화내용의 청취·녹음 등에 관하여 필요한 사항
	동법 제45조	⑦ 종교행사의 종류·참석대상·방법, 종교상담의 대상·방법 및 종교도서·물품의 소지범위 등에 관하여 필요한 사항
	동법 제47조	⑧ 구독을 신청할 수 있는 신문 등의 범위 및 수량
	동법 제48조	⑨ 방송설비·방송프로그램·방송시간 등에 관하여 필요한 사항
	동법 제54조	⑩ 노인수용자·장애인수용자 및 외국인수용자에 대한 적정한 배려 또는 처우에 관하여 필요한 사항
	동법 시행령 제84조	⑪ 수형자에게 부여하는 처우등급에 관하여 필요한 사항
	동법 시행령 제84조	⑫ 취업알선 및 창업지원에 관한 협의기구의 조직·운영 그 밖에 활동에 관하여 필요한 사항
	동법 제59조	⑬ 분류심사에 관하여 필요한 사항
	동법 제62조	⑭ 분류처우위원회에 관하여 필요한 사항
	동법 제63조	⑮ 교육과정·외부통학·위탁교육 등에 관하여 필요한 사항
	동법 제64조	⑯ 교화프로그램의 종류·내용 등에 관하여 필요한 사항
	동법 제68조	⑰ 외부통근작업 대상자의 선정기준 등에 관하여 필요한 사항
	동법 제69조	⑱ 직업훈련 대상자의 선정기준 등에 관하여 필요한 사항
	동법 제77조	⑲ 귀휴제도와 관련된 사항
	동법 제90조	⑳ 사형확정자에 대한 교육·교화프로그램, 작업, 그 밖의 처우에 필요한 사항
	동법 제94조	㉑ 전자장비의 종류·설치장소·사용방법 및 녹화기록물의 관리 등에 관하여 필요한 사항
	동법 시행령 제120조	㉒ 법규정 이외의 보호장비의 규격과 사용방법 등에 관하여 필요한 사항
	동법 제100조	㉓ 보안장비의 종류, 종류별 사용요건 및 사용절차 등에 관하여 필요한 사항
	동법 제101조	㉔ 사용할 수 있는 무기의 종류, 무기의 종류별 사용요건 및 사용절차 등에 관하여 필요한 사항
	동법 제115조	㉕ 법규정 이외의 징벌에 관하여 필요한 사항
	동법 제120조	㉖ 법규정 이외의 가석방심사위원회에 대하여 필요한 사항
	동법 제121조	㉗ 소장의 가석방 적격심사신청에 관한 사항
	동법 제104조	㉘ 엄중관리 대상자의 처우에 관한 사항

부록 교정관련위원회

마법 교정학 주요 위원회 정리

위원회	위원수	위원장	관장사무	범위	위임법령	비고	부재시	회의
가석방 심사위원회	위원장 포함 5명 이상 9명 이하 (임기 2년 1회만 연장가능)	법무부 차관	가석방에 대한 적격심사	심사·결정	형집행법 (세부사항 법무부령)	법무부장관 소속으로 둠	위원장이 미리 지정한 위원	재적위원 과반수 출석, 출석위원과반수 찬성
징벌 위원회	위원장 포함 5명 이상 7명 이하 (외부인사는 3명 이상 소장위촉) 외부인사 1명 이상 참석해야 개의할 수 있음	소장의 바로 다음 순위자	• 징벌대상 행위의 사실 여부 • 징벌의 종류 및 내용 • 징벌집행 유예기간과 기피신청	심의·의결	형집행법	교정시설에 둠	위원장이 미리 지정한 위원	재적위원 과반수 출석, 출석위원과반수 찬성
지방급식 관리 위원회	위원장 포함 5~7명,	소장	–	자문	–	교정시설에 둠	–	재적위원 과반수 출석, 출석위원과반수 찬성
중앙급식 관리 위원회	위원장 1명 포함 7명 이상 9명 이하의 위원	교정 본부장	• 부식의 식군과 수량 • 급식에 관한 기준 영양량의 결정	자문	수용자 급식관리 위원회 운영지침	법무부에 둠	–	재적위원 과반수 출석, 출석위원과반수 찬성
귀휴 심사 위원회	위원장 포함 6명 이상 8명 이하 (외부인사는 2명 이상 소장위촉)	소장(부재시 부소장 직무대행)	수용관계, 범죄관계, 환경관계 등을 심사	허가 심사	법무부령	교정시설에 둠	① 부소장 직무대행 ② 부소장 사고시 ➡ 위원장이 미리 지정한 위원	재적위원 과반수 출석, 출석위원과반수 찬성

분류 처우 위원회	위원장 포함 5명 이상 7명 이하 • 매월 10일 개최 • 재적위원 3분의 2 이상 출석하는 경우 개최	소장	• 처우등급 • 가석방 적격 심사 대상자 선정 • 소득점수 등의 평가 및 평정	심의 · 의결	형집행법 (세부사항 법무부령)	교정시설에 둠	위원장이 미리 지정한 위원	재적위원2/3 이상 출석, 출석위원과반수 찬성
교정자문 위원회	10명 이상 15명 이하 • 위원 중 4명 이상 여성 • 임기 2년 연임가능	위원 중에서 호선	• 교정시설 운영 자문 • 수용자 처우 자문 • 특별한 보호가 필요한 수용자 보호, 성차별 및 성폭력 예방 정책 자문	자문	형집행법 (세부사항 법무부령)	지방교정청에 둠	① 부위원장직이 그 직무대행 ② 부위원장 부재시 ➡ 위원장이 미리 지명한 위원	재적위원 과반수 출석, 출석위원과반수 찬성
교도관 회의	소장 · 부소장 및 각 과장과 소장이 지명하는 6급 이상의 교도관 • 매주 1회 이상 회의 • 총무과 직원 서기	소장	• 교정행정 중요 시책의 집행 방법 • 각 과의 주요 업무 처리	자문	법무부령	소장 소속	–	–
취업지원협의회	회장1명포함 3명 이상 5명이하 내부의원과 외부의원 10명 이상	소장(부회장 2명, 1명내부위원 소장지명, 1명외부의원 호선)	사회복귀지원 업무, 취업, 창업교육, 자료제공 및 기술지원, 각종 검사 및 상담등	지원 · 협의	형집행법 시행령 (세부사항 법무부령)	교정시설	소장이 지정한 부회장이 그 직무를 대행	재적위원 과반수 출석, 출석위원과반수 찬성

보호관찰 심사 위원회	위원장 포함 5명 이상 9명 이하	고등검찰청 검사장 또는 소속 검사 중 법무부장관이 임명한 자	• 가석방 · 임시퇴원과 그 취소 및 퇴원 등 • 보호관찰의 임시해제 · 보호관찰의 정지와 그 취소 • 가석방 중인 사람의 부정기형의 종료	심사 · 결정	「보호관찰 등에 관한 법률」	법무부 장관 소속으로 둠	위원장이 미리 지정한 위원	재적위원 과반수 출석, 출석위원과반수 찬성
보안관찰위원회	위원장1명포함 1인과 6인의 위원으로 구성(임기2년)	법무부차관	보안관찰처분 또는 그 기각 결정 면제 또는 그 취소 결정 보안관찰처분의 취소 또는 기간의 갱신결정	심의 · 의결	보안관찰법	법무부에 둠	미리 그가 지정한 위원	위원장포함 재적위원 과반수 출석, 출석위원과반수 찬성
치료감호 심의 위원회	판사 · 검사, 법무부 소속 고위공무원 또는 변호사의 자격 있는 6명 이내의 위원과 전문의 자격이 있는 위원 3명 이내	법무부 차관	치료의 위탁 • 가종료 • 종료 여부	심사 · 결정	「치료감호 등에 관한 법률」	법무부에 둠	위원장이 미리 지정한 위원	위원장포함 재적위원 과반수 출석, 출석위원과반수 찬성

이준

박문각 종로고시학원, 박문각 공무원학원, 백석문화대학교 공무원학부를 비롯한 다양한 분야에서 교정학 전문강사로 활동해왔다. 교정학 강의를 매개로 한 교정공무원들과의 소중한 만남을 통해 교정사랑의 깊이를 더하면서 대학원에서 '교정시설에서 수용자 한글 표준어 사용'에 관한 연구과제로 교정이해의 폭을 넓혀가고 있다.
현재 박문각 공무원학원 교정학 대표강사로 활동하고 있다.

저서 마법교정학 · 형사정책 연도별 기출문제집(박문각)
마법교정학 · 형사정책 압축 암기장(박문각)
마법교정학 · 형사정책 교정관계법령집(박문각)
마법교정학 · 형사정책 기출 지문 익힘장(박문각)
마법교정학 입문서(박문각)

이준
마법교정학 · 형사정책 ✧✦ 압축암기장

초판 인쇄 | 2024. 9. 2. **초판 발행** | 2024. 9. 5. **편저자** | 이준
발행인 | 박 용 **발행처** | (주) 박문각출판 **등록** | 2015년 4월 29일 제2019-000137호
주소 | 06654 서울특별시 서초구 효령로 283 서경 B/D 4층 **팩스** | (02) 584-2927
전화 | 교재 주문 · 내용 문의 (02) 6466-7202

저자와의 협의하에 인지생략

정가 17,000원 **ISBN** 979-11-7262-191-9